고교 3년 삶의 의미 찾기 Q&A

"선생님,
특성화고
자기소개서
어떻게 써요?"

"선생님,
특성화고
자기소개서
어떻게 써요?"

초판 1쇄 발행 2020년 4월 16일
초판 2쇄 발행 2022년 8월 31일

글쓴이 이지영
펴낸이 김승희
펴낸곳 도서출판 살림터

기획 정광일
편집 조현주·송승호
북디자인 꼬리별

인쇄·제본 (주)신화프린팅
종이 (주)명동지류

주소 서울시 양천구 목동동로 293, 22층 2215-1호
전화 02-3141-6553
팩스 02-3141-6555
출판등록 2008년 3월 18일 제313-1990-12호
이메일 gwang80@hanmail.net
블로그 http://blog.naver.com/dkffk1020

ISBN 979-11-5930-141-4 03370

이 도서의 국립중앙도서관 출판예정도서목록(CIP)은
서지정보유통지원시스템 홈페이지(http://seoji.nl.go.kr)와
국가자료공동목록시스템(http://www.nl.go.kr/kolisnet)에서 이용하실 수 있습니다.
(CIP제어번호: CIP2020015113)

고교 3년 삶의 의미 찾기 Q & A

"선생님, 특성화고 자기소개서 어떻게 써요?"

이지영 지음

머리말

언제부턴가 나의 입에서 아이들을 탓하는 말이 늘어나고 있었다.

수업 내용을 이해하지 못하는 아이 탓도 하고 꿈이 없는 아이 탓도 했다.

그러다 문득 '나는 안 그랬나?' 떠올려 보게 되었다.

나 역시 고교 시절을 되돌아보면, 내가 만나는 아이들과 별반 다르지 않았던 것 같다. 아무 목적 없이 책상에 엎드려 자고 있었던 적이 많았다. 뭘 할지 모른 채, 반복적인 수업을 무미건조하게 들었던 것 같다.

그런 시간을 보내던 중 문득 이런 생각이 들었다.

"내가 언제 내 삶을 위해 치열했던 적이 있었나?"

그래서 뭐라도 해 보기나 하자는 생각이 들었다. 그래서 공부를 시작했다. 쉽지 않았다, 지금도 어렵기만 한 공부가 잠깐 마음을 다잡는다고 좋은 결과를 만들 수 없음만 느낄 뿐이었다. 하지만 포기하지 않고 몸부림친 결과 오늘의 내가 있는 것도 사실이다.

그래서 내가 변했던 경험을 학생들과 나누고 싶었고, 이왕이면 그 변화 과정을 빨리 겪게 도와주고 싶어서 이 글을 썼다.

무엇부터 해야 할까? 고민 끝에 내가 근무하고 있는 특성화고의 특성을 떠올리게 되었다.

특성화고등학교는 특정 분야의 인재 양성을 목적으로 하는 학교로서, 학생 개개인의 소질과 적성에 맞는 교육을 통해 우수한 인재를 양성하고 좋은 일자리에 취업할 수 있도록 지원하는 학교이다.

2019년 1월, 정부는 "2022년까지 직업계고 취업자 비율 60% 달성"을 목표로 설정하고, 직업계고 혁신을 통해 고졸 취업을 확대하고, 고졸 재직자의 후학습 역량개발 지원을 정책 목표로 하는 고졸 취업 활성화 방안을 발표하였다.

또한 학생들의 교육과정 선택권 확대를 목표로 고교학점제를 시범 운영하고 있다. 이러한 변화 속에서 학교는 실무 중심 교육으로의 체질 개선과 신산업 맞춤 학과 개편을 추진하는 등 그 어느 때보다 역동적인 변화를 만들고자 애쓰고 있다.

하지만 이런 외형적 환경 변화 속에서도 학생들은 자신의 진로를 찾아 활기 넘치는 모습을 보이기보다는 다소 무기력한 삶을 살아가고 있다.

그 원인을 살펴보면, 학과에 대한 구체적 이해나 뚜렷한 진로 목적 없이 특성화고에 진학한 경우, 중학교에서부터 학업결손이 누적되어 성적이 낮다 보니 어쩔 수 없이 특성화고를 선택한 경우, 취업난이 가중되는 상황에서 산업체 수요에 맞는 전문기술 인력으로 성장하기 어려운 자기 현실이 주는 자괴감, 다소 복잡한 가정사로 인한 어려움 등 학생 혼자서 해결하기 힘든 환경 속에 학생들은 하루하루 살아가고 있다.

이런 상황에 놓인 학생들에게 교사는 어떤 일을 해야 할까. 가장 중요하면서도 힘든 일은 학생들이 자기 삶의 동기를 발견하고, 미래를 위한 준비를 할 수 있게 도와서 학생들을 꿈을 펼칠 곳으로 떠나보내는 일이다. 그곳이 직장이든 대학이든 꿈을 펼칠 최소한의 기회를 만들어 주어야 한다. 그렇지만 현실적인 여건은 취업이나 진학이나 녹록하지 않다. 어떻게 하면 아이들을 잘 이끌 수 있을까?

국어 교사인 나는 자기소개서 작성법을 어떻게 지도할까 고민해 왔다. 대입이든 취업이든 자신의 진로로 나아가기 위한 첫 관문인 자기소개서를 쓰느라 머리 아파하는 아이들에게 조금이나 도움을 주고 싶었다.

사실 지금도 학교에서 자기소개서 작성 지도를 하고 있다. 외부 전문가 특강, 담임교사와의 1:1 상담, 취업 담당 부서 선생님의 코칭 등을 통해 학생들에게 도움을 주고 있다. 하지만 학생의 관점에서 보면, 취업 희망 기업의 공채 소식을 접한 후 시작하게 되는 해당 기업에 맞춘 자기소개서 작성은 늘 막막하고 어렵다.

학생들을 지도하면서 당장 자기소개서 작성법을 가르쳐 주는 것보다 더 우선시되어야 하는 것이 많다는 것을 알게 되었다.

이제 학생들이 특성화고에서 보내는 3년, 그동안 자기 삶에서 목적을 찾고, 그 목적을 달성하려고 계획을 세우고, 그것을 실천해 나가는 몸짓들로 채우는 방법을 찾기 위해 고민해 온 내용을 나누고자 한다.

무엇보다 이 책을 학생과 학생들을 지도할 선생님들과 함께 나누고 싶다. 담임교사라고 해서 자기소개서 작성법을 다 알 수는 없다. 답답함을 안고 찾아온 아이들의 초롱초롱한 눈망울에 실망을 주지 않고 싶지만, 선생님도 쉽게 해결책을 찾기는 힘들다. 이 상황에서 벗어날 수 있게 도움을 드리고자 선생님과 아이들이 대화하는 형식으로 구성하였다. 아이들 스스로가 문제의식을 느껴 질문하면, 그 문제에 대해 선생님이 자신의 연륜을 바탕으로 답을 해 주는 것이다. 이 책의 내용에 선생님들의 삶의 경험을 접목한다면 학생지도의 어려움이 조금은 해소되리라 기대한다.

물론 아이들과 함께 방법을 찾고 그 길을 동료 선생님들과 같이 걸어가야 한다는 것을 알고 있다. 앞으로도 교사인 나와 아이들이 모두 승리하는 방법, 그리고 이 사회의 선한 일꾼을 길러 내고자 애쓰는 모든 선생님과 함께 웃는 방법을 찾을 것이다.

끝으로 이 글을 쓰게 된 계기가 된 매향여자정보고등학교 졸업생과 재학생들에게 고마움을 전한다. 함께 고민하며 쓰고 지우기를 반복했던 학생들의 앞날에 축복이 가득하길 기도한다.

출간에 도움을 주신 살림터 관계자들과 정은균, 김정훈, 정세종 선생님, 그리고 사랑하는 아내, 서하, 시후에게 감사한 마음을 전하고 싶다.

차례

머리말 5

1장 특성화고의 현주소

    1. 학교 환경의 변화 15
    2. 특성화고 학생의 고민 19
    3. 특성화고 현안-고교학점제 23

2장 왜 자기소개서 쓰기인가?

    1. 끝이 아닌 시작을 위하여 29
    2. 방향 찾기 32

3장 발상의 전환

    1. 자기소개서 완성보다 자신의 성장 열쇠를 찾자 39
    2. 회사가 아니라 자신이 살아가는 목표 먼저 찾기 42
    3. 진로 선택이 어려운 이유 48
    4. 나의 적성을 어떻게 찾아요? 53
    5. 어차피 해도 안 될까? 59
    6. 패러다임의 전환-고교학점제 64
    7. 가 보지 않은 길(취업) 69
    8. 가 보지 않은 길(진학) 82

4장 경력 가꾸기

    1. 이 시대가 요구하는 역량 89
    2. 실현 가능한 목표가 사람을 움직일 수 있다 93

3. 학교생활기록부 관리   98
4. 리더십에 대한 고민 해결   107
5. 자신이 가진 것에 집중하자   111
6. 희소성의 가치 실현   115
7. 밝은 표정 만들기   119
8. 마음의 평화   123

5장 표현하기

1. 글쓰기의 두려움 극복하기   129
2. 자기소개서, 누가 읽는 글인가?   153
3. 면접을 생각하고 써야 한다   159
4. 자기소개서에서 가장 중요한 것은 지원 동기   162
5. 자기소개서의 입사 후 포부는 어떻게?   170
6. 자기소개서에서 학교생활이란?   177
7. 자기소개서 특기 사항도 문제없어   182
8. 자기소개서가 요구하는 성격의 장단점   186
9. 자기소개서 성장 과정 이렇게 쓰자   192
10. NCS 자기소개서 작성 고졸 학생도 문제없다   196
11. 자기소개서 제출 전 자가 체크리스트   228

6장 마무리하며

자기소개서를 통한 미래의 나 만들기   231

부록

1. 면접, 바로 알고 준비하자!   237
2. 국가직 지역인재 공무원 면접 답변 연습 사례   246
3. 학생들이 만든 공무원 면접 예상 질문   253
4. 공무원 면접 후기 사례   259
5. 저는 이렇게 부사관 준비했어요   311

1장

특성화고의 현주소

1.
학교 환경의 변화

인구절벽 시대가 만들어 낸 학생 수 감소는 특성화고에 직접적인 영향을 미치고 있다. 신입생 충원부터 어렵다 보니, 신입생의 입학 성적이 낮아지고, 생활지도가 힘들어지며, 학업중단 학생 증가와 취업률 감소로 이어지는 악순환의 굴레에 빠져들고 있다.

또한 급속히 변화하는 산업 환경에서 특성화고 학생의 채용 방식에도 변화가 생겼다. 한 예로, 기업이 학교에 의뢰해서 필요한 인재를 선발하는 방식에서 '사람인'과 같은 취업포털을 이용해 학생 스스로가 자기 희망 직군의 기업에 지원해야 하는 방식으로 변화했다.

이 외에 산업구조가 변화함에 따라 필요 인력 유형의 큰 틀이 바뀌고 있다. 학교교육과정과 졸업 인력에 대한 수요의 불일치를 해결하기 위해 특성화고는 계속해서 학과 개편을 하고 있다. 한 학교에 회계금융비즈니스과, 보건간호과, 소셜미디어콘텐츠과, 호텔관광비즈니스과, 공공사무행정과 등이 있다. 사회의 수요와 학생의 희망을 반영하다 보니, 공업계와 상업계, 농업계로 대표되던 예전의 계열 구분이 무의미해졌다.

이처럼 4차 산업에 맞춰 학교는 새로운 학과 개설과 교과과정 재구성에 나서고 있지만, 과연 고등학교 단위에서 급변하는 사회 환경에 적절히 대응할 수 있는지 의문이 드는 것이 현실이다. 학교가 변화하고자 노력하더라도 교사의 역량과 학교시설, 새로운 교육 프로그램 마련의 어려움 등 여러 가지 한계 상황을 겪을 수밖에 없기 때문이다.

아울러 취업을 강조하는 정책 기조 속에 취업률을 기준으로 예산을 차등 지원하는 정책은 단위학교가 외형적 취업률 수치에 급급하게 만들었다. 양질의 취업처를 발굴하지 못한 채 밀어내기 형태의 취업을 하다 보니 졸업 후 취업 유지 기간이 짧아졌다. 더구나 취업률이 높은 학교가 더 많은 예산으로 취업 연계 프로그램을 더 많이 할 수 있는 환경이다 보니 취업률이 낮은 학교는 양질의 프로그램을 진행하지 못하는 악순환에 빠지게 됐다.

특성화고 앞에 놓인 문제들을 해결하고 4차 산업에 대응할 수 있는 교육환경을 조성하려면 산·관·학 관계자가 협력해야 한다. 급변하는 신기술과 융합의 선도 기술은 기존 교사들의 노력만으로 해결할 수 없는 문제이므로 학생들이 산업 현장의 인력과 물적 자원에 쉽게 접근할 수 있도록 기회의 장을 열어야 한다.

아울러 전문기술의 융합이 필요한 인재를 양성하려면 기업 관계자들의 교육에 대한 인식이 달라져야 한다. 흔히 4차 산업을 이야기할 때 많이 언급되는 빅데이터 전문가, 3D 프린트 전문가, 드론 전문가 등 신산업을 주도할 인재를 특성화고의 3년간 교육으로 키워 내는 일은 거의 불가능하다. 어렵게 길러 낸다고 하더라도 학생들의 수준이 기업에서 요구하는 적정 수준에 못 미칠 경우가 많다. 하지만 우리 사회를 이끌어 갈 차세대에 대한 투자의 의미로라도 그들을 수용하고 재교육할 기업 환경을 만들어야 한다. 이를 위해 산·관·학 관계자 모두가 지혜를 모아 문제해결 방안을 마련해야 한다.

2020년부터 시도되는 '지역사회와 연계하는 특성화고 혁신지원사업'이 하나의 방안이 될 수 있다. 교육청에 따르면 이 사업은 가고 싶은 학교, 머물고 싶은 학교, 실력을 키우는 학교, 꿈을 이루는 학교라는 네 가지 유형의 사업을 통해 특성화고의 신입생 충원, 중도탈락 예방, 취업률 향상을 도모하게 된다.

먼저 학생 중심, 현장 중심 혁신 교육과정이 운영된다. 학교교육과 현장실무능력의 미스매칭 문제를 해결하기 위해 산·관·학 협의체를 통한 교육과정 개발로 현장실무 중심 교육과정 운영과 수요자 맞춤형 교육과정 운영을 꾀한다.

그리고 교수학습 방법 개발을 통한 학생 직무능력 향상을 추구한다. 프로젝트 수업처럼 교원수업방법 개선을 통한 학생참여형 교육모형 개발, 전문학습공동체 활성화를 통한 NCS 실무능력 중심의 교육과정 운영, 선택형 교육과정 확대 운영을 통한 진로 코스별 맞춤형 교육을 추구하게 된다.

다음으로 학교와 지역사회의 우수한 인프라 연결을 통해 취업 지원 시스템 구축 및 활용을 추구한다. 단위학교에서는 학과별 산학협력위원회 구성을 통해 학과 목표에 따른 실무인재를 양성하고, 산·관·학 위원회의 도움을 통해 지역 취업처 발굴 및 연대를 통한 일자리 확보로 나아가는 것이다. 한 예로 지역 기업 및 관련 협회와의 인턴십을 통해 학생이 졸업 이후 지역사회의 핵심 인재로 성장하도록 경력 경로를 구축할 방안을 마련하는 것이다.

이 사업을 올바르게 진행하는 데에는 많은 교사의 헌신적인 참여가 요구된다. 대부분의 특성화고에서는 학생지도 이외에 취업역량 강화

사업, 도제사업, 고교학점제 등 다양한 사업이 진행되고 있다. 각 사업의 취지만 놓고 보면 학생들의 성장에 꼭 필요한 것일 수 있으나 어떤 사업이든 그에 따른 행정업무가 동반되므로 과중한 행정업무에 지친 교사들에게 끝없는 열정을 요구하기도 힘든 것이 현실이다. 교사들이 자발적으로 참여할 수 있도록 교육청이 앞장서서 행정지원 인력, 교사 연수와 컨설팅 등을 지원해 줄 때 특성화고의 체질 개선과 경쟁력이 높아질 수 있을 것이다.

2.
특성화고 학생의 고민

학생에게 특성화고에 진학한 이유를 물었을 때, 선생님이 듣고 싶은 정답은 "배우고 싶은 전공이 있어 ○○과를 지원했어요", 혹은 "○○ 기업에 취업하고 싶어서 ○○ 배우러 왔어요"일 것이다. 하지만 학생들의 대답은 "그냥", "친구 따라서", "성적 맞추어서", "특성화고 홍보 보고", "인문계보다 편할 것 같아서"인 경우가 더 많다

이것은 ○○ 분야의 전문가가 되기 위해 확고한 진로 목표를 세우고 입학하는 학생의 비율이 낮다는 것을 의미한다. 진로 목표와 방향이 정해져 있지 않으니 학습에 임하는 의욕과 실천력이 떨어질 수밖에 없다. 즉, 수업 시간에 집중하지 않고 심지어 교칙을 어기는 일에 대해서도 무신경한 경우가 많다.

먼저 특성화고 학생들이 겪는 현실 상황을 점검해 보자.

일반고 학생들보다 상대적으로 사회 진출 시기가 빠를 수밖에 없으므로 자기 이해를 바탕으로 한 졸업 후 진로 준비가 선행되어야 한다. 하지만 특성화고에 진학할 때 면밀한 점검과 선택을 통해 해당 학과에 진학하고 있지 못한 학생들이 많고, 중학교 시절 본인이 상상한 전공의 모습과 진학 후 학습하면서 경험한 전공에 대한 생각이 달라 만

족도가 높지 않은 경우가 많다.

게다가 중학교부터 누적된 학습 결손으로 인해 학습력이 미약한 경우가 많아서 무언가를 해 보고자 시도하다가도 곧 좌절을 하게 된다. 그러니 도전해서 성취한 경험보다 도전 자체를 포기하는 경우가 많다. 즉 학교에서 진행하는 취업 프로그램이 적성과 맞지 않거나 성적이나 자격증 등의 요건에서 소외되었다고 느끼는 학생은 자포자기하는 마음으로 학교에서 무의미한 시간을 보내고 있다. 아울러 진로 안내에 대한 도움을 받지 못하거나 진로 결정에 대한 학생의 의지 부족 등으로 인해 진로계획을 제대로 수립하지 못하고 있으며, 그에 따른 실천력도 떨어진다.

그렇다고 의욕 없는 학생 탓만 하고 있을 것인가?

우리 사회에 특성화고가 존재하는 이유, 더 나아가 특성화고의 교사로서 학생과 좋은 관계 형성을 위해 무엇을 준비해야 할지 고민해 보았다.

첫째, 다양한 현장 체험 프로그램을 제공해야 한다. 미래에 대한 확실한 청사진을 그리고 있는 소수의 학생을 제외하고 다수의 학생은 자기 진로가 막연하기만 하다. 학생들에게 자신이 학교 밖에서 어떤 일을 할지 미리 경험할 기회를 만들어 주어야 한다. 도제 사업의 확대가 한 예가 될 수 있다. 회계정보과 학생의 경우, 회계법인 사무실에서 실제 이루어지는 업무를 경험하게 함으로써 학교에서 학과 공부를 해야 하는 이유를 깨닫도록 도와주어야 한다. 이를 위해 산·관·학 협력관계를 연결할 수 있는 정책적 지원이 이루어져야 한다. 지역사회 공공기관과 마을공동체, 기업이 학생들의 현장 체험 기회의 장을 열 수 있도록 참여 기관과 기업에 대한 다양한 인센티브 제공 방법 등을 연구할 필요가 있다. 이렇게 마련된 체험의 장에서 학생들은 자신이 사회에서 어떤 역할을 하며 살아갈지에 대한 성공과 실패의 경험을 쌓을 수 있도록 해야 한다. 더불어 이 제도를 확대하려면 교육과정과 학사 운영의 유연화와 같은 교육청의 제도적 도움도 필요하다.

둘째, '나도 할 수 있다'는 자존감을 심어 주어야 한다. 중학교 때부터 누적된 학습 결손의 결과로 기초학력이 부족한 학생에 대한 관리 방안이 마련되어야 한다. 일부 학교에서 실시하고 있는 학습 멘토-멘티 제도를 활성화할 필요가 있는 것이다. 또한, 학교는 학습적인 면이 아니더라 얼마든지 만들어 갈 수 있는 직업 세계에 대한 정보 제공을 통해 도전하고 싶지만 방법을 몰라 자포자기한 채 3년간을 무기력하게 보내지 않도록 각자의 수준에 맞는 기회의 장을 마련해 주어야 한다. 꼭 전공과 관련 없더라도 각종 창업 동아리나 실무자격증 취득을 위한 동아리의 활성화가 필요하다.

셋째, 졸업 시 취업에 대한 불안감을 해소해야 한다. 어려워진 경제 환경은 신규 채용 규모 축소를 불러왔고 학생들의 취업에 대한 불안감은 더 커졌다. 상위권 학생은 3년간 취업 준비를 해 온 기업이 공채를 하지 않을까 불안하고, 중하위권 학생은 마땅히 갈 강소기업의 인력 수요가 줄어들고 있음에 안타까워한다. 그래서 취업의 도피처로 대학을 생각하지만 이마저도 쉽지 않다. 전문대학의 학과들은 특성화고 학과와 별반 다르지 않고, 4년제 대학은 원하는 대학에 입학할 준비가 되어 있지 않기 때문이다.

따라서 양질의 취업처가 많이 만들어지도록 공공기관에서부터 기회의 장을 열어야 한다. 나아가 선 취업 후 진학의 진로 경로가 안착할 수 있도록 사회 구성원 모두가 학생들의 성장을 기다려 주는 사회 문화가 형성되어야 한다. 그리하여 취업이 되지 않아 현실 도피처로 대학을 선택하는 식으로 진로 방향을 바꾸는 일이 없어야 한다. 즉, '묻지마' 대학 진학이 아니라 실무현장의 직무에 필요한 공부를 하기 위해 진학하는 풍토가 만들어져야 한다.

특성화고 학생이 직면한 어려움은 이 외에도 많고, 그중에는 교사 개인이 해결할 수 없는 것도 많다. 그래도 힘들지만 포기하지 않고, 앞에 놓인 장벽 하나를 확인하고 그것을 뛰어넘고자 벽을 오르는 담쟁이처럼 오늘도 도전하고 있다. 도전을 함께할 학생이 옆에 있으니까.

학생들의 가슴에 작은 꿈의 씨앗을 심고, 그 씨앗이 잘 자라 꽃피고, 열매 맺는 모습을 기대하며 나아가는 것이다.

3.
특성화고 현안 - 고교학점제

 4차 산업으로 대변되는 미래 사회는 우리가 상상하기 어려울 정도의 변화된 모습으로 다가오고 있다. 학교에서 배운 지식으로 일자리를 쉽게 찾을 수 있는 시대가 아니다. 학교교육으로 미래를 준비하기가 갈수록 어려워진다. 아울러 교육의 방향도 단순 지식의 숙달이 아닌 급변하는 삶에 적응할 수 있는 역량을 키우는 교육으로 바뀔 것을 요구한다.

 더욱이 우리 사회는 저출산 문제에 직면해 학생 한 명 한 명이 소중한 시대를 맞고 있다. 학생의 적성과 흥미, 역량을 고려한 수업이 실현되는 학교현장을 만들 필요가 있는 것이다.

 이러한 변화의 물결 속에 특성화고는 2022년 고교학점제 전면 도입을 앞두고 있다. 이에 따라 교육과정과 수업의 변화가 요구되는데, 획일적으로 제시되는 교육과정이 아니라 학생 선택 교육과정을 실현해야 한다. 이는 교사와 학생들이 가 보지 않은 새로운 길을 개척해야 함을 의미하기도 한다. 하지만 다른 새로운 제도의 시행과 마찬가지로 고교학점제도 도입을 앞두고 혼란을 겪고 있다. 이를 슬기롭게 해결하기 위해 몇 가지 방안을 생각해 보자.

우선 고교학점제에 대한 교사 인식이 변화해야 한다. 학생과 매일 만나는 교사들이 이 제도의 취지를 바르게 이해하고 개별 학생에 맞춘 진로 코디네이터 역할을 잘 수행할 수 있어야 하기 때문이다. 이를 위해 담임교사는 생활지도 중심의 학급 운영에서 학생의 적성과 흥미, 학업역량에 맞춘 학업계획서 작성의 안내자 역할로 변화해야 한다. 즉, 학생이 재학하고 있는 학과의 취업을 위한 자격 조건, 임금, 복리 후생 수준, 직업의 장·단점과 직업의 발전 가능성 등에 대한 이해를 바탕으로 학생이 졸업 후 맞이하게 될 좋은 직장에 입사할 수 있는 능력을 키워 가도록 안내하고 도와주어야 한다.

물론 쉬운 일이 아니다. 학교현장의 교사 입장이 되어 보면, 자신의 교과목 수업 준비와 학생 생활지도도 갈수록 어려운 현실에서 진로 지도 상담까지 수행하기가 만만하지 않다.

특성화고 고교학점제 연구학교와 선도학교가 운영되는 가운데 진로 검사 결과지와 학업계획서, 교과목해설서 등의 자료가 제공되기는 하지만, 이를 개별 학생에 맞추어 안내하기가 힘들 수밖에 없다. 이 문제를 해결하려면 동료 교사들과의 협업이 필요하다. 학교 안 전문학습 공동체나 교원 연수 등을 통해 해당 학과 진로 로드맵을 이해하고 공유해야 한다. 이렇게 공유한 내용을 바탕으로 학생들과 상담할 때 학과 인력양성 유형에 맞는 자격증 취득과 교과목 선택의 안내자 역할을 해야 한다.

다음으로 교원에 대한 정책적 지원이 이루어져야 한다. 학생의 교과목 선택권을 늘린다는 것은 개설 교과목의 다양화를 의미한다. 한 교사가 복수의 교과목을 개설해야 하고 이는 교사에게 수업-평가-기록의 부담을 준다. 교사의 열정만으로 이 문제를 해소할 수 없기에 정책적인 지원이 필요하다. 특히 소규모 학교는 학생에게 필요한 교과목을 개설할 수 있는 인적 자원의 한계에 직면한 경우도 많다. 주문형 강좌를 통해 과목은 개설할 수 있지만 정작 그 과목을 가르칠 선생님을 확보하는 일이 쉽지 않다. 표시과목의 유연화를 비롯해 부전공 연수의 활성화 등을 통해 교사가 자신의 전공 한 과목뿐만 아니라 복수의 과목을 수업할 수 있는 제도적 길을 여는 것과 동시에 그 과목에 대한 교사의 전문성 확보의 길을 마련해야 한다.

또한 학점제 시행을 위한 학교 공간의 재구성도 필요하다. 교과교실제에 대한 새로운 기준 적용을 통해 다양한 수업이 이루어질 수 있는 공간을 만들어야 한다. 현실적으로 특성화고에는 실습실 구축과 기자재 확보에 제약이 많으므로 학생 선택권 확대를 위한 물적 지원 역시 강화되어야 한다. 해당 실습실이 확보될 수 없어서 과목 개설의 어려움을 겪는 경우도 많고, 한정된 실습실을 여러 교과에서 사용해야 하므로 수업 시간표 작성에도 어려움이 많다.

지역사회와 기업에 대한 교육부 차원의 홍보도 필요하다. 학생의 진로희망에 따라 전공 학과 이외의 과목을 이수하여 부전공 자격을 획득해도, 최종 취업의 지원서를 제출할 때 기업이 그 학생의 취업 자격에 대한 기준을 허용하고 있지 않다면 큰 문제가 된다.

교육과정의 지속성을 위한 재정적 지원도 필요하다. 교육과정은 최소한 3년의 연속성을 고려해 구성되는데, 외부 대학기관과의 연계를 통해 이루어지는 수업의 강사료 확보가 고교학점제 연구 또는 선도학교가 끝나는 시점에 종결됨으로써 그 이후에 대한 대안 마련에 힘든 점이 많기 때문이다.

이 외에도 고교학점제 미이수자 발생 시 이를 해소하기 위한 제도적 보완책, 수강 신청 프로그램 등 많은 문제가 예상된다.

이를 하나하나 세밀하게 해결해 나갈 때, 특성화고의 고교학점제가 학교에 안착될 수 있을 것이다.

2장

왜 자기소개서 쓰기인가?

1.
끝이 아닌 시작을 위하여

딸아이가 초등학교 6학년 무렵, 학교에서 미래 자서전 쓰기 프로젝트를 진행한 적이 있다. 1학기와 여름방학을 거치면서 꽤 오랜 시간 진행된 수업을 통해 딸은 자신의 과거와 미래 그리고 죽음의 순간 남길 유언까지 작성했다.

부모의 조상부터 시작해 엄마 아빠가 처음 만난 순간, 그리고 자신의 출생 과정과 유년기, 초등학교 입학 후의 삶을 정리했다. 나아가 중·고등학교 생활과 대학 생활, 20대와 30대 그리고 노년의 삶을 상상해 가며 글을 썼다.

초등학교 학생이 쓰는 글의 완성도가 얼마나 될까? 그리고 그 글이 과연 아이의 삶에 얼마나 영향을 발휘할 수 있을까? 이렇게 말하기 쉽지만, 옆에서 그 과정을 지켜보며 그 수업의 가치가 얼마나 큰지를 실감했다.

지금까지 살아온 시간을 돌아봄으로써 성장 과정에 겪었던 경험의 가치를 생각해 보고, 자연스레 부모와 대화의 시간을 가지면서 가족의 의미도 되새겨 보았다. 무엇보다 자기의 미래를 설계해 보는 첫 출발이 될 수 있었다. 학교에서 잘 구성해 준 프로그램 덕분에 아이는 자기 진로를 고민하기 시작했고 그 꿈을 이루기 위해 무엇을 준비해야 하는지 찾아보게 되었다.

그 과정에 현직에서 일하는 분에게 메일을 보내서 답장을 받았고, 주변 어른들을 인터뷰하며 직업의 의미도 생각해 보았다.

나아가 먼 훗날 사랑하는 배우자와 함께 어떤 가정을 꾸밀 것이며, 자기가 살아온 삶의 가치에 대해 스스로 평가하는 상장도 만들었다. 또 자신의 묘비명과 자녀에게 남기는 유언을 통해 삶의 목적과 의미를 정리하는 시간도 보냈다.

이 과정을 지켜보며 자기소개서 쓰기가 매우 중요하다는 사실을 새삼 느꼈다.

우리는 자기소개서 쓰기를 결과적 글쓰기로 생각하기 쉽다. 취업을 위해서 작성하기 때문에 자신의 과거를 정리하는 다분히 실용적인 글쓰기로 생각하기 쉬운 것이다. 하지만 자기소개서를 조금 다른 시각에서 접근하면 취업에 필요한 서류 작성 이상의 의미를 지닌다. 작성자가 이 세상에 존재하는 목적과 의미를 깊게 성찰해 볼 수 있는 아주 소중한 도구인 것이다. 자기 이해를 바탕으로 미래를 계획하고 꿈꿀 수 있는 성찰로서의 자기소개서 쓰기가 될 수 있다.

나아가 아직 자기 진로에 대한 탐색과 준비 단계인 청소년기의 학생들이 학교생활을 하면서 자기소개서를 작성해 보면, 학교생활을 하면서 취업을 위해 무엇을 준비해야 하는지 알게 되고 자기관리를 하는 방법도 배울 수 있다.

나의 딸이 그랬던 것처럼 학생들의 진로와 꿈은 얼마든지 변할 수 있다. 그럼에도 그 변화 과정을 스스로 정리하면서 처음 품었던 꿈에 어떤 문제가 있는지를 분석하게 되고, 또 다른 꿈을 꿈꾸기 위해서는 무엇을 준비해야 할지 고민하는 계기가 될 수 있다.

이는 자기소개서 작성이 과거의 정리, 즉 끝이 아니라 새로운 시작을 위한 준비임을 의미한다.

2.
방향 찾기

취업을 준비하는 학생이 자기소개서를 들고 찾아왔다. 평소 학생을 대할 때 무뚝뚝한 편인 나에게 자기소개서를 들고 오기까지, 한참을 망설였다는 게 느껴지는 표정이었다. 그 학생은 힘들게 꺼낸 자기소개서를 읽다 말고 나를 바라보더니 자기가 쓴 글이 그렇게 형편없냐고 물었다.

"자기소개서라는 것이 무엇이라고 생각하니?"

"회사가 정해 놓은 양식에 맞추어 자신의 삶을 써내는 것이요."

학생의 답변이 잘못된 것은 아니다. 다만 내가 그 학생에게 묻고 싶었던 것은 '자기소개서의 기본 기능'을 알고 있느냐였다.

자기소개서의 기본 기능, 즉 그 소개서를 통해 그 사람이 살아온 날들과 함께 그 사람이 어떤 생각을 지녔는지를 묻고자 하는 의도에 비추어 본다면, 학생이 내게 보여 준 글은 너무 잘 꾸며진 소설 같다는 느낌이 들었다.

그 학생을 돌려보내고 나서 고민이 생겼다. '어떻게 하면 글과 사람이 일치하는 글을 쓸 수 있을까?' 글쓰기가 습관화되어 있지도 않은 학생들이 말이다. 더욱이 자기소개서 글쓰기 지도에 앞서, 학생들이 우리 사회가 요구하는 훌륭한 인재로 성장하려면 '어떤 삶을 살아야 하는가?'라는 본질적인 문제에 부딪혔다.

특정한 정답이 없는 문제라서 답답함이 더 밀려왔다.

학생들의 생각 변화를 이끌어 가야 할 사명이 교사에게 있다는 생각에 조금은 무모한 도전을 하고자 한다.

뽑을 인재가 없다는 회사 실무자의 불평, 불합격 통보를 받은 뒤 자신이 왜 불합격인지 모르겠다는 학생들의 하소연, 이 문제의 해결책은 무엇일까?

둘 사이의 시각차를 좁혀야 한다. 조금 냉정하게 말하면 문제해결의 열쇠는 학생들에게 있음을 알아야 한다. 직원을 뽑는 권한을 가진 것은 기업이지 학생이 아니다. 그러므로 학생들은 자기 자신을 아주 현실적으로 바라보면서 쓸모 있는 인재, 뽑고 싶은 인재가 갖추어야 하는 능력을 자신이 갖고 있는가를 살펴봐야 한다.

"기업은 어떤 인재를 원할까?" 학생들에게 질문하면 '일 잘하는 사람', '인간관계를 잘하는 사람', '창의력이 뛰어난 사람', '오래 다니는 사람' 등등 답변을 곧잘 한다.

"그런데 왜 그 대답에 어울리는 인재가 되기 위한 준비를 하지 않지?"라고 다시 물으면 무엇을 준비해야 할지 모르겠다는 답변이 돌아온다.

예를 들어 '일 잘하는 사람'의 경우, 기업의 경영진이 자선사업가가 아니므로 '주어진 일을 잘 완수할 수 있는 사람'을 구한다는 것은 누구나 잘 알고 있다.

하지만 학생들 시각에서 보면, 회사에 입사해서 '자신에게 주어질 일'이 무엇일지 구체적으로 다가오지 않으니 무엇을 준비해야 하는지

막막한 것도 사실이다.

초등학교에서 중학교, 고등학교로 진학하는 동안에는 배우는 과목은 다소 차이가 있더라도 학교라는 틀 안에서 주어진 교육과정을 따라가기만 하면 되지만, 회사생활은 전혀 다른 상황이니까 낯설고 두렵기도 한 것이다.

본인이 어떤 기업에 입사할 수 있을지도 정해지지 않은 상황에서 입사 후 맡게 될 직무를 상상하며 준비하는 일은 쉽지 않을 것이다.

여기에서 발상의 전환을 해야 한다. 학생들의 생각과 달리 기업이 특성화고를 막 졸업한 학생들에게 기대하는 것은 바로 현장에 투입되는 숙련된 사원의 모습이 아니라 기업의 구성원들과 융화될 수 있는 인성이 준비된 사람이다.

흔히 신입사원을 뽑을 때, 적용되는 NCS 직무역량이라는 것도 학교에서 책을 통해 배우는 것과 현장에서 바로 적용되는 업무역량은 현실적으로 다를 수밖에 없다.

기업이 원하는 인재는 입사 후 부여받은 직무를 처음부터 완벽하게 수행하는 사람이 아니라 주어진 직무의 특성을 이해하고 있어 잘 배울 수 있는 사람, 회사 분위기에 빨리 적응하고 오래 다닐 수 있는 사람이라는 사실을 깨우쳐야 한다. 즉 학생들은 자신의 시각이 아닌 회사의 관점에서 사고해 보아야 한다.

결국 기업이 찾고 있는 이런 사람이란 기업의 관점에서 사고할 수 있도록 준비된 사람이다. 따라서 뽑고 싶은 인재에게 주어지는 기준 가치도 자기중심이 아니라 기업의 눈으로 바라보았을 때 현재 자신은 100점 기준에서 몇 점에 해당하는지를 객관적으로 바라보는 훈련을 시작해야 한다.

한 걸음 더 나아가, '현재 기업에 종사하는 인재들이 갖추고 있는 핵심역량은 어떤 것인가'를 알고자 노력해야 한다. 그것이 자신이 품고 있는 문제해결의 출발점임을 잊지 말아야 한다.

세상에 공짜는 없다. 관심을 두는 이에게 보이고, 볼 수 있는 사람만이 그것을 성취할 수 있다. 취업 성공의 지름길은 먼 곳에 있지 않다. 자신을 바로 보고 세상이 필요한 인재로 거듭나고자 노력해야 한다.

3장

발상의 전환

1.
자기소개서 완성보다
자신의 성장 열쇠를 찾자

T 일반적으로 학생들은 지원할 회사를 정한 다음에 그 회사가 요구하는 양식에 맞추어서 어떻게 써야 자신을 돋보이게 표현할 수 있을까를 고민하지?

S 맞아요. 선생님께 그 문제를 여쭤 보려고 찾아왔어요.

T 하지만 시험문제의 정답을 알려 주듯이 자기소개서 쓰는 방법을 알려 줄 수는 없어.

S ······.

T 왜 그런지 설명해 볼게. 한 회사에서 채용공고를 내면, 많은 지원서가 들어오겠지. 인사담당자가 그 서류를 보면서 무슨 생각을 할까? 입장을 바꿔 생각해 보자.

S 글쎄요. 자기 회사에 적합한 사람, 혹은 채용공고 내용에 맞는 사람을 찾지 않을까요?

T 맞아. 자기 회사에서 같이 일할 사람인데, 당연히 그 점을 제일 중요시할 거야. 그럼 무엇을 근거로 그것을 판단하는지 알아야겠지?

S 네.

T 네가 인사담당자라면, 무엇을 제일 먼저 볼까?

S 제출된 서류 중에서 이력서 아닐까요?

T 맞아. 지원자의 기본 신상과 정량적 결과물인 이력서를 먼저 검토하겠지. 그다음에 무엇을 할까?

S 함께 제출한 자기소개서를 검토하겠지요.

T 그래. 이 점을 이야기하는 이유가 무엇이겠니?

S 잘 모르겠어요.

T 다시 생각해 보자. 이력서에는 어떤 내용이 있지?

S 주소, 출신 학교, 학력, 수상경력, 자격증 등이요.

T 그 내용은 무엇을 의미하는 것일까?

S …….

출신 학교, 학력, 수상경력, 자격증 등이 의미하는 것

T 아마도 지원자의 능력에 대한 객관적인 자료는 그 내용에 다 포함되어 있다는 뜻이 아닐까? 말하자면 탈락시킬 일차적 기준은 이력서에 다 포함되어 있다는 뜻이지.

S 아, 그렇군요.

T 또한 학생들이 많이 놓치는 부분인데, 이력서와 자기소개서는 별개의 서류가 아니야.

S 무슨 뜻이에요?

T 이력서와 자기소개서를 따로 사용하는 게 아니라는 거야. 지원자가 평소 자신의 이력을 쌓고자 어떻게 노력해 왔고, 그 결과물을 만들어 내기 위해 무엇을 해 왔는지를 보여 주기 위해 쓰는 것이 자기소개서의 출발이라는 말이지.

S 그러면 그 내용을 잘 쓰는 방법을 알려 주시면 되잖아요.

T 그것이 몇 마디 말로 해결되는 것이 아니라는 게 문제란다. 먼저, 이력서에 담기는 너의 삶을 하루아침에 바꿀 수는 없다는 걸 알아야 해.

S 하긴 그럴 것 같아요. 하루아침에 자격증이나 성적을 바꿀 수 없을 테니까요. 그럼 방법이 없나요?

T 너무 실망하지 마. 천천히 준비해 가면 되니까. 네가 살아가야 할 삶은 아직 많이 남아 있으니, 네 삶의 목표를 향해 스스로 성장해 갈 방법을 찾아가면 돼.

S 그러려면 어떻게 해야 하나요?

T 선생님과 몇 번 만나면서 고민으로 가득 찬 너의 방문을 열 수 있는 열쇠를 찾아보자.

이것만은 꼭!

자기소개서를 쓰기 어려운 이유를 글쓰기 자체의 어려움에서 찾는 학생이 많다. 글을 써 본 경험이 없거나 문장력이 부족하다는 핑계를 대곤 한다. 하지만 정작 중요한 것은 글쓰기 방법보다 그 글에 담을 내용이고, 그것은 몇 시간에 만들 수 있는 결과물이 아니다. 고교 입학 후 3년 동안 자신의 진로 목표에 맞는 노력의 결과물을 삶의 보물창고에 차곡차곡 쌓는 것이 중요하다. 그리고 그렇게 모은 보물들이 자기소개서 작성의 가장 기본 자료임을 잊어서는 안 된다.

2.

회사가 아니라
자신이 살아가는 목표 먼저 찾기

T 회사에서는 자기소개서 내용 중에서 무엇을 가장 중요하게 볼까?

S 글쎄요. 작성 항목에 지원 동기, 성격의 장단점이 있는 것을 보면, 지원자의 성격을 보려는 게 아닐까요?

T 맞아. 하지만 조금 더 깊게 생각해 볼 필요가 있어. 그 사람이 어떤 생각을 하는 사람인지, 어떤 일에 가치를 두고 살아가는 사람인지를 알고 싶어 한다는 점에 주목해야 해.

S 무슨 뜻이에요?

T 오늘은 한 가지만 설명해 볼게. 사람들은 자기가 좋아하는 일을 할 때 신이 나겠지?

S 당연하죠. 싫은 일보다 좋아하는 일할 때, 능률이 오르는 것은 당연해요.

T 넌 어떤 일을 할 때, 신이 나? 너에게 시간이 주어졌어. 네가 원하는 것을 할 수 있어. 이럴 때 무엇을 하고 싶겠니?

S 지금 당장 떠오르는 것은 제가 좋아하는 방탄소년단의 공연을 보러 가고 싶어요.

T 그렇구나. 어떤 친구는 영화를 보러 갈 것이고, 어떤 친구는 소문

난 맛집을 찾아 맛있는 것을 먹으러 갈 것이라고 대답하겠지. 그런데 이런 사소한 질문이라도 조금 다른 관점에서 접근하면, 기업체 사장이 찾고자 하는 인물에 대한 예상 답을 얻을 수 있단다.

S 정말이에요?

T 예를 들어 보면, 나는 오늘 보충수업도 없고 다른 약속도 없어서 그동안 시간 핑계로 읽지 못했던 책을 도서관에서 빌려 볼 거야. 내가 좋아하는 작가의 책이 얼마 전에 새로 들어왔거든. 그 생각을 하니까 마음이 들뜨고 즐거워. 이런 상황은 개인에 따라 다를 거야.

S 그렇겠죠. 하지만 그런 생각들이 회사생활과 어떤 관계가 있어요?

내가 좋아하는 일과 회사생활

T 자신이 좋아하는 일에 대한 생각을 조금 다른 시각에서 확장해 보자는 거지. 내 이야기를 좀 더 해 보자면, 나는 책 읽는 게 재밌어. 아니 신이 나. 그 이유를 나름대로 찾아보면, 나는 미처 몰랐던 새로운 사실을 알게 되는 것을 좋아해. 그리고 그 내용을 습득한 다음에 누군가에게 전하는 것도 좋아해. 나는 책을 읽고 그것을 누구에게 가르치는 것에 보람을 느끼는 사람이야. 그런데 마침 학교에서 사람을 뽑고자 한다면, 나는 학교에 어울리는 사람일까?

S 그러니까 자기가 신나는 일을 먼저 찾으라는 말씀이군요.

T 맞아. '내가 가고 싶은 회사가 어디일까'에 앞서 너의 삶의 목적이 무엇인지 고민해 보라는 거야. 그리고 그 결과 얻어 낸 너의 삶의

목적과 맞는 회사는 어떤 회사인지를 찾는 게 중요해. 실제로 네가 어느 회사에 가고 싶은지 먼저 정한다고 해서 그 회사에서 뽑아 주는 것도 아니잖아? '나는 어떤 일을 하고 싶은 사람인가?'에 대한 답을 스스로 찾아보는 게 제일 먼저라는 것이지.

S 하지만 그것을 찾는 것도 어려워요.

T 쉬운 일이면 지금 우리가 이런 대화를 할 필요도 없겠지. 너는 지금 무엇을 하고 싶니?

S 먼저 취업을 하고, 3년 뒤 재직자 전형으로 대학을 가고 싶어요.

T 대학에 가서 뭐 할 건데?

S 제가 지금 회계정보과이니까 회계 분야 공부를 더 하고 싶어요. 그리고 다른 회사에 들어가서 돈을 더 벌고 집을 사고 싶어요. 그리고….

T 잠깐, 미안하지만 너의 이야기를 쭉 따라가면 결국은 '돈을 번다'로 끝날 것 같은데.

S …….

T 물론 그것이 잘못되었다는 것은 아니야. 스스로에게 '내 인생의 목표가 돈을 늘리는 것인가?'를 질문해 보자는 거란다.

S 대부분이 그렇게 생각하지 않나요?

T 많은 학생이 그렇게 시작하고 있어. 예를 들면, 한 학생이 이런 생각을 시작했다고 생각해 보자. 돈을 벌어야 해. 그러기 위해서 무엇을 해야 할까?

S 당장 사업을 할 수는 없을 테니까 직장에 들어가야겠지요.

T 직장에 들어가려면 무엇을 해야겠니?

S 일을 할 수 있는 능력을 쌓아야겠죠. 성적, 자격증 등을 챙기고,

회사에 필요한 능력이 있다는 것을 보여 줘야 해요.

T 맞아. 지금 학교생활이 그런 준비를 위해 이루어지고 있는 것도 사실이지. 하지만 너의 능력을 보여 주고 채용되면, 그게 전부일까? 원하는 회사에 입사한 것이 너의 인생에서 끝이 아니잖아. 더 높은 단계를 원할 것 아냐? 그다음 단계로 넘어가야 하는 이유도 있을 테고. 그래서 그다음을 위한 끊임없는 질문들이 필요하다는 말이지.

S 어떤 질문인데요?

'나는 왜 살아가는가, 무엇을 위해 살아가는가' 계속해서 질문하기

T 쉽지는 않겠지만, 자기 삶의 목적에 대한 질문을 끊임없이 해 보라는 거야. 아까 시작한 것으로 다시 돌아가 보면, 네가 회사에 왜 갈까? 표면적으로는 월급을 받으러 가는 거지. 그럼 왜 돈을 벌까? 그런 다음에 또 무엇을 하고 싶은 걸까? 그런 것을 계속 고민해 봐야 해. 그러면 '나는 어떤 삶을 살고 싶다'가 나올 거야.

S 나는 왜 살아가는가, 무엇을 위해 살아가는가에 대한 질문을 계속하라는 말씀이죠?

T 맞아. 자기 삶의 목적을 알고 그것을 이루려는 사람을 세상은 기다리고 있어. 네가 사장이라면 회사에 출근하는 이유를 뚜렷이 가지고 있는 사람을 원하지 않겠어?

S 이해는 하겠는데, 답을 찾기 위해 어떤 것을 먼저 해야 할지가 막연해요.

T 쉽다면 고민할 필요도 없겠지. 다른 방법을 하나 더 생각해 보자.

네가 회사에서 돈을 벌기 위해 무언가를 한단 말이야. 그리고 그
결과 주변 사람들에게 영향을 끼치는 거잖아. 이때 다른 사람에
게 어떠한 형태의 영향력을 발휘할 것인지, 이런 것들을 고민해
보라는 말이야.

S 누군가에게 영향을 준다고요?

T 그래, 영향력. 자신이 하는 일을 통해 다른 사람에게 선한 영향력
을 끼치고 싶어서 열심인 사람을 사회는 요구하고 있어.

S 제 삶의 목표를 찾을 때, 저만 생각하지 말고 주변 사람들과의 관
계 속에서 찾으라는 말씀이군요.

T 맞아. 네 삶은 너 하나만의 것이 아니라 함께 살아가는 사람들과
의 끊임없는 관계 속에 존재한다는 것을 잊지 말아야 하거든.

S 듣고 나니까 삶의 목표 찾는 일이 무엇보다 중요하다는 생각이
들기는 해요.

T 아울러 이게 왜 중요하냐면 이 단계에서 나름의 답을 찾고 나면,
너의 삶의 목표가 뚜렷해질 것이고, 그것을 이루기 위해서 '나는
어떤 것을 준비해야 하지?', '뭐가 부족하지?'가 나와.

S 그럴 것 같아요. 하지만 아직 막연하고, 제가 가진 것이 너무 부
족하다는 느낌도 들어요.

T 쉽지 않지. 하지만 그 부족한 면을 채워 나가고 있는 네 모습을
작게라도 그려 볼 수 있을 거야. 그리고 그것을 채우기 위해 네가
적극적으로 실천에 옮기면, 어떤 형태로든 결과물이 만들어질 것
이고, 그것은 자연스럽게 너의 성장 과정이 되겠지. 이것을 꼼꼼
히 기록해 가면 '자기소개서'라는 놈이 원하는 너의 성장 과정이
자연스럽게 만들어질 거야. 할 수 있어. 넌 특별하니까.

이것만은 꼭!

산에 오르는 이유는 각기 다를 수 있다. 어떤 이는 늘어난 뱃살을 빼기 위해서고, 또 다른 이는 정상에서 볼 수 있는 아름다운 풍경 때문이기도 하다. 하지만 목표가 있기에 힘듦을 참고 한 발자국씩 나아갈 수 있는 것이다. 그러니 학생들도 억지로 하는 산행이 아니라 내가 선택한 목적을 이루기 위해 산을 오르기 바란다. 아직 구체적인 목표, 올라야 할 정상을 정하지 못했다고 불평하지 말고, 현재 위치에서 꿈꿀 수 있는 작은 동산 하나를 정하고 그것을 향해 걸어가자. 동산에 오르고 나면 또 다른 산이 보일 것이다. 그렇게 자신의 목표를 조금씩 키워가는 것이 중요하다.

3.
진로 선택이 어려운 이유

S 내가 누구인지, 진정 어떤 가치를 위해 살아가야 하는지를 찾기
  가 쉽지 않아요.

T 답답하지? 남들은 자신의 목표를 위해 열심히 살아가고 있는 것
  같은데, 왜 나만 방황하고 있나 하는 생각도 들고.

S 어떻게 아셨어요?

T 그건 표현을 안 할 뿐 모두 다 느끼는 고민이야. 너와 같은 학생
  들만이 아니라 어른들도 다 하는 고민이란다.

S 정말이에요?

T 내 주변의 어른들도 아직 뭘 잘하는지 모르겠다거나 내가 선택한
  길이 맞는지 모르겠다는 말을 하곤 한단다.

자기가 좋아하는 일을 하며 먹고사는 사람들이 얼마나 될까?

S 저는 빨리 답을 찾고 싶어요. 어려서부터 공부 열심히 하면 해결
  될 거란 말을 늘 들었지만, 막상 책상 앞에 앉으면 내가 왜 이 공
  부를 열심히 해야 하는지를 모르니 몰두할 수가 없어요.

T 네 마음 충분히 이해해. 나 역시 그랬으니까. 좀 더 솔직히 말하면, 내가 어릴 적엔 그런 고민을 하는 것 자체가 사치라고 생각하는 분위기였으니까. 먹고살기에 급급한 고도 성장기에는 남과의 경쟁에서 이기는 길은 남보다 한 단계 높은 대학에 입학하는 것이고, 그러기 위해 학생은 성적이란 무기를 갖추려고 끊임없이 경쟁할 수밖에 없었지. 그 길에서 뒤처진다는 것은 패배자, 낙오자라고 여겨졌어. 그런데 이렇게 경쟁해서 들어간 대학에서 다들 고민하기 시작했지. 나는 왜 이 일을 하려고 하는지에 대해서 스스로 선뜻 답할 수 없었던 거야.

S 다들 하는 고민이니 해결책도 있지 않을까요?

T 물론 있겠지만, 시험문제의 정답 찾는 것처럼 쉬운 일은 아니야. 이것이 진로 고민일 텐데, 진로라는 말 안에 들어 있는 복합적인 내용을 생각해 볼 필요가 있어.

S 복합적인 내용은 어떤 거예요?

T 진로 고민이 한 가지 이유로 발생하지 않는다는 점부터 설명해 볼게. 너도 들어 봤겠지만 '자신이 좋아하는 일을 찾아 거기에서 행복을 느끼면 가장 좋은 진로 선택이다'라는 말이 있어. 그런데 잠시 생각해 보렴. 이 세상에서 자기가 좋아하는 일만 하는 사람이 몇 명이나 될까? 게다가 자기가 좋아하는 일을 하며 먹고사는 사람들이 얼마나 될까?

S 글쎄요. 성공한 사람들은 대개 자신이 좋아하는 일에 몰두해서 성공했다고 하잖아요.

T 그렇지. 그런데 그것은 성공한 사람들, 그것도 그 분야에서 상위 0.1% 정도 되는 사람들 이야기야. 물론 너를 무시하거나 네가 능

력이 없을 거라고 전제하는 것은 아니야. 일반적인 관점에서 접근해 보자는 말이지. 우리가 진로 고민을 하는 이유는 직업과 관련된 것이고 그것은 앞으로 할 일과 관련된 것이야.

S 맞아요. 어떤 직업, 어떤 일이 제게 맞는지 고민하는 것이에요.

T 맞아. 앞서 이야기했던 것처럼 자신이 좋아하는 일이 직업으로 연결되고 그 일이 생활을 충분히 보장해 줄 수 있다면 좋겠지. 하지만 하고 싶다고 해서 다 잘할 수 있는 것도 아니고, 또 자신이 한 일이 모두 고수익을 보장해 주지는 못한다는 것도 우리는 알고 있지.

S 그렇죠. 요즘 제가 1인 미디어 크리에이터에 관심이 있는데, 모두 성공하는 것은 아니에요.

T 그래. 조금 더 진전시켜 보면, '평생 부유하게 살지 못한다고 하더라도 1인 미디어 크리에이터 일을 하겠느냐'는 질문에 너는 어떤 답을 할까?

S 솔직히 자신은 없어요. 아직 그 길이 제 길이라는 확신도 없어요.

T 당연하지. 내가 말하고 싶었던 것은 직업을 선택하면서 '그 일이 나의 삶에 영향을 줄 수익적 가치 측면'에 대해서도 고려해야 한다는 거야. 자본주의 사회에 직업은 생계와 밀접한 관계가 있으니 말이다.

S 맞아요. 돈 없이 살 수는 없으니까요.

좋아하는 것과 잘하는 것

T 다음으로 좋아하는 것과 잘하는 것 차이를 이야기해 볼까?

S 좋아하는 것과 잘하는 거요?

T 나는 드라마, 영화, 소설과 같이 스토리가 있는 작품 감상을 좋아해. 그리고 그것을 할 때 재미있고 신이 나. 그렇다고 해서 내가 작가나 PD가 될 수 있을까?

S 당연히 아니죠.

T 이 녀석 날 많이 무시하네. 하지만 사실이니 어쩔 수 없지. 진로 선택에서도 이 점을 생각해 봐야 한단다. 자신이 좋아한다고 해서 꼭 그 일을 잘한다고 할 수 없고, 가령 잘한다고 해서 그 분야에서 성공할 수 있는 확률이 보장된 것은 아니거든.

S 선생님과 대화하다 보니 직업 선택이 생각해야 할 게 많은 복합적인 일이네요. 그런데 흔히 말하는 진로탐색이란 무엇인가요?

T 진로탐색을 간단히 정리하면, 어떤 일을 선택할 때 그 일이 주는 경험을 깊이 있게 성찰하면서 그 일이 자신에게 적합한지 따져 보는 일을 수행하라는 것이지.

S 저 같은 학생은 그런 경험을 많이 해 볼 수 없잖아요.

T 맞아. 학생들이 직업을 선택하기 전에 경험을 해 볼 여건이 부족해. 또 그 경험을 쌓았다고 해도, 처음 선택한 것이 자신과 맞지 않아 경로 수정을 요구할 경우, 경로를 재설정할 수 있도록 기회를 제공하는 데도 인색하지. 이것은 우리 사회에 아직 실패의 경험을 수용하고 응원해 줄 구조가 갖추어져 있지 않다는 말이야. 그래도 지금 상황에서 그 길을 찾아보면, 우리 학교에서도 시작한 도제 사업을 들 수 있어. 학교에서 이론적으로 배우는 것뿐만 아니라 산업현장에 나가 앞으로 자신이 어떤 역할을 할지 직접 경험해 볼 수 있으니 말이다.

S 네, 그럼 이제 제가 무엇을 하면 좋을까요?

T 진로탐색에 대해 먼저 말하자면, 네가 하고 싶은 일뿐만 아니라 다양한 경험을 해 봐야 해. 그 경험 속에서 네가 무엇을 원하는지 깊게 성찰해 보고, 네가 평생 직업으로 선택할 만한 일인지 고민해 봐야 해. 무엇보다 그 결정의 주체는 너여야 한다는 점을 잊지 말기 바란다. 네가 어떤 직업을 선택할 때 그 기준이 심장이 뛸 정도로 좋아하고 잘할 수 있는 일인지, 기준이 부모님이나 주변 높은 기대치 때문인지 고민해 보라는 거야.

S 선생님과 상담하고 나서 더 답답해요.

T 저런…. 그런데 진로에 대한 경험과 성찰은 한 번의 시도로 끝낼 수 없단다. 그리고 그 과정은 실수의 연속이고 시행착오를 통해 조금씩 성장해 갈 수 있어. 그러니까 네가 시도하지 못하는 이유나 핑계를 찾지 말고 용기 내서 경험의 현장에 뛰어들어 봐.

S 알겠어요. 용기 내서 도전해 볼게요. 선생님도 응원해 주세요.

이것만은 꼭!

너희가 살아갈 긴 인생을 생각할 때, 한 번의 결정으로 직업이나 삶이 결정된다는 생각은 버리자. 졸업하고 맞이할 첫 직장이 인생의 마지막 직장일 가능성은 없으니 나에게 맞는 직업을 찾기 위해서 다양한 시도를 해 봐야 한다. 비록 그 길에 실패와 아픔이 있더라도 길게 보면 또 다른 성장의 몸짓일 수 있으니까.

4.
나의 적성을 어떻게 찾아요?

S 직업을 선택할 때, 적성에 맞는 일을 찾는 것은 너무나 당연하고 꼭 필요한 일이라는 말을 많이 들었어요. 그런데 적성에 맞는 일을 어떻게 찾느냐에 대한 답을 찾기는 너무 힘들어요.

T 그 기분 충분히 이해할 수 있어. 아마 너도 가장 자신 있고 재미난 일을 직업으로 선택해야 한다는 원론적인 이야기는 많이 들어봤지만, 정작 네가 무엇을 좋아하고 잘할 수 있는지 시험해 볼 기회가 없으니 답답하지.

S 바로 그거예요. 진로탐색 시간이나 자유학기 등을 거쳐 왔지만, 제가 어떻다고 결론을 내릴 수도 없고, 너무 막연하기만 했어요.

자기 자신을 이해하기 위해 해 왔던 활동들

T 많이 힘들지? 네 잘못이 아니야. 교육제도를 만들고 있는 어른들의 잘못이 더 크고, 사회가 너무 빨리 변화해서 더욱 혼란스러우니까 말이야. 하지만 남 탓만 한다고 해서 문제가 해결되지는 않으니 우리 나름의 해결책을 찾아보자.

S 해결책을 꼭 찾고 싶어요.

T 우선 그동안 너 자신을 이해하기 위해 해 왔던 활동을 점검해
　보자.

S 어떤 활동이죠?

T 자유학기 때나 진로탐색 시간에 'MBTI' 검사, '홀랜드 성격유형'
　검사, '옥타그노시스 검사' 등을 한 적 있지?

S 'MBTI', '홀랜드 성격유형' 검사를 받았어요. 검사 결과지를 봤는
　데, 맞는 얘기도 있었지만 그것이 제 삶과 어떻게 연결되는지는
　확실히 모르겠어요.

T 그랬구나. 진로탐색 시간에 들어 봤겠지만, 진로탐색 과정은 자기
　이해, 직업탐색, 진로 의사결정, 구체적 진로 준비로 나누어 볼 수
　있어. 그중에서 오늘 다루려는 것은 '자기이해' 부분이야. 이것이
　여러 학교에서 가장 많이 시도되고 있단다.

S 맞아요. 저도 1학년 때 'MBTI', '홀랜드 성격유형' 검사를 했어요.

T 학교에서 이런 검사를 하는 이유는 자신의 성격유형에 대해 대략
　적인 안내를 받을 수 있을 거라고 기대하기 때문이야. 또 이를 바
　탕으로 자기 자신에게 맞는 공부법이나 생활습관, 태도 등을 갖
　추길 바라는 거고.

S 하지만 검사 결과지를 어떻게 활용해야 할지 잘 모르겠어요.

T 그랬구나. 'MBTI' 검사 결과 넌 어떤 유형이 나왔니?

S 'ISTP형'이었어요.

T 너는 논리적이고 분석적인 면이 강하니까, 검사 결과가 대체로 맞
　는 것 같구나. 네 생각에는 그 결과가 네 성격과 맞는 것 같아?

S 맞는 것도 있지만, 아닌 것도 있어요. 필요 이상으로 저를 개방하

지 않으며, 가까운 친구들 외에는 대체로 사람들과 사귀지 않는 것은 맞지만, 과학 분야나 기계 계통, 엔지니어링 분야에 관심이 많다는 것은 아니에요.

T 검사 결과지가 너의 모든 면을 대변할 수는 없어. 그것은 나름의 기법으로 정리한 통계 수치일 뿐 너를 완벽하게 분석해 주는 것은 아니야. 너의 경우, 외부 상황을 잊을 만큼 자신의 관심거리에 종종 깊이 몰두하기도 한다는 부분은 비슷하지만, 조용하고 말이 없다는 데에는 동의할 수 없지?

S 네. 맞아요.

저의 기질이 삶을 대하는 방식과도 연결된다는 거죠?

T 검사 결과지에 나온 내용과 네 삶을 바로 연결할 필요는 없어. 꼭 들어맞지도 않을 테고. 거기에 나온 추천 직업이나 성격이 네 생각과 맞지 않는다고 실망하거나 짜증 낼 필요도 없어.

S 그럼 무엇 때문에 검사하는 거죠?

T 몇 가지가 있는데, 첫째로 자신을 객관적으로 바라볼 수 있는 눈을 갖추는 거야. 검사를 통해서 얻을 것은 너 자신에 대한 막연히 주관적인 느낌을 객관적인 관점에서 바라볼 수 있는 안목이지.

S 객관적으로 보는 눈은 어떤 거예요?

T 결과지에 나온 성향은 그 기질을 가진 사람들의 공통적 특질이야. 그러니까 자신이 미처 인식하지 못했던 면은 새롭게 받아들이고, 잘 맞는 부분은 네가 지닌 하나의 기질로 정리해서 인식하

면 돼.

S 장단점 정리하기를 의미하는 건가요?

T 꼭 장단점만 의미하는 것은 아니야. 자신이 지닌 강점, 흥미, 가치관, 성격을 객관적으로 바라볼 수 있을 때 갖게 되는 힘을 말하는 거야.

S 좀 더 자세히 말씀해 주세요.

T 흔히 성격을 말할 때, 외향과 내향을 구분하지.

S 네.

T 이것은 사람이 지닌 에너지의 방향성을 말하는 거야. 사람들과 어울릴 때 더 힘을 내는 사람과 혼자 사색할 때 더 위로받는 사람이 있다는 것이지. 이것을 아는 게 왜 중요할까?

S 글쎄요. 자신의 기질에 맞는 일을 할 때, 잘할 수 있기 때문이 아닐까요?

T 맞아. 어쩔 수 없는 상황이 아니라 자신이 선택할 수 있는 상황이라면, 자신의 기질에 맞는 것을 선택해서 접근해 보라는 뜻이지.

S 조금은 이해가 돼요. 또 다른 부분도 있나요?

T 삶을 대하는 태도도 살펴볼 수 있어. 자기 주관이 강해서 옳고 그른 것을 따지는 사람, 특히 성취욕이 강한 사람은 자신의 존재 감이 잘 드러날 수 있는 일을 할 때 좀 더 의욕적으로 할 수 있겠지?

S 저의 기질이 삶을 대하는 방식과도 연결된다는 거죠? 자기가 잘 할 수 있는 일을 직업으로 찾으라는 의미도 있겠네요.

T 그래. 그뿐만 아니라 이것으로 아이들이 제일 답답해하는 자기소개서 쓰기의 기초 자료도 만들 수 있어.

S 자기소개서의 기초 자료가 된다고요?

T 어렵지 않아. 자신의 삶에서 본인의 기질이 잘 드러난 상황 등을 STAR 원칙에 따라 메모해 놓으면, 그것이 자연스럽게 삶의 기록이 될 수 있어. 더 나아가면 성장 과정이 되는 것이고.

S STAR 원칙이 무엇인데요?

T 오래된 글쓰기 기법 중 하나인데, S 상황(Situation), T 임무(Task), A 행동(Action), R 결과(Result)를 모아 둔 것이야. 자신의 특징이 잘 드러나는 사례를 기록하는 방법이라고 생각하면 돼. 예를 들어, 성가 합창대회에서 지휘자의 임무가 주어졌을 때 반 아이들을 단합시키고자 네가 어떤 행동을 했더니 그 결과 상을 받게 되었다는 식이지. 한 가지 더 추가하면, 이것을 쓸 때 그 과정에서 자신이 생각한 것과 깨달은 것도 꼭 메모해 두라는 거야.

S 저도 해 봐야겠어요. 처음보다는 이해가 잘되는데, 다른 얘기도 해 주세요.

T 아이들이 제일 힘들어하고 속단해서는 안 되는 부분이 있어. 그것은 검사할 때 나타난 성향이나 기질이 전부가 아니라는 점, 또 나타난 기질도 상황에 따라 변할 수 있다는 사실이야.

S 무슨 의미예요?

T 사람은 살다 보면 환경에 적응하기 위해 자신의 기질을 바꾸기도 하고 미처 깨닫지 못했던 숨은 기질이 드러나기도 해. 그런데 어떤 특정 기질이 삶에서 더 훌륭하거나 더 우위에 있는 것이 아니란다. 따라서 자신이 지닌 기질의 장점을 최대한 살리는 방법을 찾는 것은 좋지만, 어떤 일에 부적합하다고 해서 단점을 억지로 바꿀 필요도 없단다.

S 네, 알겠어요.

T 이미 알고 있겠지만, 커리어넷에서는 직업 적성검사, 직업 흥미검사, 직업 가치관검사, 진로 성숙도검사 등의 심리검사 도구들을 제공하고 있으니, 네가 평소 생각한 희망 직업이 너에게 얼마나 적합한지를 다시 한 번 확인해 보렴.

S 네. 검사를 통해서 제가 어떤 성향 때문에 그 일에 더 흥미를 느끼는지, 그리고 왜 '그 일을 할 때는 싫증이 나지 않는지'를 객관화해 볼게요.

이것만은 꼭!

태어난 기질대로 살아가면 더 행복하다. 그러므로 자신의 기질 찾기는 중요하다. 하지만 세상을 살다 보면 제 성질만으로 살아갈 수 없고, 특정 역할을 하다 보면 성격이나 기질도 바뀔 수 있는 것이 현실이다. 따라서 적성 검사의 결과지를 해석할 때, 수동적인 입장에서 수용하지 말고 결과지에 제시된 자신의 강점은 살리고 약점은 보완하는 적극적인 자세가 필요하다.

5.
어차피 해도 안 될까?

T 선생님과 이야기 좀 해 볼까?

S 싫어요.

T 그래. 그럼 내 이야기를 잠깐 들어 줄래?

S 제가 왜 그래야 하나요?

T 글쎄, 널 보면서 나의 옛 생각이 떠올라서 꼭 이야기해 주고 싶
　거든.

S ……..

T 요즘 내 수업시간에 지켜보니 거의 매 시간 엎드려 있던데, 어디
　가 많이 아픈 거니?

S 아니요.

T 그러면 내 수업이 너에게 그렇게 의미 없는 거니?

S 선생님 수업만 그런 건 아니에요. 모든 게 귀찮고 짜증이 나기만
　해요.

T 그럴 수 있지. 내가 이유를 물어봐도 대답할 마음이 아니지?

S ……..

'왜 저 선생님은 자는 나를 안 깨우시지?'

T 너의 상황과 같을지는 모르지만, 나의 고2 때 이야기를 좀 해 주고 싶구나.

S ……….

T 나는 너와 달리 인문계 고등학교에 다녔어. 너처럼 수업시간에 무기력하게 엎드려 있곤 했지. 우리 시절에는 야자도 의무라 도망가지도 못하고 지냈어. 어땠을까?

S 아침부터 야간 자율학습 시간까지 너무 오래 엎드려 있으려면 허리도 아팠을 것 같아요.

T 맞아. 많이 해 봐서 아는구나. 엎드려 있는 것도 힘들지.

S 헤헤, 그래요.

T 그런데 허리 아픈 게 문제가 아니라, 내가 왜 이러고 있나 생각해 본 적 없니?

S 글쎄요.

T 내 이야기를 조금 더 하자면, 우리 반이 67명이었는데 그중 10명 정도를 제외하고는 마지못해 학교만 오가는 상황이었지.

S 한 반에 67명이었다고요?

T 맞아. 그중 평균 10명 내외가 대학을 가고 나머지는 졸업 후 각자 자신의 삶을 스스로 찾아야 했어. 지금처럼 진로 교육이나 뭐 이런 것도 전혀 기대할 수 없었고.

S 저처럼 많은 학생이 답답했겠는데요.

T 그렇지. 그런데 어느 날, 엎드려 수업을 듣다 말고 이런 생각이 들더구나. '왜 저 선생님은 자는 나를 안 깨우시지?' 그 선생님으로

부터 난 버려진 존재 같은 느낌이 들었단다.

S 그래서요?

T 그런데, 그 기분이, 네 앞에서 할 말은 아니지만 역겹더라고. 선생님 탓을 하는 게 아니라 무기력한 내가 너무 초라하게 느껴졌어.

S 그 기분 조금 이해될 것도 같아요.

T 그 기분 떨쳐 버리려고 뭘 하면 좋을까 생각했지. 하지만 딱히 할 것이 없다는 생각이 들더구나. 정말 괴로운 것은 무엇부터 시작해야 내가 바뀔 수 있는지도 모르겠다는 생각이었어. 답답함, 그냥 자포자기하고 싶은 마음밖에 안 들었지. 그런데 말이야. 그런 생각을 하고 나서부터 달라진 것은 어제처럼 엎드려 있는 내 꼴이 너무 싫은 것 있지? 의지력 약한 것도 보기 싫고 그동안 남 탓, 환경 탓을 했다면 이젠 정말 내가 싫어졌어.

S 지금은 그래도 답을 찾으신 것 아닌가요?

T 그렇다고 볼 수 있겠지. 하지만 그 당시 난 답이 없었어. 길을 걷고 있는데, 지하철역이 보이더라고. 무작정 인천 가는 지하철을 탔지.

S 인천까지요?

T 그냥 바다가 보고 싶었어.

S 그래서 바다 보셨나요?

T 보기는 봤지. 갈매기와 함께.

S 네?

T 인천 연안부두를 걷고 있는데, 새우깡 먹겠다고 달려드는 갈매기를 보면서, 예전에 봤던 갈매기 꿈이란 책이 떠올랐어. 주인공 '조나단 리빙스턴 시걸'이란 갈매기가 생각난 거야.

S 정말이에요? 국어 선생님답네요.

문제의 원인을 자신에게서 찾는다고요?

T 우습지? 내가 어릴 때 좋아했던 책이어서 생각이 난 것도 있지만,
  새우깡 먹겠다고 달려드는 갈매기들보다 내가 못하다고 생각하고
  나니, 그때까지의 나와 달라지고 싶었어.

S 그래서 삶이 변하셨나요?

T 꼭 그 순간이 모든 변화의 이유는 아니겠지만 기분전환이 된 것
  은 분명해. 그 후 많은 사연이 있었지만, 결과로 보면 문제의 원인
  을 내게서 찾으려고 했던 것에 의미가 있어.

S 문제의 원인을 자신에게서 찾는다고요?

T 그렇지. 앞서도 말했지만, 환경이나 학교 탓한다고 나아질 것은
  없어. 남 탓을 하고 나면 기분은 조금 풀릴지 모르지만…. 문제를
  해결할 수 있는 근본적인 주체는 자신이라는 생각이 필요하단다.

S …….

T 네가 무슨 이유로 고민하는지 알 수는 없지만, 문제의 원인을 너
  자신에게서 찾아보라고 말해 주고 싶었어. 생각의 전환이 필요하
  다는 말이야.

S …….

T 지금 내 말이 와닿지 않을 수도 있겠지만 조금 시간을 갖고 생각
  해 보렴. 지금보다 나아진 삶을 살고 싶다면, 그만큼의 몸부림은
  필요하지 않을까?

S 너무 늦지 않았을까요?

T 여기 이 명함 한 번 볼래?

S 명함은 왜요?

T 너도 아는 대기업에서 잘나가는 친구야. 그 친구가 고2 때 67명 중 67등이었거든. 이 말이 네 질문에 대한 답이 될 수 있다고 생각한다.

S 정말이에요? 67등 하신 분이 맞아요?

T 물론이야. 지금 그 자리에 가기까지 꽤 많은 우여곡절과 운이 따랐지. 그렇다고 네가 이 친구를 꼭 역할 모델로 삼으라는 이야기는 아니야. 늦었다고 스스로 포기하지 말라는 뜻이지.

S 정말 늦지 않았을까요? 제가 할 수 있을까요?

T 힘은 들겠지, 하지만 '늦었다. 빠르다'의 기준도 자신이 설정하는 거란다. '가장 늦었다고 생각할 때가 가장 빠를 수 있다'는 말도 있잖니? 힘내서 도전해 봐. 참, 우리 학교 정문에 붙어 있는 행정고시 합격 현수막의 주인공도 사실 고2 때부터 공부를 시작했어. 그 아이 고3 때 내가 담임해서 잘 아는데, 목표를 정하고 한 가지씩 성취해 나간 결과 지금의 그 모습을 갖추게 된 거야.

이것만은 꼭!

너희도 들어 보았을 잔소리 한 번 더 해 볼까? 이 세상에서 가장 공평한 것은 시간이다.

의미 없이 무기력하게 보내는 시간, 그 시간이 나중에는 가장 아까운 시간일 수 있음을 잊지 말자. 지금은 거북이처럼 늦은 발걸음을 걷더라도 그 한 발자국, 한 발자국이 쌓이면 결국 목적지에 도착한 너를 만날 수 있을 거야. 힘내라. 파이팅!

6.
패러다임의 전환-고교학점제

T 뭘 그렇게 열심히 보고 있니?

S 얼마 전에 받은 교과목해설서를 보고 있었어요.

T 다음 학기 수강 신청 준비하고 있었구나.

S 네. 그런데 고민이 많아요. 어떤 과목을 선택해야 할지 판단이 서
지 않아요. 선배들은 하지 않은 것을, 왜 우리부터 시작하는지 답
답하기도 해요.

T 처음 겪는 일이라 낯설기도 하고 그 선택이 어떤 결과를 만들어
낼지 모르니 답답하기도 할 거야. 그런데 고교학점제 도입의 취지
를 잘 이해하면 도움이 될 거야.

S 진로 특강 시간에 고교학점제에 대한 안내를 받기는 했지만, 아
직 잘 모르겠어요. 설명 좀 해 주세요.

T 그래, 궁금증을 하나하나 해결해 보자. 고교학점제는 진로에 따
라 다양한 과목을 선택·이수하고, 누적 학점이 기준에 도달할 경
우 졸업을 인정받는 제도야. 학점제는 제4차 산업혁명 시대의 도
래로 산업구조 및 사회 전반에 혁명적 변화가 예상됨에 따라, 교
육의 방향이 단순 지식과 기술의 습득이 아닌 새로운 가치를 창

출할 수 있는 역량을 키워 주는 것으로 바뀌고 있는 현실을 반영한 것이야. 이 역량은 문제해결력, 창의성, 융합적 사고력을 키울 때 가능한 것이지. 그리고 이를 위해서는 고교교육의 패러다임이 바뀌어야 해. 너도 고교학점제 설명회 때 들었지? 이 제도가 도입되면 학교에서 요구하는 학생상부터 달라진다는 것 말이야.

S 자기 주도적 학습자가 된다는 이야기 들은 것 같아요.

자기 주도적 학습자로 성장하기

T 맞아. 학교에서 제시되는 교육과정을 이수하는 수동적인 존재에서 본인의 진로 개척에 필요한 역량을 갖춘 자기 주도적 학습자가 되어야 해. 이것은 너의 적성과 진로에 맞는 과목을 스스로 선택하고 그에 따른 책임을 지는 존재로 성장해야 한다는 뜻이야.

S 그래서 어려워요. 제가 그런 결정을 하고 책임을 질 수 있을까 두렵기도 하고요.

T 두려워할 것 없어. 학교가 짜 준 교육과정에 따라 진행하는 수업에 흥미를 못 느끼는 학생들에게 자기가 필요로 하는 과목을 찾아 듣게 함으로써 적극적으로 수업에 참여하는 역동적인 학교생활을 만들어 갈 기회를 제공하는 거니까. 그리고 학생 과목 선택권의 확대는 단순히 학생에게 과목만 선택하게 하는 것으로 끝나지 않아. 학생의 흥미와 적성을 고려한 진로탐색 및 그에 따른 자기 주도적 학업 설계를 지원하고, 이에 근거한 교육과정을 편성·운영하도록 하고 있어.

S 아직 실감할 수 없는데요.

T 사실 교사들도 힘들어하는 낯선 제도이니 학생들이 그렇게 느끼는 것은 당연한 거야. 하지만 학교 구성원들의 노력을 통해 이 제도가 안정되고 나면 새로운 학교 문화가 형성될 거야.

S 그럴까요?

T 모든 제도가 시작부터 완성되지는 않아. 미래 직업교육 환경이 급변하는 상황에서 현재의 제도와 수업 방법만으로는 문제를 해결할 수 없기에 새로운 도전을 하는 거지. 이 제도가 안착하려면 고교체제의 개편, 수업·평가의 혁신, 대입제도의 개선 등 아직 갈 길이 멀단다.

S 선생님들도 이것 때문에 많이 힘드시겠네요.

개인 맞춤형 교육과정으로 가는 길

T 맞아. 학생뿐만 아니라 교사의 역할도 바뀌어야 하지. 과거 교사의 역할이 '교과 지식의 전달자이자 학생 관리자'라면, 새로운 제도 아래의 교사는 '모든 학생의 성장과 학습을 지원하는 조력자'임과 동시에 '상담과 교수·학습을 동시에 진행하는 사람'이 되어야 해.

S 쉽게 바꿀 수는 없잖아요?

T 힘들지. 하지만 학생과 함께 교사도 변화의 물결에 능동적으로 참여해야 해. 조금씩 나아지고 있고.

S 그래서 우리 학교에 주문형 강좌가 열린 거죠?

T 그래. 이번에 진행된 바리스타, 제과, 헤어 미용, 진로 영어 등의 과목은 기존의 학과에서는 개설될 수 없었지.

S 맞아요. 평소 해 보고 싶었지만 접근할 수 없었던 과목을 경험할 수 있어서 좋았어요.

T 방과 후에 개설되는 과목이라 참여율이 떨어지거나 중도 포기자가 나오면 어떻게 하나 걱정했는데, 결과적으로, 자기가 선택한 과목이기에 늦게까지 남아 열심히 참여하는 모습을 확인할 수 있었어. 이것은 학생의 요구가 반영된 과목에 대한 참여율이 높다는 것을 증명한 사례이지.

S 그건 인정해요. 하지만 아직 갈 길이 멀잖아요?

T 아직 교육청과 학교의 제도적 준비도 미비하고 참여하는 구성원들의 이해도 많이 부족해. 앞서 언급한 것처럼 학교의 모든 구성원이 협력해 우리 앞에 놓인 문제를 풀어 가야 하겠지. 예를 들어 학생 맞춤형 학습관리 지원을 위해 학교는 학생의 희망과 기업의 인력양성 유형 등에 맞춘 교육과정을 개발하고, 학생의 특성을 분석하고 학업계획서 작성을 도와주어야겠지. 나아가 성취기준에 미달한 학생에 대한 별도 학업 보충 기회도 제공하고.

S 이제 고교학점제에 대해서는 이해를 했어요. 그런데 과목 선택은 여전히 어렵네요. 제가 듣고 싶은 과목만 찾아 듣는 것이 나중에 취업할 때 혹시 불리하게 작용하는 것은 아닌가요?

T 고민하는 게 당연해. 장기적 안목에서 자기가 선택한 과목이 진로와 어떻게 연결되는지 충분한 상담 활동이 이루어져야 해. 하지만 우리 학교처럼 학생이 수백 명일 때는 개인별 진로 지도가 어렵지. 학교의 여건상 학생들이 원한다고 해서 모든 과목을 개설해 줄 수도 없고.

S 그럴 것 같아요. 각자 추구하는 방향이 다를 수 있으니까요.

T 지금 당장 네가 고민하는 문제에 조금 도움을 주자면, 한 번의 과목 선택이 인생의 전반을 좌우하는 것은 아니야. 한 과목 잘못 선택했다고 해서 너의 인생이 엉뚱한 길로 가는 것은 아니거든. 또 모든 과목을 선택하게 하는 것이 아니라는 점도 생각해야 해. 각 학과 선생님들이 인력양성 유형에 따라 가장 최적화된 교육과정을 준비하고 계셔. 교과목해설서만으로 해결이 되지 않는다면, 전공 교과 선생님을 찾아 상담해 보는 것도 좋은 방법이란다. 해당 과목의 특성과 이후 진로에 대한 안내는 나보다 더 좋은 말씀을 해 주실 테니 말이다.

S 네, 그럴게요. 감사합니다.

이것만은 꼭!

컵에 물이 반쯤 담겨 있을 때, '반밖에 남지 않았다'고 하는 사람과 아직 '반이나 남았다'라고 말하는 사람이 있다. 두 가지 반응 중 어떤 선택이 바람직하다고 말하고 싶은 것은 아니다. 그런데 새로운 길을 가고자 할 때, 부정적인 접근보다는 긍정적인 접근이 한 발 더 나갈 수 있는 용기를 준다. 특성화고등학교에 먼저 도입되는 고교학점제도 아직 많은 부분에서 부족한 점과 제도적 미비함이 있다. 하지만 급변하는 사회 속에서 적성과 진로에 맞는 선택권의 확대는 개인 맞춤형 교육과정으로 가기 위한 옳은 시도이므로, 힘들어도 함께 도전해 보자.

7.
가 보지 않은 길(취업)

S 선생님, 특성화고 입학과 취업의 관계에 관해서 설명해 주세요.

T 특성화고에 진학하는 학생들의 주 관심은 취업일 거야. 남들보다 한 발 앞선 사회 진출을 위해 특성화고를 선택했으니까.

S 맞아요. 제가 희망하는 회사에 들어가기 위해 학과 선택을 잘했는지 궁금하고, 또 무엇을 준비해야 제가 원하는 회사에 들어갈 수 있는지 궁금해요.

T 그렇구나. 한 가지씩 답을 찾아볼까? 우선 특성화고 입학할 때 학과 선택이 중요해. 학과마다 인력양성 유형이 정해져 있고, 그 유형에 맞추어 교육과정이 편성되어 있기 때문이야.

S 인력양성 유형이 무엇인가요?

학과 선택이 중요한 이유는?

T 쉽게 설명하면, 사회가 요구하는 인력 유형에 맞춤형 교육을 하고자 할 때, 분야별 기준점이라고 보면 되겠다. 즉 전기과 졸업생은 전기 일을 한다는 뜻이지.

S 그럼 제가 속한 회계금융비즈니스과는 어떻게 돼요?

T 네가 속한 학과는 인력양성 유형이 혼합된 학과야. 학과 이름을 보면 알 수 있듯이 회계와 금융 그리고 비즈니스까지 다 혼합되어 있잖니. 아래 표를 보면 이해할 수 있어. 여기서 알기 쉽게 졸업 후 갖게 될 대표 직업을 기준으로 말해 보자면 은행사무원, 회계사무원, 일반사무원 등을 목표로 그 분야에서 일할 수 있을 역량을 학교에서 체계적으로 교육한다고 생각하면 돼.

	금융 코스	회계 코스	마케팅/서비스 코스
회계금융 비즈니스과 인력양성 유형 (자료: 워크넷)	은행텔러 은행사무원 출납창구사무원 증권사무원 증권투자상담사 재경관리사 보험사무원 경리사무원 일반사무원 회계사무원 세무사무원 일반비서 행정직 공무원 세무직 공무원	공인회계사 세무사 회계사무원 세무사무원 일반사무원 경리사무원 총무사무원 은행사무원 출납창구사무원 증권사무원 보험사무원 일반비서 행정직 공무원 세무직 공무원	매장관리직 얼리버드 전문 블로거 광고전문 유튜버 타깃마케터 CS마케터 광고홍보전문가 일반사무원 일반비서 총무사무원 출납창구사무원

물론 어떤 과에 입학했다고 해서 꼭 그 과로만 취업하는 것은 아니야. 이것은 대학 졸업자들이 자신이 졸업한 해당 과로만 취업하는 게 아닌 것과 같지. 그런데도 학과 선택이 중요한 이유는 자신이 조금이라도 흥미 있는 분야를 배울 때, 더 의욕을 갖고 접근할 수 있기 때문이야. 예를 들어, 방송 콘텐츠에 관심 있는 사람은 공공사무행정과보다는 소셜미디어콘텐츠과가 더 적합하다고 할 수 있거든.

S 네. 그런데 사실 입학 전에 제가 생각했던 과의 특징과 배우면서 느끼는 과의 특징이 다른 예도 있잖아요.

T 그렇지. 중학생 관점에서 자신의 진로를 분명하게 알고 접근하기는 쉬운 일이 아니야. 그래서 학교는 제한된 범위 내에서 2학년 진급 시 전과를 허용하기도 한단다.

S 전과 제도요?

T 학교마다 사정이 다르지만, 대부분은 학과별 결원이 있을 시 그 인원만큼은 타과로의 전과를 허용하고 있단다. 그리고 요즘은 고교학점제가 있어서 학교에 따라서는 자신이 선택한 코스에 맞추어 과목을 수강해서 입학한 학과의 교육과정이 아니라 자신이 좋아하고 잘할 수 있는 분야의 전공을 찾아 공부하는 경우도 많아.

S 입학 후 취업 준비는 어떻게 시작하나요?

T 가장 중요하지만, 학생들이 제일 힘들어하는 것부터 하면 돼.

S 제일 힘들어하는 거라고요?

T 그래. 바로 내신관리야. 아직 사회에 진출하지 않은 학생을 평가하는 가장 객관적인 기준이 성적이니까. 기업에서 일차적으로 제한을 두는 것도 성적이야. 그러니 취업을 하려면 성적 관리가 중요해. 일부 기업의 경우, 내신 10% 이내의 학생들에게만 면접 기회를 주는 예도 있어.

S 다른 것도 있나요?

회사가 요구하는 능력은?

T 자신이 지원할 회사에서 요구하는 필요 능력에 대해서도 알아

야 해.

S 회사가 요구하는 능력이란 말씀이죠?

T 그래. 네가 지원하려는 회사나 분야에 따라 필수 조건이 명시되어 있는 경우, 그 조건에 맞추기 위해서는 미리미리 준비를 해야 해.

S 예를 들어 주세요.

T 특성화고 졸업생이 희망하는 인기 직종인 국가직 지역인재 9급 공무원을 먼저 살펴보자.

지역인재 9급 국가직 공무원

추진 배경	• 학교교육을 성실히 받은 우수 인재들이 학력에 구애받지 않고 공직에 들어와 능력을 발휘하는 공정사회 구현에 기여하기 위한 제도임 • 전국 각 지역의 특성화고, 마이스터고, 전문대학 등의 우수 졸업자 또는 졸업 예정자를 일반직 9급 수습직원으로 선발하는 제도			
	직군	직렬	직류	선발 인원
2020년 선발 규모	행정 (169명)	행정	일반 행정	109명
			회계	10명
		세무	세무	40명
		관세	관세	10명
	기술 (76명)	공업	일반기계	9명
			전기	13명
			화공	6명
		시설	일반토목	3명
			건축	4명
		농업	일반농업	3명
		임업	산림자원	7명
		보건	보건	2명
		식품위생	식품위생	1명
		방재안전	방재안전	3명
		환경	일반환경	2명
		해양수산	선박항해	2명
			선박기관	2명
		전산	전산개발	2명
		방송통신	전송기술	11명

지원 자격 (2020년도 적용)	• 관련 학과 적합 여부를 계열별에서 직렬과 관련된 교과(군) 내 전문 과목 이수 단위 비율로 변경				

직군	직렬	직류	관련 학과	
			이전	현행
행정	행정	일반 행정	(고교) 상업정보계열학과	(고교) 전문교과 경영·금융 교과(군) 과목을 전문교과 총 이수 단위의 50% 이상 이수한 자
	세무	세무		
	관세	관세		

선발 절차	학교 담당자 아이디 제출 ⇨ 원서 접수 ⇨ 필기시험 ⇨ 서류전형 ⇨ 면접시험 ⇨ 최종 합격자 발표 ⇨ 수습 근무(6개월) ⇨ 일반직 9급 공무원 임용
수습 근무	• 최종 합격자는 2021년에 6개월간의 수습 근무를 거친 후 임용 여부 심사를 거쳐 일반직 9급 국가공무원으로 임용(별도의 채용시험은 면제) • 수습 근무 중의 보수는 「공무원임용령」 및 「균형인사지침(인사혁신처 예규)」에 따라 일반직 9급의 1호봉에 해당하는 보수(2018년 기준, 월 160만 원 내외)를 지급하고, 수습 근무를 마치고 공무원으로 채용된 이후 수습 근무 기간을 호봉에 반영
기타	▶ 학과 성적 기본 조건 소속 학과에서 이수한 모든 과목에 대하여, ① 전문교과 과목의 성취도가 평균 B 이상이고, ② 그중 50% 이상의 과목에서 성취도가 A이며, ③ 보통교과 평균석차등급이 3.5 이내인 사람 ⇨ ① + ② + ③의 조건을 모두 충족하여야 함 ※졸업 예정자는 1학년 1학기~3학년 1학기까지 이수한 과목, 졸업자는 전 학년에서 이수한 과목을 대상으로 함 ▶ 추천 가능 인원 • 학과별로 2020년 최종 학년 해당 학과 정원이 100명 이하이면 3명 이내, 101명 이상이면 4명 이내로 추천할 수 있음 • 각 학교는 학과별 추천 인원을 모두 합하여 총 7명 이내로 추천할 수 있음 ▶ 필기시험 과목

시험 과목	출제 유형	문항 수	배점	배정 시간
국어, 영어, 한국사	객관식	과목당 20문항	100점 만점 (문항당 5점)	과목당 20분

▶ 가산점

직렬	직류	「국가기술자격법」에 따른 자격증
행정	일반 행정	1급, 2급, 3급 전산회계운용사
세무	회계	
관세	세무	
	관세	

표에서 볼 수 있듯이, 국가직 지역인재의 경우 선발 예정 직렬별 자격요건이 있는데, 그 지원 직렬에 맞는 전문교과를 총 이수단위의 50% 이상 이수해야 해. 또한 소속 학과에서 이수한 모든 전문교과 과목의 성취도가 평균 B 이상이고 그중 50% 이상의 과목에서 성취도가 A이며, 보통교과 평균석차등급이 3.5 이내인 사람이란 학과성적 조건도 충족시켜야 하지.

이런 모든 조건이 충족한다고 해도 학과별 추천 인원이 정해져 있는데, 최종 학년 해당 학과 정원이 100명 이하이면 3명 이내, 101명 이상이면 4명 이내로 추천할 수 있다는 것이야.

S 참 어렵네요.

T 쉽지는 않지만, 대학을 졸업하고도 9급 공무원이 되려고 몇 년씩 노량진에서 공부하고 있는 공시생들에 비하면 쉽게 공무원이 될 수 있는 길이란다. 공무원이 목표라면 입학할 때부터 체계적인 목표를 갖고 차근차근 준비해야 해.

S 다른 분야도 마찬가지인가요?

T 대기업이나 공사, 공기업에서 어떤 기준으로 직원을 선발하고 있는지 먼저 공채 채용의뢰 사례를 살펴보자.

2019년 삼성화재 사무직군 채용

모집 분야	사무직군
접수 기간	2019. 4. 17(수) ~ 4. 24(수) 17:00 ※마감일은 홈페이지 접속이 급증할 것으로 예상되오니, 마감일 이전에 충분한 여유를 갖고 지원해 주세요.
지원 자격	학력 무관, 전공 무관, 고졸 이상(2020년 2월 이전 졸업 또는 졸업 예정자) 2020년 1월 입사 가능자, 해외여행 결격 사유가 없는 분
접수 방법	삼성채용 사이트(www.samsungcareers.com) ⇨ 채용지원/조회 ⇨ 4/5급 신입채용 ⇨ 삼성화재 화면에서 로그인 후 지원서 작성

채용 부문	직군	직무 내용	전공	근무 지역
	사무직군	지점총무/ 행정사무 等	무관	서울, 경기(가평), 대전, 광주, 대구, 부산, 충남 (논산/당진/서산/아산), 전북(남원), 경북(안동/ 영천/포항), 경남(진주/통영)

전형 일정	•지원서 제출 ⇨ 서류전형 ⇨ 직무적성검사(GSAT) ⇨ 면접전형 ⇨ 채용 건강검진 ⇨ 입사 •지원서 접수: 2019년 4월 17일(수)~4월 24일(수) 오후 5시 •직무적성검사: 2019년 5월 19일(일) •면접전형: 2019년 6월 중 •건강검진: 2019년 6월~7월 중
기타 안내	•국가보훈대상자 및 장애인은 관련 법 및 내부 규정에 의거하여 우대합니다. •각종 증빙 서류(생활기록부/졸업증명서/자격증 사본 등)는 회사에서 별도 요청한 날까지 제출하여 주시기 바랍니다. •지원서상 허위 기재가 있거나 제출하신 서류가 허위일 경우 채용이 취소됩니다. •전형 단계별 결과는 삼성채용 홈페이지(http://www.samsung careers.com/fire)에 로그인하여 확인하실 수 있습니다. •채용과 관련한 중요한 사항은 지원서 작성 시 등록된 e-mail로 안내되오니 본인의 e-mail을 정확히 기재 바랍니다.

KDB산업은행 2019년 신입행원(특성화고) 채용

모집 분야	•일반직원(일반직B G5급), 채용예정 인원 5명 내외
지원 자격	•상업계 특성화고등학교 졸업(예정)자(최종학력기준) •산업은행 인사 내규상 결격 사유에 해당되지 않는 자
접수 기간 접수 방법	•2019년 5월 13일(월)~2019년 5월 27일(월) 18:00 •채용 사이트(recruit.kdb.co.kr)를 통한 인터넷 접수
수행 직무	•텔러, 외환, 기업외여신, 영업지원, 비서, 업무지원 등(홈페이지 직무 설명자료 다운로드 참고)

채용 일정			우대 사항
서류심사		합격자발표: 2019. 6월 초순	•「장애인고용촉진 및 직업재활법」에 의한 장애인 •「국가유공자 등 예우 및 지원에 관한 법률」에 의한 취업보호대상자 •한국사능력검정시험 2급 이상 합격자 •산업은행 인턴 경험자
필기시험		시험일자: 2019. 6. 22(토) 시험장소:서류심사 합격자 발표 시 공고 합격자 발표: 2019. 6월 하순	
면접	1차	면접일자: 2019. 7월 초순	
	2차	면접일자: 2019. 7월 하순	
건강검진 및 신원조사		세부 일정 및 방법은 2차 면접 합격자 발표 시 개별 통보	
입행 시기		최종 합격자는 2019. 12월 입행 예정	

채용 절차 및 선발예정 인원	제출 서류

서류심사 ⇨ 필기시험 ⇨ 1차 면접 ⇨ 2차 면접

구분	내용		
서류 심사	채용 예정 인원의 20배수 내외 선발 지원 동기, 금융분야 역량개발 노력 등 입행 지원서 평가		
필기 시험	채용예정 인원의 6배수 내외 선발		
	평가 항목	시험 과목	
	직무수행능력 (직무지식)	회계원리, 상업경제, 금융일반	
	NCS 기반 직업기초능력	직무능력검사 (의사소통, 수리, 문제해결) 직업 성격검사(인성검사)	
1차 면접	채용예정 인원의 2배수 내외 선발 직무능력면접, 심층토론, P/T면접, 팀과제 수행평가		
2차 면접	임원 면접		
필기시험 및 면접전형 시 교복을 제외한 자유복 착용			

제출 서류:

•서류심사 합격자에 한하여 필기시험 이전 온라인 제출(본인 확인용) 증명사진, 생년월일(4자리)
 - 제출방법: 서류심사 합격자 발표 시 채용 홈페이지에서 사진 파일 등 등록
 - 증명사진, 생년월일(4자리) 미제출 시 필기시험 응시 불가
 - 교복 착용 사진 제출 금지
•서류심사 합격자에 한하여 필기시험 일자에 제출
 - 취업보호대상자증명서 원본 1부(해당자에 한함)
 - 「장애인고용촉진 및 직업재활법」에 의한 장애인증명서 1부(해당자에 한함)
 - 한국사능력검정 인증서 1부(해당자에 한함)
•최종 합격자에 한하여 예비 소집일에 제출
 - 고등학교생활기록부 사본(학교장 원본 확인필) 1부
 - 학자금대출장학금 신청서
 - 신원조사 관련 서류(합격자 앞 별도 통보)

2019년도 하반기 한국자산관리공사 채용형 청년인턴 채용

모집 분야	• 구분: 고졸 6급 • 채용 분야: 금융일반 • 채용 규모: 0명
지원 자격	• 연령, 학력, 전공, 어학 등 제한 없음, 채용 확정 후 근무 가능한 자 • 한국사능력검정시험: 4급 이상(고졸인턴) • 고졸인턴[금융일반]: 최종 학력이 고등학교 졸업(예정)인 자(2020년 2월 　졸업 예정자 지원 가능)
접수 기간	• 2019년 9월 중 공고
채용 절차	• 채용공고·접수: 입사지원서 접수 9월 중 • 서류심사: NCS 입사지원서 심사 10월 초(불성실 작성자 제외) • 필기전형: NCS 직무수행능력평가 10월 19일(토) 오전(부산/서울) • 1차 면접전형: 직무역량 면접 11월 초 1박 2일 합숙 • 2차 면접전형: 인성면접 11월 중 부산 • 임용: 채용 확정 11월 말
심사 내용	• 채용공고, 접수 • 서류심사: NCS 입사지원서 　– 지원자격 미충족 및 입사지원서 불성실 작성자 등을 제외한 입사지원 　　자 전원 필기전형 응시 기회 부여 • 필기전형: NCS 직무수행능력평가 100점 만점 　– 직무수행능력: 채용 분야별 직무전공 + 공사업무 • 1차 면접전형: 직무역량 면접 11월 초 1박 2일 합숙 　– 기본역량 검증: NCS 직업기초능력평가(공사업무 반영) 및 직업성격 　　평가, 단체토론 활동, AI 면접 등을 통해 직무수행역량 검증 　– 직무역량기본 검증: 공사 직무 관련 주제를 토대로 자료를 작성하고 　　PT + 질의응답을 통해 직무수행역량 검증 　– 직무역량 심층 검증: 스피치 자료(주제 제시) 작성 및 발표, 지원자의 　　학습 및 경험들에 대한 인터뷰를 통해 직무적격성, 조직적합성 등을 　　검증 • 2차 면접전형: 인성 및 자질과 직무 수행에 필요한 능력을 종합적으로 　검증
시험 과목	• 고졸인턴: 금융일반(금융상식, 일반상식) • 공통: 공사 업무(공사가 수행하고 있는 업무와 관련된 문제)
근무 조건	• 고용 형태: 채용형 인턴(정규직 전환율은 90% 이상) • 근무 기간: 1개월 이내 • 근무 지역: 본사(부산)를 원칙으로 하되, 지역본부가 될 수 있음 • 근무 시간: 주 5일, 1일 8시간 • 보수: 월 2,100,000원 내외(인턴 근무 기간, 제세공과금 공제 전)

T 위 사례와 같이 학생들이 선호하는 공기업, 삼성이나 은행 등은 나름의 채용 절차 기준들이 있어. 여기에 예를 들지 않은 각 기업이나 기관의 구체적 선발 기준들은 조금씩 차이가 있지만, 학생들이 입사를 준비할 때 갖추어야 하는 부문들을 개략적으로 정리하면 다음과 같아.

공기업

내신 성적	입사지원서		필기시험		면접능력	
	특별활동	자격증	史	직업기초	실문면접	인성
15%	30%		25%		30%	
	NCS 기반					

은행

입사지원서			면접		
내신	자격증	특별활동	상황면접	세일즈	인성
40%			60%		

대기업(삼성)

입사지원서			필기시험				면접	
내신	자격증	특별활동	언어	수리	적성	상식	실무능력	인성
35%			35%				30%	

위 표와 같이 학생들이 가고 싶어 하는 우수 취업처의 경우, 내신 성적을 기본으로 해서 NCS 혹은 GSAT로 대표되는 공채시험 준비를 해야 하고, 다양한 면접 준비도 해야 한다.

S 준비할 것이 많은데, 또 다른 준비도 있나요?

T 해당 기업에 취업한 후에 직무수행능력이 있음을 증명해야 하는

데, 그에 가장 적합한 것은 해당 분야에 필요한 자격증 취득이야. 각 학과에 따라 필수 자격증과 권장 자격증으로 나뉘는데, 금융정보과에는 은행을 희망하는 학생이 갖추어야 할 전산회계 1급, 컴퓨터활용능력 2급, 은행텔러, 증권투자권유대행인 등이 있지. 이 외에 보건과는 간호조무사, 소셜미디어콘텐츠과는 멀티미디어 콘텐츠 제작 전문가, 컴퓨터그래픽 운용기능사, 호텔관광비즈니스과는 관광통역안내사, 바리스타, 소믈리에 등의 자격증이 필요해.

　아울러 해당 분야의 자격증 이외에 다른 자격증을 취득했다는 것이 비슷한 경쟁자보다 본인을 돋보이게 하는 희소가치가 될 수도 있어.

S 네, 알겠어요. 준비할 것이 많네요.

T 이게 다가 아닌데?

S 무엇이 더 필요해요?

T 인성 분야에서 취업역량 강화를 위해 준비할 것들이 있어. 이 분야는 실제 회사생활을 하면서 가장 많이 사용되는 능력이야.

　첫째, 커뮤니케이션 능력으로 대인 커뮤니케이션, 경청, 관찰, 질문하기 등의 기술을 키워야 해.

　둘째, 팀워크로 타인 존중과 협력, 협상 경험, 설득과 토론의 경험 등을 늘려야 해.

　셋째, 자기관리로 시간관리, 적극적 책임감, 회복탄력성, 피드백을 통한 성과 개선 등의 경험을 쌓아야 나중에 입사지원서를 쓸 때 자기소개 자료로 활용할 수 있어.

S 산 넘어 산이라는 말이 떠올라요. 이런 것들을 언제 다 하죠?

T 너무 어려워하지 마. 천 리 길도 한 걸음부터니까 하나씩 준비하

다 보면 다 해낼 수 있어. 너희 선배들도 다 한 일이고, 더구나 학교에서 준비한 학과 융합 프로젝트 수업이나 특강 프로그램도 많으니 잘 활용해 보렴.

S 마음은 무겁지만, 선배들도 했다고 하니 도전을 해 보겠어요.

T 그래, 용기 갖고 도전해 봐. 항상 응원할게. 그리고 우리 학교 홍보할 때 본 것처럼, 특성화고교 졸업생들의 삶의 질을 높이기 위해 학교, 정부, 대학도 열심히 돕고 있어. 어린 나이에 사회에 진출하는 너를 지원하는 프로그램들을 잘 따라가면, 졸업 후 10년 정도 지났을 때 지금보다 희망찬 삶을 살아가고 있을 거야.

아래 표에 나오는 희망사다리를 잘 오르는 네 모습을 보고 싶구나.

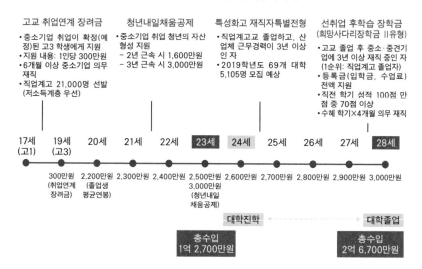

특성화 고교 졸업 후 취업 시 희망사다리

이것만은 꼭!

너무 어린 나이에 세상에 내던져졌다고 생각하지 말자. 취업은 인문계고 진학생들과 다른 길을 선택하는 일이지만, 결국 몇 년 후 그들과 사회에서 만나게 된다. 조금 달리 시작할 뿐이고 안정적 경력을 쌓은 후, 대학에 간다면 결코 손해 보는 선택이 아니다.

무엇보다 자꾸 가 보지 않은 다른 길을 동경하지 말고 자신이 선택한 길을 묵묵히 최선을 다해 가는 게 중요하다. 그러면 자신의 삶이 풍요롭게 펼쳐질 수 있음 또한 잊지 말자. 그리고 자신이 희망하는 취업처의 사원 선발 기준에 맞게 자신의 학창 시절을 설계해 볼 필요도 있다.

8.
가 보지 않은 길(진학)

S 선생님, 제가 정한 진로 선택이 잘한 것인지 걱정스러워요.

T 많이 힘들지? 전국의 특성화고 학생들이 공통으로 하는 고민이
지. 기준 학과, 학교 자체 여건 및 주변 환경이 다름에도 불구하
고 특성화고 졸업생의 진로가 크게 취업과 진학 두 가지로 나뉘
니까 재학생 누구나가 겪는 과정이기도 해.

　일반고가 대학 진학이라는 한 방향성을 갖고 있다면 특성화고
는 설립 목적상 취업을 우선시하지만, 특성화고 특별전형을 이용
하여 대학 진학을 원하는 학생도 다수 존재하니까 두 가지 방향
에 대한 부담은 선생님들도 똑같이 짊어지고 있어.

S 그런데 저의 시각에서 본다면, 제가 선택한 길에서 아무런 도움
을 못 받고 있다는 느낌이 강해요.

T 그랬구나. 너는 어느 쪽으로 생각하고 있니? 대학 쪽이야?

S 네, 저희 반 분위기가 대체로 취업하려는 아이들이 많아서 그런
지, 담임선생님이나 교과 선생님들 대부분이 진학과 관련된 말씀
은 많이 안 해 주세요.

T 아무래도 다수 쪽 분위기를 따라갈 수밖에 없으니, 왠지 모르게

소외된 느낌을 받을 수도 있겠구나. 사실 전반적으로 특성화고 전형이 많이 줄어든 것이 큰 이유이기도 해.

얼마 전까지만 해도 대학교마다 5%의 정원 외 선발인원이 있었는데 현재는 1.5%로 줄어들었고, 다소 내신이 좋지 않더라도 수능 최저등급 적용을 통해 내신 성적의 역전이 가능했던 것에 비하면, 현재는 내신 위주의 학생부 종합전형으로 주로 학생 선발이 이루어지다 보니 수능 위주의 수업이 줄어들고 있지. 사실 이전에 우리 학교도 취업하는 아이들보다 상대적으로 내신은 부족해도 수능 성적을 통해 정시로 진학하는 학생들이 많았었거든.

S 그래서 더 답답해요. 제가 선택한 것이 맞는지 자신 없고 힘들어요. 어떻게 준비해야 하나요?

특성화고 학생의 대학 진학 방법

T 우선 특성화고 아이들의 진학 방법과 우리 학교 선배들의 진학 유형에 대해 설명해 볼게.

S 감사합니다.

T 해마다 대학의 모집 요강이 바뀌고 있지만, 일반적으로 고등학교에 다니는 아이들의 4년제 대학 진학 방법은 크게 수시와 정시가 있어. 특성화고에 다니는 학생의 대학 진학 방법은 그 외에도 재직자 특별전형이 있어.

먼저 대부분의 학생이 희망하는 동일계 전형을 활용한 특성화고 정원 외 입학 전형이 있지. 예를 들어 대학은 학과 입학정원의 1.5% 범위에서 특성화고 졸업생을 별도 선발하고 있어. 2020년도 연세대 모집 요강을 보면, 고른기회전형 중 특성화고 졸업자를 정원 외로 24명을 선발하고 있어. 이것은 대학들이 특성화고 출신들을 학교의 정원 외 1.5%의 비율로 뽑고 있는 제도로, 모집 단위와 관련된 전문교과를 30단위 이상 이수한 자를 선발하는 제도야. 따라서 지원자의 출신 학과의 전공과 대학의 전공의 관련성이 중요한 기준이 되지.

S 이 전형에 지원할 수 있는 사람은 특성화고 졸업생 중 관련 학과 전공자들이어야 한다는 뜻이죠?

T 맞아. 이때는 학생부 종합전형인지, 학생부 교과전형인지 여부와 함께 수능 최저학력기준의 반영 여부를 살펴봐야 해.

S 학생부 종합전형과 학생부 교과전형의 차이는 무엇인가요?

T 학생부 종합전형은 학생부 전 항목을 정성 평가하는 것으로 서울권 대학들과 경기권 일부 대학에서 진행하는 방식이야. 대개 아래의 평가 요소를 반영하고 있지.

☞ 학생부 전 항목 + 자기소개서 + (면접) + (수능 최저학력기준)

특성화고 특별전형 학생부종합전형(서울/인천/경기)

- 가천대, 가톨릭대, 강남대, 건국대(서울), 경희대(서울/국제), 고려대(서울), 광운대, 대진대, 동국대(서울), 서강대, 서울대, 서울여대, 성균관대, 숙명여대, 안양대, 연세대(서울/원주), 한국산업기술대, 한성대
- 수능 최저학력기준 적용 대학: 고려대(3개 합 6~7등급), 서강대(3개 3등급)
- 2020학년도 연세대, 성균관대 특성화고 특별전형 수능 최저학력기준 폐지
- 면접이 있는 전형: 가천대(2단계 50%), 가톨릭대(2단계 30%), 건국대(서울, 2단계 30%), 경희대(서울/국제 2단계 30%), 고려대(서울, 2단계 30%), 광운대(2단계 30%), 동국대(2단계 30%), 상명대(2단계 30%), 서울여대(2단계 30%), 신한대(2단계 30%), 한국산업기술대(2단계 30%)

학생부 교과전형은 교과 성적을 기준으로 정량 평가 위주의 전형이라고 생각하면 돼.

☞ 학생부의 교과 + (출결사항)

특성화고 특별전형 학생부교과전형(서울/인천/경기)
- 덕성여대, 명지대, 삼육대(일반), 서울시립대, 성결대, 성공회대, 성신여대, 수원대, 용인대, 인하대, 평택대, 한경대, 한국항공대, 한세대, 한신대, 협성대
- 수능 최저학력기준 적용 대학: 서울시립대(3개 3등급), 인하대(국·수·영 중 1개 3등급), 한국항공대(2개 합 5~6등급)
- 최저 등급이 없는 경우 일반전형에 비해 합격선이 매우 높은 편임.

이 외에도 특성화고 특별전형 중 실기전형으로 경기대(수원/디자인학부, 70%), 삼육대(아트앤디자인학과, 80%), 한성대(ICT 디자인학부, 60%)가 있고, 특성화고 특별전형 중 적성고사 전형이 을지대(성남, 40%)에서 진행되고 있어.

S 재직자 특별전형은 무엇인가요?

T 특성화 졸업생이 졸업 후 3년간 회사에 재직 후 지원 가능한 전형으로 대체로 생활기록부와 면접을 통해 선발하는 전형이야. 물론 입학 후 원칙적으로 재직 상태를 유지해야 돼.

너희 선배들의 경우, 입학하는 것만 기준으로 보면, 졸업 후 바로 입학하는 것보다는 훨씬 쉽게 대학에 진학했어. 대학과 관련해서 더 많은 정보를 얻고 싶으면 '대학정보 포털 어디가'를 활용해 보면 좋겠다. 이제 고민 해결이 되는 것 같니?

S 선생님 설명을 듣고 나니 방법은 이해할 수 있는데, 실천은 더 어려울 수도 있다는 생각이 드네요. 내신 등급 관리하기가 쉽지 않

을 것 같아요.

T 물론 그럴 수 있지. 그런데 인문계에서 대학 준비하는 아이들 역시 쉽게 대학을 가는 것은 아니잖아. 누구나 한 단계 더 높은 곳으로 올라가려면 그만큼의 노력이 필요하지 않을까? 사실 상위권 대학의 경우, 너희 선배들의 입학 결과를 보면 인문계에서 같은 과에 진학하기 위해 노력한 것에 비하면 좀 더 쉽게 갔다는 것도 잊지 않았으면 좋겠어.

이것만은 꼭!

진학을 목표로 입학한 학생이나 학교생활을 하면서 취업에서 진학으로 목표를 바꾼 학생 모두 공부 방법을 대학에 맞춰 준비해야 한다. 이것은 대학에 들어가는 것만이 목표가 아니라 그곳에서 살아남기 위해서다. 인문계에서 대학을 목표로 공부하는 많은 학생처럼 특성화고 학생들도 열심히 공부하는 습관이 중요하다.

이런 준비가 되지 않은 채 대학에 진학해서 적응하지 못하고 중도 탈락하는 경우도 있다. 잘 준비한 선배는 최상위 대학에서도 학과 수석을 놓치지 않는 경우도 있다는 걸 잊지 말자.

4장

경력 가꾸기

1.
이 시대가 요구하는 역량

S 선생님 기업의 인사담당자들이 선호하는 이 시대의 역량은 무엇
  이에요?

T 기업마다 조금 다르지만, 인터넷에서 100대 기업 인재상을 검색
  해 보면, 소통과 협력, 창의성, 도전 정신, 주인의식, 책임감 등의
  키워드를 찾을 수 있을 거야. 실무현장에서 주로 사용되는 대표
  적인 것 몇 가지는, 의사소통, 비판적 사고 및 문제해결력, 팀워
  크, 전문성 및 근로 윤리 등이지.

S 선생님께서 기업의 시각에서 준비하라고 하셔서 인사담당자들이
  요구하는 역량을 알고 싶었어요.

T 좋은 생각이야. 지금 내가 열거한 것은 꼭 이 시대만이 요구하는
  역량은 아니야. 혼자 살 수 없는 인간이 사회를 이루고 그 속에
  서 효율적 생산을 위해 설립한 회사라면, 그 구성원들이 갖추어
  야 할 기본기가 바로 이런 것들일 거야. 예를 들어 언어적 의사소
  통 역량은 다양한 형태와 상황 속에서 말과 글, 또는 비언어적 의
  사소통 스킬을 이용해서 자기 생각을 효과적으로 표현할 수 있는
  사람을 요구한다는 말이야.

S 그 능력은 어떻게 키울 수 있어요?

인사담당자들이 요구하는 역량은 무엇인가요?

T 그것은 평소 자신의 삶 속에서 다양한 경험을 통해 축적된 결과
물들을 말이라는 수단을 통해 상황에 맞게 활용할 수 있는 능력
이야. 간단하게 말하기는 어려운데… 우선 네가 말을 통해 주위
사람들에게 인정받았던 순간들을 떠올려 보렴.

S 어떤 순간인지 구체적으로 설명해 주세요.

T 네가 어떤 상황에서 어떤 표현을 했을 때, 다른 사람의 마음을
얻을 수 있었는지가 그 해답의 열쇠야. 그런 경험이 많다면 의사
소통 능력이 있는 것이고, 그 경험이 적다면 의사소통능력이 다
소 부족하다고 할 수 있겠지.

S 그렇군요.

T 직장에서뿐만 아니라 일상생활에서도 사람들은 자기와 말이 통
하는 사람과 함께 있기를 원해. 너도 그렇지?

S 네. 같이 있으면 즐거워서 자주 어울리는 친구들이 있어요.

T 바로 그 점에 주목해 보렴. 친구 중에서 왠지 모르게 사람들을
끌어모으는 사람들의 대화법을 잘 관찰해 봐. 그의 어떤 부분이
호감을 느끼게 하니? 대화할 때 진지하게 눈을 맞추어 주는 작은
몸짓에서부터, 상대를 배려하는 마음이 느껴지는 태도, 그리고
상황에 맞는 말과 정확한 표현, 때로는 재치 있는 농담에 이르기
까지 아주 다양한 요소들을 찾을 수 있을 거야. 너도 그러한 요
소를 상황에 맞게 사용할 수 있고, 남들로부터 인정받는 기회를

많이 만드는 것을 연습해야 해.

S 말로는 알겠는데 실천하기는 쉽지 않을 것 같아요.

T 처음에는 낯설고 어색할 수 있겠지만 자꾸 연습하면 자신도 모르게 말해야 하는 순간을 느낄 수 있고, 그 순간에 무엇을 말해야 할지도 알게 될 거야. 이런 성공의 경험이 쌓이면 자신감도 생기고 대인관계의 폭도 자연스럽게 넓혀질 거야. 회사는 이런 성공의 경험이 많은 사람, 그리고 함께 있고 싶은 사람을 원한다는 사실을 꼭 기억하고.

S 네. 자기소개서 작성이나 면접 때 이런 자질을 강하게 드러낼 수 있도록 준비하겠습니다.

T 중요한 것 하나 더! 삶 속에 녹아든 역량이 진정한 역량이야. 억지로 만든 것은 다 눈에 띄게 되어 있거든.

S 어떻게 해야 하죠? 조언 좀 해 주세요.

T 학교생활을 하면서 이 부분을 강화할 기회는 끝없이 펼쳐져 있어. 학교생활의 매 순간 꺼리거나 피하지 말고 담대하게 임하면 된단다. 선생님의 질문에 손을 들고 발표하는 그 순간이 시작일 수도 있고, 친구들의 고민을 들어 주는 그 순간일 수도 있어. 지금 네 앞에서 말하고 있는 나도 어렸을 때는 남 앞에 서는 것이 떨려서 피하기만 했었어.

S 믿기지 않는데요.

T 지금도 낯선 사람들이 있는 모임에 참여하기 꺼려지고 무슨 말로 대화를 이어 가야 하나 늘 고민하고 있단다. 단지 그런 경험을 많이 하다 보니 이제 어느 정도 면역력이 생겼을 뿐이야.

S 그렇군요. 저도 계속 도전해 보면 역량을 키울 수 있다고 생각하

면 되는 거죠? 헤헤.

T 바로 그거야. 여기서는 말을 통한 의사소통 역량을 중심으로 이
야기했지만 다른 역량들도 마찬가지야. 우리의 삶과 먼 곳에 있
는 것이 아니라 우리 주변에서 가꾸어 나갈 수 있는 역량들임을
잊지 말자.

이것만은 꼭!

취업에 필요한 역량을 너무 추상적으로 바라보지 말자. 회사
역시 사람들이 함께 생활하는 공간이다. 사람들과 잘 어울리
기 위해 무엇을 갖추어야 하는지 생각해 보는 것이 출발점이
다. 학교생활에서 늘 사람을 끌어모으는 친구가 있다면 그 친
구가 지닌 장점을 잘 파악해 보자. 그 친구가 너의 좋은 역할
모델이고, 그 친구가 지닌 역량이 곧 회사가 요구하는 역량일
테니까.

2.
실현 가능한 목표가
사람을 움직일 수 있다

T 학습 계획서를 써 본 적 있니?

S 네, 지난번 중간고사 준비할 때도 작성했었는데요.

T 도움이 되었니?

S 네, 1학년 때보다 성적이 조금 올랐으니 그렇게 생각해요.

T 다행이구나. 오늘 내가 할 이야기도 그와 비슷한 거야.

S 계획과 관련된 거예요?

T 글쎄, 너는 집에 어떻게 가니?

S 버스를 타고 가죠. 왜 그러세요?

T 늘 같은 버스를 타고 가니? 아니면 다른 방법으로 가기도 하니?

S 거의 같은 버스를 타고 가지만, 배차 간격이 너무 클 때는 다른 버스를 타고 가서 환승도 해요.

T 그렇구나. 왜 버스 타는 이야기를 하는지 궁금하지? 오늘은 목표 이야기를 하고 싶어서야. 질문을 해 볼게. 길이 나 있는 대로 따라 가는 것과 목적지를 정해 놓고 가는 것은 분명한 차이가 있겠지?

S 당연하죠.

T 더구나 그곳에 가는 도중에 많은 변수가 발생한다면, 목표 없이

가는 것은 어리석은 일이겠지?

S 네.

T 목표를 세우고 일을 시작하는 일의 중요성은 아까 네 대답에서
확인했으니, 이제 버스를 환승한 이야기를 해 보자.

S 무슨 말씀이세요?

T 왜 환승할 생각을 했니?

S 빨리 집에 가고 싶어서요.

T 맞아. 집에 최대한 빨리 가고자 하는 목표를 위해 너는 많은 선택
지를 고려했고 그중에 최선의 방법을 선택했어.

S 제 삶의 목표에 맞는 최선의 방법을 찾아가라는 말씀이세요? 그
런데 저는 생각처럼 그렇게 쉽게 목표를 정하기가 어려워요. 당연
히 목표에 맞는 방법을 찾아가는 일도 어렵고요.

커다란 꿈, 현실적인 목표

T 나도 알아. 어릴 때부터 지녔던 꿈과 지금 현실에서 느끼는 목표
가 너무 멀다고 생각하지? 그래서 그것을 삶의 목표로 삼기는 더
욱 힘들고.

S 맞아요. 저도 꿈은 많았지만, 지금 정할 수 있는 목표가 무엇이냐
고 묻는다면 대답하기 힘들어요. 어떻게 하면 목표를 찾고, 그것
을 구체화할 수 있을까요?

T 어려운 질문이구나. 하지만 해결책을 찾기 위한 도전은 해 봐야
겠지.

S 어떻게 도전을 해야 하죠?

T 우선 '자신의 현실 바로 보기'를 해 보자.

S 현실을 본다고요?

T 어디로 향할 때, 자신의 현재 위치를 모른 채 출발할 수는 없어. 현재 상황에 대한 철두철미한 점검이 목표를 세우는 출발점이란다.

S 제가 처한 상황 분석을 해야겠네요.

T 그다음으로 이룰 수 없는 꿈이 아닌 실현 가능한 목표를 찾아야해. 예를 들면, 꼴등 하는 학생이라면 1등을 목표로 할 게 아니라 우선 한 과목의 성적 향상에 도전하는 것이 중요하지. 그래야만 좌절감 없이 자신이 세운 목표에 도달했을 때 성취감을 맛볼 수 있으니까.

S 작은 성취감이라도 느낄 수 있는 일에 먼저 도전하라는 말씀이시죠.

T 한 가지 놓치면 안 될 것! 우리의 꿈은 단기적으로 달성될 수 있는 것만은 아니다. 너무 단기적인 것에만 머무르면 커다란 꿈은 키워 볼 수도 없단다.

S 그러면 어떻게 해야 하나요?

T 현재 네가 생각해 낼 수 있는 장기적인 것을 설정한 후, 그것을 이루기 위한 단기적인 목표 설정을 해 보자.

S 너무 어려워요.

T 같이 생각해 보자. 아담한 2층 전원주택의 주인을 너의 미래 목표로 정해 볼까?

S 저는 전원주택이 싫지만, 그렇게 가정해 볼 수는 있을 것 같아요.

T 그럼 넌 20년 후, 전원주택의 주인이 되어 있어. 그리고 잠깐 시간

을 내어 네가 지나온 삶을 한번 떠올려 보는 거야. 너의 추억 속으로 많은 장면이 지나갈 거야. 얼마 전 내가 원했던 그림 같은 집을 짓는 모습, 집 짓는 데 필요한 돈을 다 마련해 기뻐했던 모습, 온갖 스트레스로 직장 생활이 힘든데도 돈을 벌기 위해 버티고 있는 모습, 그리고 그렇게 네 인생을 힘들게 몰아붙인 회사에 들어가고자 애태웠던 모습 등등을 상상해 볼 수 있겠지.

S 그런 식의 상상을 할 수는 있겠지만, 꿈이 그렇게 간단하지는 않잖아요?

T 당연하지. 나는 단지 네가 마음속에 품어야 하는 목표가 너무 먼 나라 일만은 아니라는 사실을 설명하고 싶었어.

S 알겠어요! 커다란 꿈을 먼저 품은 후, 그것을 이루기 위해 무엇을 준비해야 하나를 생각할게요.

T 이것은 예전부터 많은 사람이 사용한 방법인데, 표처럼 정리해 볼 수 있어.

장기 목표(10년~20년)
⇩
중간 목표(3년~5년)
⇩
단기 목표(6개월~1년)
⇩
1개월 목표
⇩
일주일 목표
⇩
오늘 할 일

S 인생 목표를 장기적인 것과 단기적인 것으로 나눈 후, 하루 한 걸음씩 오늘의 목표를 실현해 가라!

T 바로 그거야. 그런데 이 방법을 시도할 때는 측정 가능한 형태의 기준과 함께 작성해야 해. 목표를 구체적 수치와 함께 작성함으로써 그 달성 여부를 바로 파악할 수 있어야 하거든.

S 매일 점검하라!

T 이 방법이 습관화된다면, 너의 목표와 실천이 하나로 이어지고, 성취한 성과들로 채워진 결과물들을 확인할 수 있을 거야. 그리고 그 결과물들이 너의 목표를 향해 한 걸음 더 다가갈 힘을 가져다줄 테고.

이것만은 꼭!

아무리 좋은 계획도 실천하지 않으면 무용지물이다. 작심삼일이란 함정에 빠지지 않고 자신이 잘하고 있음을 수시로 점검하기 위해서는 자신의 계획을 주변 사람들에게 알려야 한다. 목표를 달성했을 때 얻을 보상과 실패했을 때의 책임에 대해 언급함으로써 자기관리하는 습관을 갖춘다면 앞으로 어떤 도전에 나서도 성취하는 삶을 살아갈 수 있을 것이다.

한 가지 더, 내가 공무원 준비하는 학생들에게 종종 말하는 계획과 실천의 점검표를 활용해 보길 권한다. 거창한 점검표가 아니라 자신이 세운 한 달의 계획 중에서 25일 실천이 이루어지지 않았다면, 그 계획은 잘못된 것이다. 실패의 원인은 이룰 수 없는 계획을 세웠거나 실천 의지가 없었기 때문이다. 어느 경우든 그 결과 앞에서 냉철한 자기반성을 할 때, 앞으로 나아갈 수 있음도 잊지 말자.

3.

학교생활기록부 관리

S 대학을 가거나 취업을 할 때 기본은 학교생활기록부라고 하는데, 학교생활기록부에 대해 알고 싶어요. 학교생활기록부의 의미는 무엇이고, 학교생활기록부 관리는 최상위권 학생들에게만 필요한가요?

T 학교생활기록부는 학생의 학업성취도와 인성 등을 종합적으로 관찰, 평가하여 학생지도 및 상급 학교의 학생 선발에 활용하는 자료란다. 학교생활기록부에는 학교 교육계획이나 고교 교육과정에 따라 학교에서 실시한 각종 교육활동의 이수 상황(활동 내용에 따른 개별적 특성이 드러나는 사항 중심)을 기재하는 것이 원칙이지.

S 좀 어려워요. 제가 학교에서 생활한 모든 내용이 다 기록되나요?

T 크게 보면 그렇다고 할 수 있어. 좀 더 이해하기 쉽게 학교생활기록부 종합평가에서 말하는 평가 기준에 맞춘 생활기록부의 4대 요소를 살펴보자. 학업역량, 전공(직무) 적합성, 인성, 발전 가능성.

S 생활기록부를 네 개 영역으로 구분해서 준비해야겠네요.

T 그렇지. 가장 기본인 학업역량은 학업이나 직무를 충실히 수행할 수 있는 기초 학습력이야. 간단히 말하면 네가 배운 각 교과목의 성적을 의미하지.

S 전공 적합성은 무엇인가요?

T 네가 희망하는 직무 분야에 대한 관심과 이해, 노력과 준비 정도로 흔히 교과 성적, 독서, 봉사, 교내외 활동의 결과물들을 의미하지. 인성은 공동체 일원으로서 필요한 바람직한 사고방식과 행동을 의미하는데, 생활기록부를 기준으로 하면, 자율활동, 진로활동, 동아리, 교과 세부 특기사항, 행동발달 등에 기록되는 내용이야.

　　끝으로 발전 가능성이 있는데, 대상자가 현재 상황이나 수준보다 질적으로 더 높은 단계로 향상될 가능성을 보고자 하는 것으로, 교과 세부 특기 사항, 행동발달, 자율활동, 진로활동 등에 기록되는 내용이야.

S 요소가 많아서 관리하기도 쉽지 않겠어요.

T 하나씩 알고 준비하면 어렵지만은 않단다.

S 자세히 설명 좀 해 주세요.

특성화고 생활기록부 관리의 출발, 출결 그리고 인성

T 생활기록부의 세부 항목을 하나씩 점검해 보자. 취업을 중시하는 특성화고에서 생활기록부 관리의 첫 출발은 출결 관리야.

S 출결이 그렇게 중요한가요?

T 출결은 회사나 대학에서도 가장 기본이 되는 요소야. 회사에서

특히 근태(근면함+태만함) 관리는 인사고과에서 크게 반영하는 기준이란다. 당연히 미인정 결석이 있다는 것은 성실성, 인성, 책임감 측면에서 스스로 감점을 만드는 행위니까 삼가야지. 이미 지각/조퇴/결과/결석이 있다면, 앞으로는 절대 하지 않도록 관리해야 해.

S 저는 학교에서 받은 상이 많지 않은데, 불리한가요?

T 수상 경력은 학생의 학업능력과 전공 적합성 및 자기 주도성을 보여 줄 수 있는 좋은 표현 방법이야. 대회를 준비하면서 배우고 느낀 점, 전공 적합성 등을 자기소개서 작성 시 활용할 수 있으니까 자신의 전공 학과와 직접적으로 연관된 대회나 희망 진로 분야와 관련된 대회가 무엇이 있는지 미리 찾아보고 적극적으로 참여하는 게 좋아. 대회에 참가하는 것은 학교생활을 성실하게 수행하며, 협동성, 자기 주도 능력을 보여 줄 수 있는 방편이기도 하니까. 다만, 학교별로 사전에 계획된 '교내 수상'만 기재할 수 있고, 수상하지 못하면 참가 사실만으로는 학교생활기록부에 기재할 수 없어. 대입 시에는 수상 경력 기록이 제한되기도 하지만, 취업 시는 모든 수상 결과를 활용할 수 있으니 되도록 많은 대회에 도전하면 좋겠다.

S 어떤 대회가 있는지 미리 알고 준비해야겠네요.

T 새 학년이 되면 거의 모든 학교가 연간 계획과 교육계획서 요약본을 나눠 준단다. 그것을 보고 네가 자신 있는 분야에 도전해 보면 좋은 성적을 얻을 수 있을 거야. 팁을 하나 준다면, 우리 학교의 대회 명칭에 '배려 공모전'처럼 인성과 관련된 대회가 있으면 적극적으로 도전해 보길 권하고 싶구나.

S 특별히 강조하시는 이유는 무엇인가요?

T 우리 학교에서 이런 항목의 대회를 실시하는 이유를 설명해 줄게. 회사 관계자들에게 이 대회에서 수상한 학생이 인성 부문에서 뛰어나다는 객관적 근거를 제공하려는 의도가 담겨 있어. 인성은 대개 정량적으로 표현할 수 없는 부분인데, 그러한 대회에서 수상했다는 것은 그 부문에서 일단 우수하다는 뜻이니까. 그리고 나중에 자기소개서 작성 시 유용하게 쓸 수 있는 소재가 될 수 있기 때문이지.

S 아~ 그런데 자격증 관리는 어떻게 해야 하나요?

T 2019년도 1학년 입학생부터는 대입자료로 자격증 취득 내용이 미제공되지만, 특성화고 학생이 취업할 때, 가장 우선시되는 사항 중 하나는 자격증 취득이야. 전공 분야의 학업역량에 대한 객관적인 증빙 자료가 되기 때문이지. 일부 금융기관은 은행텔러, 증권&펀드 투자권유대행인 등 특정 자격증을 소지한 학생들에게만 응시 기회를 주니까 자격증 취득은 곧 취업과 직결된 문제야. 또 공무원 시험은 전산회계운용사 자격증의 경우 가산점을 부여하고 있고, 공기업 취업 시 한국사능력검증 자격을 요구하기도 해. 그리고 자기 전공 분야의 취업을 위해 학교에서 얼마나 준비했는지를 객관적으로 증명할 기초 자료가 되기도 해. 따라서 더 많은 자격증과 해당 분야의 상위 자격증 취득을 위해 노력하면 좋겠다.

그런데 자격증이 곧 취업 보장은 아니야. 다 그렇지는 않지만, 자격증 취득에만 몰두한 나머지 다른 부분을 소홀히 하는 학생도 있는데, 취업은 다양한 요소들의 결합을 통해 이루어진단다.

S 저는 1학년 때와 달리 진로 희망이 바뀌었는데, 그것이 문제가 되나요?

T 일반적으로 진로 희망은 학년이 올라갈수록 구체적으로 설정하면서 일관되게 나타나야 하지. 하지만 고등학교 시기는 너의 진로를 탐색하고 설계하는 성장의 시기이기 때문에 진로 희망은 얼마든지 바뀔 수 있어.

　　예전에 대학의 입학사정관들이 이 항목을 평가한 이유는 지원 학과에 대한 관심 정도를 확인할 수 있으며, 학교생활기록부의 다른 항목과 연결하여 진로 목표를 위한 노력 사항을 전반적으로 파악할 수 있기 때문이야.

　　중요한 것은 진로 희망 사항이 변경되었다는 사실이 아니라 진로 희망이 변경된 계기와 이를 위해 어떤 준비를 했고, 그 과정에서 어떤 변화와 성장이 있었는가를 네가 잘 표현하는 거야.

S 그 표현을 어떻게 할 수 있나요?

T 2019년도에 입학하는 1학년부터, 진로 희망 특기 사항에 대한 내용을 창의적 체험활동의 진로 특기 사항에 기록하게 되었어. 학교에서 진행하는 많은 프로그램 중에서 네가 희망하는 진로 분야의 특강이나 활동들에 적극적으로 참여하고 거기에서 일정한 성과를 보인다면, 담임선생님께서 그 점을 좋게 기록해 주실 거야. 이 점은 자치, 적응, 행사, 창의적 활동으로 구성된 자율활동도 마찬가지야. 선생님이 학생의 활동 과정에서 드러나는 개별적인 특성, 참여도, 협력도, 활동실적 등을 평가하여 기록하고 있다는 걸 잘 기억해 둬.

동아리, 봉사, 독서활동

S 동아리활동도 중요하다고 하던데, 꼭 전공과 관련된 동아리에 들어가야 하나요?

T 무조건 진로와 관련된 동아리에 들어가야 하는 것은 아니지만 학생부 종합전형을 염두에 둔 학생의 경우, 자신의 관심 분야와 전공에 도움이 되는 동아리에 들어가고 있기는 해. 그런데 특성화고에 입학한 이유가 자신의 끼를 발산시킬 수 있는 동아리 때문인 경우도 있으니, 너의 흥미와 적성에 맞는 동아리에 가입하는 것이 좋아. 억지로 동아리활동을 하는 것보다는 동아리활동을 통해서 소중한 역할 경험을 쌓아 가는 것이 더 중요하다고 봐.

　동아리활동을 전공과 연계 문제로 고민한다면, 마음 맞는 친구들과 새 학년 학기 초에 자율 동아리를 만들어 활동하는 것도 한 가지 방법이야. 이때 동아리 이름은 보자마자 무엇을 위한 동아리인지 알 수 있게 짓는 게 좋아. 복잡하고 멋진 이름이 아니라, 동아리 '회계사랑'처럼 이름만으로도 동아리의 성격을 파악할 수 있어야 한다는 뜻이야.

S 봉사활동 관리는 어떻게 해야 되죠? 몇 시간 정도를 해야 의미 있게 사용되나요?

T 봉사활동은 학생들의 공동체 의식과 이타심, 나눔과 배려 정신 등을 확인할 수 있는 부분이라 대학이나 기업이 관심을 두는 분야야. 봉사활동 시간보다는 봉사활동을 통해 무엇을 배우고 느꼈는지, 어떤 면에서 어떻게 성장했는지가 중요하지. 더구나 봉사활동 특기 사항 입력이 불가하게 되었으니까, 네가 어느 곳에서 지

속적인 봉사활동을 한 내용을 자기소개서나 면접 시 활용할 수 있도록, 왜 그 봉사활동을 하게 됐고 그 봉사활동을 통해 자기 생각과 행동이 어떻게 변했는지를 잘 정리해 두어야 해.

S 독서활동도 중요하다고 하는데, 전공 관련 독서를 어느 정도 해야 하나요?

T 독서활동을 통해서 평가자들이 얻고자 하는 정보는 무엇일까? 전공과 관련해 어떤 노력과 관심이 있는지, 이 학생이 지닌 포괄적인 학업역량 수준은 어느 정도인지, 독서활동 결과로 짐작할 수 있는 발전 가능성이 있는지 등의 정보를 얻고자 할 거야. 단순히 독서의 양이 많다고 긍정적인 평가를 받는 것도 아니고 전공과 직접적으로 관련된 것만을 요구하는 것도 아니란다.

자기 주도적 학업역량이 뛰어난 학생의 경우, 자신의 궁금증을 해결하거나, 또는 심화한 내용을 이해하기 위해서 꾸준하게 독서를 했을 것이라는 전제가 깔린 것이지. 실제로 독서활동에 대한 평가는 대입이나 취업의 경우 모두 면접 시 주로 이루어진다고 할 수 있어. 자신이 읽은 책의 질적 수준과 함께 책을 읽게 된 계기, 주요 내용, 그 책을 읽음으로써 받은 영향에 대한 질문을 염두에 두고 독서활동을 해야 해. 면접 시에는 책의 내용을 확인하기 위한 질문과 독서 습관에 해당하는 질문을 주로 하는데, 그에 적절히 답변할 수 있는 책들이어야 해. 이해하지도 못한 어려운 책을 많이 나열한다고 좋은 것이 아니라는 것이지. 매년 의미 있게 읽은 책들로 전공과 관련된 책 5권, 전공 이외 분야에 대한 책 5권 정도를 읽어 봐. 아울러 그 책의 주요 내용을 비판적으로 바라볼 수 있는 시각도 미리 준비하면 면접 시 면접관의 질문에 능동적으로 답변할 수 있을 거야.

시험성적 관리 말고 더 해야 할 것들

S 교과 세부능력 특기 사항을 신경 써야 한다고 들었는데, 시험성적 관리 말고 더 할 것이 있나요?

T 학생의 수업 참여 태도와 노력, 교과별 성취기준에 따른 학습 목표 성취를 위한 자기 주도적 학습에 의한 변화와 성장 정도를 중심으로 기재하는 항목이지. 선생님들은 학생이 처한 교육환경 속에서 스스로 배움을 확장해 나간 모습, 토론이나 실험, 과제 수행, 집단학습 등을 통해서도 창의성이나 자기 주도성 등을 발전시킨 사례를 기록하고 있어. 이것은 나중에 자기소개서를 쓸 때 유용하게 사용할 수 있는 근거 자료이기도 하단다.

'찬반 토론이 가능한 쟁점 조사하기' 수행평가에서 사형제 논쟁에 대한 자료 수집 시 사형제 폐지를 주장하는 자신의 주장 근거를 세 가지로 정리 발표하여 친구들의 동의를 얻어 냈으며, 자료수집 능력이 부족한 팀의 동료를 도와 토론을 원만히 진행함. 찬반토론 결과 자신의 팀이 우승하지 못했음에도 낙담하지 않는 낙천적인 성격을 보임.

내가 한 학생에게 써 준 사례를 보면 알 수 있겠지만, 수업시간에 모둠활동이나 프로젝트 과제 등이 주어질 때 그 과제 해결에 어떻게 참여하고 기여했는지, 그리고 그 성취도와 태도에 대한

평가도 함께 기록되니까 수행평가 같은 활동을 할 때 열심히 참
여해야 해. 이런 습관이 쌓이면 사회에서 팀 프로젝트 활동을 할
때도 어려움 없이 잘할 수 있을 거야.

S 쉬운 것이 하나도 없네요. 그래도 학교생활기록부의 전체적인 틀
은 조금 이해했어요.
T 다행이다. 지금 당장 할 수 있는 작은 것부터 시작해 봐. 아는 것
과 행동에 옮기는 것은 또 다르니까.
S 알겠어요. 우선 오늘은 책부터 한 권 읽을게요.

이것만은 꼭!

학교생활기록부는 선생님이 작성하는 것이니 나와는 상관없다
고 생각하는 친구들이 있다. 하지만 3년간 자신이 학교에서 어
떤 모습으로 생활해 왔는지가 객관적 자료로 남는 것이 학교
생활기록부이다. 새 학년을 맞이할 때 꼭 전년도 생활기록부
를 확인해 보자. 기록 내용 중 우수한 부분은 더 강화하고 부
족한 부문은 보완하려고 노력하는 모습을 보일 때 학교생활
에도 변화가 일어날 수 있기 때문이다.

4
리더십에 대한 고민 해결

T 오늘 표정을 보니 뭔가 심각한 것 같은데, 무슨 걱정거리가 있니?

S 사실은 리더십 때문에 그래요.

T 갑자기 리더십은 왜?

S 조금 전에 친구와 이야기를 나누었는데요, 전 어려서부터 반장 같은 임원을 한 번도 한 적이 없거든요. '나는 리더십이 없는 사람인가?' 하는 생각이 들었어요. 기업에서는 리더십 있는 사람을 좋아한다고 하는데, 어떻게 해야 할지 모르겠어요.

T 그랬구나. 넌 리더십이 뭐라고 생각하니?

S 앞에 서서 뒷사람들을 이끌어 가는 것 아닌가요?

T 네 말이 맞아. 리더십 하면, 구성원들을 한 방향으로 잘 이끌어 좋은 성과를 내는 능력을 말하지.

S 저는 그런 경험이 없어서 고민하는 것이에요.

이끄는 리더십, 섬기는 리더십, 셀프 리더십

T 그런데 혹시 칭기즈칸이나 이순신 장군 같은 영웅의 모습만 떠올

린다면 잘못된 생각일 수 있어.

S 무슨 말씀이세요?

T 사실 리더십도 시대에 따라 다른 형태라는 얘기야. 예전에는 우리가 흔히 알고 있는 '이끄는 리더'가 강조되었다면 요즘은 '섬기는 리더십', 즉 '서번트 리더십'이 중요한 시대란다.

S 서번트 리더십 얘기는 들어 봤는데, 그것도 특출한 능력이 선행되어야 하죠?

T 물론 모두가 다 할 수 있다는 것은 아니야. 하지만 너처럼 내성적이거나 소극적인 사람이 잘할 수 있는 리더십의 유형도 존재해. '이끄는 리더'의 경우 남들 앞에 설 수 있는 외모, 힘, 기술, 등의 능력이 타고나지 않으면 발휘하기 힘들지만, '섬기는 리더'는 구성원들의 어려운 점을 잘 살펴서 그들이 필요한 일을 잘 도와주는 것으로 문제를 풀어 갈 수 있단다.

더구나 요즘은 구성원들과 잘 어울리고 옆 사람의 어려움을 잘 보듬어 줄 수 있는 따뜻한 심성을 갖춘 사람을 더 선호하는 경향이 있어. 그러니 반장이나 회장의 경험이 없다고 실망하지 말고 친구의 어려움을 잘 경청하고 위로해 주었던 네 경험을 '또래 상담가'라는 형태로 본다면 너도 '섬기는 리더'의 자질이 있는 거란다.

S 아, 조금은 안심이 돼요.

T 이 외에도 타인의 절대적 가치에 개인차가 있음을 인정하고 수용적인 자세를 가지는 윤리적 리더십, 자신의 내면을 깊이 성찰하고 부하의 감성이나 니즈를 이해하고 배려함과 동시에 공동의 선을 찾아 자연스럽게 구성원들을 이끌어 가는 감성 리더십 등이 있

어. 너의 성격과 삶 속에서 어떤 리더십이 어울릴지 찾는다면 너도 리더십이 없는 사람이라는 고정관념에서 벗어날 수 있을 거야.

S 제가 미처 생각지 못했던 리더십이 많네요.

T 그중에서 네게 권해 주고 싶은 것은 자신에 대해 끊임없는 계발을 추구하는 셀프 리더십이야.

S 셀프 리더십이라면?

T 스스로를 리드하여 참된 자신의 리더가 되는 것을 실현하는 것이 셀프 리더십이지.

S 그런 것도 있나요?

T 사실 쉽지는 않아. 가장 힘든 적은 바로 자신이니까. 그러니 자신을 한 단계 더 성숙시키고자 할 때는 꼭 필요한 리더십이고.

S 한 단계 성숙시킨다고요?

T 현재 상태만 유지해도 별문제가 없다고 생각할 수 있을 때, 만족하지 않고 자신의 부족함을 계속 보완하려는 도전 정신이 깔린 리더십이야. 누가 억지로 시켜서 하는 것이 아니라 스스로 판단하고 도전함으로써 그만큼의 성장이 이루어지는 것이지.

S 제게 지금 필요한 리더십인 것 같은데, 어떻게 시작할지 솔직히 잘 모르겠어요.

T 너무 어렵게 생각하지 마. 나와 지금 대화를 나누고 있는 것으로도 이미 시작하고 있는 것이니까. 야구를 예로 설명해 줄게. 류현진이라는 선수는 알지?

S 물론이죠. 메이저리그에서 당당히 우리나라의 이름을 빛내고 있는 선수죠.

T 맞아. 내가 류현진을 통해 말하고 싶은 것은 그의 도전 정신이야.

한국에서는 최고 투수지만 미국 무대에 가면 꼭 성공할 수는 없을 수도 있었어. 그런데도 과감히 도전했고 쟁쟁한 경쟁자들 속에서 살아남았잖아. 그 과정이 쉽지 않았다는 것은 짐작할 수 있지.

S 그야 당연하죠. 야구 잘한다는 사람들은 모두 모인 곳이니까요. 그곳에서 살아남으려면 보통 열심히 해서는 안 되겠죠.

T 바로 그거야. 류현진이 하나의 구종을 완성하기 위해 수천 번 연습했듯이, 네가 어떤 목표를 정했을 때 자신의 한계를 뛰어넘으려고 계속 도전하면 불가능한 것은 없을 거야.

S 쉽게 실망하지 않고 될 때까지 도전해 볼게요.

이것만은 꼭!

남을 이끄는 것만 리더가 아니다. 그리고 누군가를 꼭 이끌어 가야만 좋은 것도 아니다. 무사안일에 빠지기 쉬운 환경에서 현재보다 더 나은 내일을 꿈꾸며 묵묵히 나아가는 것이 삶의 진정한 리더이다. 자신이 세운 목표를 향해 스스로 관리하고 이끄는 경험이 쌓이면 자연스럽게 남 앞에서도 그 경험을 나눌 수 있는 좋은 안내자가 될 수 있다.

5.
자신이 가진 것에 집중하자

S 선생님 저는 어떤 학생인가요?

T 갑자기 왜?

S 그냥 궁금해요. 저에 대해서 어떤 생각을 하고 계시는지?

T 너의 표정을 보아하니, 답변 잘못하면 크게 점수 잃을 것 같은데. 혹시 무슨 일 있었니?

S 선생님도 똑같으신 것 같아요. 그냥 솔직히 느끼는 대로 말해 주면 안 되나요? 꼭 근사한 말로 포장하고 꾸며야 좋은 것은 아니잖아요.

T 맞는 말이지만, 솔직함이 때로는 상처가 될 수도 있으니 조심하는 거야. 예를 들어 키 작은 아이보고 '너는 키 작아서 문제다.' 이런 식으로 표현하면 안 되는 것처럼 우리는 각자의 관계 속에서 나름의 경계선을 설정하고 그것을 넘지 않으려고 조심한단다.

S 하지만 문제가 있는데도 바로 알려 주지 않으면 더 큰 혼란을 불러올 수 있지 않나요? 제 생각에는 모르고 있는 잘못을 지적해 주는 것이 더 큰 배려라 생각했는데, 저의 진심을 몰라주고 친구들은 저를 '왕 재수'라며 오히려 공격을 했어요.

T 보아하니 친구와 갈등이 좀 있었던 것 같은데, 너의 솔직함이 다른 친구에게 공격당한 모양이구나.

S 네, 저는 친구가 매번 시도했다가 후회하는 일을 또 시작하려기에 걱정되어서 지적해 준 것뿐인데, 제 마음은 몰라주고 화부터 내고 사라졌어요. 저의 직선적인 성격을 고쳐야 할까요?

T 글쎄, 네 질문의 해결책에는 두 가지 접근법이 있어. 먼저, 네가 생각해도 정말 솔직함을 고쳐야 할 것 같니? 그럼 사람들과의 관계 속에 반응해 온 너의 태도를 살펴보면서 어떤 상황에서 그런 솔직함이 드러나는지 파악해 봐. 그런 상황이 다시 반복되지 않도록 주의력을 키우는 것이 하나의 해결책일 거야. 하지만 솔직함이 약점이 아니라면? 누가 뭐라고 지적해도 그 말에 휘둘리기보다는 네 성격이 강점이 될 수 있는 환경을 만들어 가는 일에 더 집중하면 될 것 같구나.

S 솔직히 잘 모르겠어요. 친구와의 관계 유지를 위해선 다른 친구들이 하는 것처럼 하얀 거짓말을 하는 것이 현명한 것 같다가도, 그런 행동을 하는 저 자신이 싫거든요.

없는 것에 눈 돌리지 말고 잘할 수 있는 것에 집중해야

T 이미 답이 나왔네. 넌 너의 솔직한 성격을 바꿀 생각이 없는 것 같아. 그렇다면 네게 없는 것에 눈 돌리기보다는 네가 잘할 수 있는 것에 집중해야 해. 처음 몇 번은 친구들에게 심한 말을 들을 수도 있고 외면당할 수도 있겠지만, 네가 늘 솔직한 말만 하는 일관된 태도를 갖춘다면, 친구들도 곧 너의 의견을 묻는 날이 올

거야. 인생을 살다 보면 객관적인 기준으로 쓴소리를 해 주는 친구가 소중함을 깨닫곤 한단다. 앞에서는 좋은 소리로 비위를 맞추지만 뒤에서는 허물을 공격하는 사람들이 많거든. 그리고 어떤 결정을 해야 할 때, 자신이 미처 살펴보지 못한 문제점을 지적해 주는 친구가 소중한 존재임을 사람들은 잘 알고 있어. 나만 하더라도 늘 급한 성격을 지적해 주는 동료 선생님의 조언으로 가끔 큰 화를 면하기도 한단다.

S 정말 그럴까요?

T 인간관계에 정답이 있을 수는 없어. 하지만 자신이 생각하는 약점을 강점으로 만드는 지혜를 발휘할 때 인간은 한 단계 성숙하는 것 아닐까? 더구나 솔직함이 약점이 아니라고 생각된다면, 네가 가진 것에 집중해. 네 마음의 근육을 단련시켜 어떠한 상황에서도 당당하게 말할 수 있는 솔직함을 만들어 봐. 그런 솔직함이라면 누가 욕을 하겠니?

S 마음의 근육을 단련시키라는 얘기, 좀 자세히 설명해 주세요.

T 텔레비전 광고 이야기를 해 보자. "모두가 '예'라고 할 때 '아니오'라고 할 수 있는 사람, 그런 사람이 좋다! 모두가 '아니오'라고 할 때, '예'라고 할 수 있는 사람, 그런 사람이 좋다!" 이런 광고가 있었던 거 기억나지? 여기서 말하는 그런 사람이 되도록 너 자신을 만들어 가면 좋겠다. 친구들은 그런 너를 사랑할 수밖에 없을 거야.

이것만은 꼭!

자신의 모습에 만족하며 사는 사람이 몇이나 될까? 많은 사람들이 자신의 장점보다는 단점을 바라보며 괴로워한다. 쉽게 고칠 수 있었다면 그것은 이미 단점이 아닐 것이다. 그러니 고치기 어려운 것에 시간과 열정을 낭비하지 말고 자신의 장점을 찾아 성취를 이루어 가는 것이 마음 편한 일이다. 때로는 주위 사람들이 약점을 공격하더라도 의연하게 맞서 이겨 낼 수 있는 마음 근육의 단련에도 힘쓰자. 아픈 만큼 성숙하는 것이다.

6.
희소성의 가치 실현

T GSAT 준비 열심히 하고 있구나.

S 아… 네.

T 대답이 왜 그래?

S 사실은 친구들 모두 하고 있어 불안해서 그냥 하고 있지만, 내년에 삼성에서 얼마나 채용할지 모르고 입사 준비가 시험성적만으로 해결되는 것도 아니라서 불안해요.

T 집에 안 가고 밤늦게까지 공부하고 있기에 칭찬해 주려고 했는데, 우선 네 고민부터 함께 나누어 봐야겠다. 가장 불안한 요소가 뭐니?

S 그렇게 물으시니 딱 뭐라고 할 수는 없지만, 삼성생명에서 내년에 채용은 하는지, 제가 그 공채를 통해 입사할 수 있을지가 가장 큰 고민이에요.

T 기업환경이 하루가 다르게 변하고 있어서, 채용계획이 확실하지 않으니 답답하겠구나. 그 문제가 네 의지로 어떻게 할 수 없으니 더 힘들지?

S 네, 고등학교 입학 때부터 세웠던 목표라서 다른 것을 생각하기도

힘들어요.

T 그랬구나. 그런데 이런 것도 생각해 보면 어떨까? 해결할 수 없는 고민으로 시간 보내기보다 네가 할 수 있는 것에 초점 맞추기 말이야.

S 제가 할 수 있는 일이 뭘까요?

희소성의 가치를 높이려면 어떻게 해야 하나요?

T 물론 그런 일은 없어야겠지만, 네가 꿈꾸는 삼성생명이 내년에 신입사원을 한 명도 안 뽑으면 어떻게 하지? 고민한다고 해서 네가 회사의 채용계획을 바꿀 수는 없잖아? 그렇다면 삼성생명이 아니더라도 너를 꼭 채용하고 싶도록 너의 희소성의 가치를 높이는 일에 주목해 보자는 거야.

S 희소성의 가치요?

T 그래, 너 자신을 특별하게 만들라는 것이지. 주변을 한번 둘러봐. 사실 우리 학교에서 아무 생각 없이 학교만 다니는 아이들에 비하면 넌 특별한 학생이지.

S 제가 뭘요. 더 열심히 하는 아이들도 많아요.

T 그렇다면 넌 더 특별해지기 위해 무엇을 준비해야 하는지 고민해야 해. 가정을 해 보자. 기업에서 채용을 할 때, 지원자들도 대개 그 기업의 레벨에 맞춰서 지원하지?

S 네, 삼성 같은 경우는 대개 내신 10% 전후의 아이들이 지원하고 있어요.

T 그러니까 넌 그 10% 내의 다른 경쟁자들과 다른 너만의 무기가

있는지 고민해야 해. 상점에 가면 다 비슷한 물건인 것 같지만 자세히 보면 모두 다르지? 제품이 잘 팔리도록 나름의 전시 기법을 활용해 전시한 경우도 있고. 사람도 마찬가지란다. 다른 사람들에게 흥미를 끌 수 있는 너만의 장점을 갖추고 있다면 그 '희소성'이 채용 담당자의 눈길을 끌 수 있어.

S 구체적으로 뭘 해야 하나요?

T 경쟁자들에 대한 이해와 자기 점검부터 시작할 수 있지.

S 경쟁자들에 대한 이해요?

T 멀리 갈 것 없이 네 친구들이 가진 자격증이나 특기들을 살펴보자. 대개 비슷한 수준이지? 혹시 다른 친구들은 다 가졌는데 네가 갖지 못한 것이 있다면, 그것을 먼저 취득해야 하겠지. 그렇게 해서 비슷한 기준에 도달하면, 또 너만의 다른 무엇을 갖추는 일을 고민하게 될 테지. 말은 쉽지만, 결코 쉬운 일이 아니지. 그런데 쉽다면 남과 다른 희소성이라고 하지는 않을 거야. 너무 힘들고 어려운 일을 해야 한다는 것도 아니고. 해결책은 네가 희망하는 회사에서 필요한데, 남들은 잘 갖추지 못한 것이 무엇일지 고민하는 것이야.

S 그런 것을 어떻게 찾나요?

T 이때 필요한 것이 선배 활용이지.

S 선배를 활용해요?

T 그래. 네가 희망하는 직종에서 일하고 있는 선배들에게 실무현장에서 가장 많이 사용하고 있는 것이 무엇인지 알아본 후 그것을 완벽하게 준비하는 거야. 너무 거창하게 생각할 필요 없어. 꼭 특이한 자격증을 취득하라는 이야기는 아니니까. 예를 들어 똑같이

컴퓨터 활용 능력 자격증이 있다고 해서 똑같은 실무 능력을 갖춘 것은 아니잖니? 자신이 업무 수행할 환경에서 가장 필요한 부분을 완벽할 정도로 숙달시킬 수 있다면, 그것이 너의 경쟁력이 될 수 있다는 말이야.

S 그럴 수 있겠네요.

T 이 활동이 중요한 것은 네가 일할 업무환경에 대한 이해도 높일 수 있기 때문이야. 그냥 막연하게 회사 이름만 보고 준비하는 것이 아니라 네가 부여받게 될 업무환경에서 꼭 필요한 능력이 무엇인지 알아가는 노력이 들어가는 일이니까. 나중에 입사지원서를 쓸 때도 너만의 노하우를 가진 일이 될 수 있어.

S 선배들과는 어떻게 연락하죠?

T 학교의 취업 정보센터에 가면 선배들 연락처를 얻을 수 있을 거야. 처음에는 어색하겠지만 목마른 사람이 우물 판다고 필요한 일이라면 용기를 내야 하지 않을까? 나중에 이런 활동이 그 회사 면접관에게 좋은 인상을 심어 줄 수도 있으니 한번 시도해 봐.

이것만은 꼭!

희소성! 남과 다른 나의 가치를 높이는 것! 하지만 시작을 너무 거창하게 생각할 필요는 없다. 또래의 다른 이들이 잘하지 못하는 것을 내가 잘할 수 있으면 이미 한 단계 앞설 수 있다. 예를 들어 글씨를 예쁘게 쓸 수 있다든가, 영문 타자를 빠르게 칠 수 있다든가, 사소하지만 실제 현장에서 필요한 하나를 찾아 남보다 뛰어나게 만들면 그것이 곧 자신의 가치를 높이는 일이다.

7.
밝은 표정 만들기

T 무슨 일 있었니?

S 사실은, 오늘 친구랑 조금 다투었어요.

T 많이 속상하겠구나.

S 제 마음을 몰라주는 친구 때문에 힘들었어요. 선생님, 그런데 어떻게 아셨어요?

T 그야 네 표정이 말하고 있으니까. 이야기는 안 했지만 네 표정에 고민과 언짢음이 고스란히 담겨 있어.

S 그랬군요.

T 말 나온 김에 오늘은 표정 관리에 관해서 이야기할까?

S 표정 관리요?

T 나는 아침이면 출근하시는 선생님들과 인사를 나누는 일로 하루를 시작해. 어느 날 선생님 한 분의 인사에 가슴이 아팠어. "많이 피곤한가 봐? 얼굴이 많이 어둡네!" 그 말을 듣는 순간 나를 돌아봤지. 표정은 대체로 자신이 느끼고 있는 감정을 표현하지? 그래서인지 어둡게만 바라본 그즈음의 내 일상이 표정에 고스란히 담겨 있었던 거야. 어느 순간부터 주변 사람들에게도 행복 바이

러스가 아닌 어두운 그림자의 원천이 되는 것은 아닌지 생각하게 되었어.

S 선생님이 너무 많이 바쁘셔서 그랬을 거예요. 늘 일찍 오셔서 밤 늦게까지 일하시잖아요.

나보다 더 힘든 사람을 떠올려 보자

T 그래, 내가 생각해도 조금 힘든 건 사실이야. 우리는 일상생활에서 주변 사람들에게 끊임없이 영향을 주기도 하고 영향을 받기도 한단다. 그리고 잠깐의 인사 나눔을 통해서도 더 가까이 다가가고 싶은 사람과 멀리 떨어져 있고 싶은 사람으로 나뉘는 것이 현실이야. 표정 관리 하나도 신경을 써야 하지.

S 힘든데 힘들다고 표현하는 것이 문제인가요? 늘 긍정적인 표정만 지을 수도 없잖아요.

T 그 말도 맞아. 늘 긍정적인 생각만으로 살기에는 현실이 녹록하지 않으니까. 그렇다고 겉과 속이 다른 표정 관리를 하라는 것은 아니야.

S 글쎄요. 이해가 잘 안 돼요.

T 자신에 다가온 스트레스를 긍정적인 에너지로 극복하는 일에 관심을 두자는 거야.

S 다른 사람 신경 써서 힘들지 않은 척을 하라는 얘기는 아니죠?

T 당연하지. 힘들 때일수록, 나보다 더 힘든 사람을 떠올려 보라는 거야. 그리고 현재 삶에서 감사를 찾고자 노력해 보고. 사실, 이 방법은 쉽지 않지. 오늘 아침에 있었던 일 하나 이야기해 볼게. 우

리 학교 앞에 환경미화원 쉼터가 있는 것은 알지?

S 네, 공용 주차장 쪽에 있어요. 그곳에서 무슨 일 있으셨어요?

T 오늘 아침, 내 삶을 돌아보게 되었던 이야기야. 평소와 같이 출근하는데, 내 마음속에 불평이 가득했어. 남들보다 한 시간 이상 일찍 출근해 일을 시작해도 늘 일에 쫓기고 있다는 생각에 마음이 편치 않았어. 그런데 그 쉼터 앞에서 마주친 한 분의 미소에 부끄러워졌단다.

S 그분하고 어떤 얘기를 하셨어요?

T 아니. 새벽부터 분주하게 일하시느라 힘드셨을 텐데, 환하게 웃으며 지나가는 사람들에게 웃음을 전해 주시는 모습이 너무 보기 좋았어. 그래서 한참 그분의 표정을 관찰했지. 저분 곁에 머물면 좋은 기분을 나눌 수 있겠다는 생각이 들었어. 그리고 내 주변에서 저분과 같이 늘 행복 바이러스를 발산하는 사람이 누굴까 생각해 봤지. 다른 사람에게 행복감을 나누어 주는 사람이 있다면, 그 사람 주변에 머물려고 노력하는 일부터 하면 어떨까 싶었던 거야.

S 내 주변을 긍정의 에너지로 채워 가라는 말씀이시군요.

T 맞아. 스스로 해결할 수 없는 것도 주변의 도움을 받아 해결할 수 있잖니. 웃고 싶으면 웃는 사람들 주변에 머물려고 노력하자는 거야. 주변 사람들의 표정을 보고 표정 관리하는 방법의 그 의미를 고민해 보자는 것이기도 하고. 물론 나도 웃을 준비를 해야겠지. 얼마 전 나를 진심으로 걱정해 주신 그 선생님 덕분에 내가 이런 생각을 할 수 있었던 것처럼. '난 아직 내 삶이 행복하다'고 말하면서.

S 선생님, 제가 좋은 방법 하나 알려 드릴까요?

T 뭔데?

S 웃는 자기 모습을 셀카로 찍는 것이에요. '네가 가장 예쁘다'고 말하면서요. 😊 그 순간만은 환하게 웃을 수 있어요.

T '내가 세상에서 가장 잘생겼다'고 최면 걸라는 말이구나. 😊 그래 내가 한 수 배웠구나. 고맙다.

이것만은 꼭!

면접관들은 입사 시험에서 3초 정도면 그 사람의 합격 여부가 결정된다고 말한다. 그 이유가 무엇일까? 아마도 첫인상의 중요성일 것이다. 그 첫인상은 억지로 꾸민다고 해서 만들어지는 외형적인 것을 말하는 것이 아니다. 그들은 삶의 건전한 가치관이 담긴 자연스러운 표정에서 지원자의 인성을 들여다보는 능력자들인 것이다. 그러니 평소 자신의 삶에 긍정적인 에너지가 넘쳐 나도록 잘 관리해야 한다.

8.
마음의 평화

S 많이 힘들어요. 마음의 평화를 찾고 싶어 누군가에게 쉼 없이 말해 보지만, 그 누구도 답해 주는 사람이 없네요. 이것은 저만이 할 수 있는 일인가요?

T 네 마음에 쌓인 분노, 비난, 갈등, 후회 등의 부정적 감정이 마음의 평화를 깨뜨렸다고 해서 그 문제의 원인이 네 탓만은 아닐 거야. 그리고 상처가 많다고 너무 자책하지 말았으면 좋겠다.

S 주변 사람들을 증오하고 미워하고 있는 저 자신이 너무 싫어요.

T 누구나 증오의 대상인 타인보다 무기력한 자신이 더 미워질 때가 있지. 분명한 것은 너 자신을 사랑해야 한다는 거야. 내가 처한 상황에 대해 불평하고, 비난을 해 봐도 결국 돌아오는 것은 그 어떤 해결책이 아니라 감정의 낭비였지.

S 그럼 무조건 용서해야 하나요? 제 감정을 지키기 위해서?

T 부당한 일을 겪어서 얻게 된 슬픔, 좌절, 분노의 감정이 용서라는 말로 해결될 수 있을까?

S 사실 그래요. 용서하고서 잊어버리면 된다고 하지만, 그게 쉽지 않아 괴로워요.

"저를 무시하거나 상처를 주었던 말이 문득문득 떠올라 힘들어요"

T 선생님 얘기 하나 들려줄게. 내게 상처를 준 사람이 있었어. 그와 싸운 나 자신이 싫었지만, 그보다도 남들이 그 일을 통해 나를 평가하는 말들, 뒤에서 주고받을 말들이 연상되어서 더 힘들었지. 나는 그와 될 수 있으면 엮이지 않을 방법을 찾았어. 하지만 그것은 또 다른 형태로 나의 삶을 제약했을 뿐이고, 그 피해는 계속해서 내가 짊어질 수밖에 없었지. 그러는 동안 내 마음속에 쌓인 분노가 해결되지도 않았어. 상대에 대한 미움과 증오가 오히려 날 아프게만 했지. 그때 나의 해결책은 상대를 보는 것이 아니라 나를 바라보는 일이었지. 나는 나에게 상처를 주고 있었던 거야. 한순간 이런 생각이 들었어. 내가 그를 미워한다고 해서 그가 실제 피해를 보는 일이 있을까? 그저 나만 힘이 들 뿐 그는 그 어떤 생각도 없이 그냥 생긴 대로 살아가고 있을 뿐인데, 왜 나만 전전긍긍하며 스스로를 괴롭히고 있지? 처음 문제를 준 것은 상대방이었지만 그 문제를 껴안고 사는 것은 나라는 생각을 하고 나니까 조금 다른 해결책을 찾을 수 있었어. 상대를 애써 외면할 필요도 없고 내 감정에 휘둘릴 필요도 없었던 거야. 그게 흔히 말하는 용서는 아닐 거야. 아직 내가 완전한 인격의 소유자는 아니니까. 하지만 적어도 나 자신에게 고통을 계속 증가시키지 않게 되니 조금 편안해졌어.

S 하지만 저를 무시하거나 상처를 주었던 말이 문득문득 떠올라 힘들어요.

T 그래, 아주 힘들지. 잊자 결심한다고 해서 잊히지 않는 것이 감정

이니까. 시간이 필요할 거야. 당분간 네 감정의 흐름을 그대로 기다려 봐. 억지로 그 시간을 당긴다고 해서 감정의 찌꺼기가 말끔히 씻어지는 것은 아니니까.

가끔은 고통에 온전히 너를 맡겨 봐. 예를 들어, 갑작스럽게 비가 오는 날 그런 경험 있지 않니? 우산이 없어서 처음에는 어떻게 비를 피할까 하는 생각만 하다가, 정작 그 비를 온전히 맞고 나면 오히려 속 시원한 감정이 들 때 말이야. 스스로 아파하고 힘들어하는 데 너의 시간을 낭비하지 말고 너 자신을 보듬어 줄 수 있는 시간으로 채워 가기 바란다. 쉬운 일은 아니지만 스스로 변하고 싶다면 작은 용기를 내어 시도해 보자. 마음의 평화도 연습을 통해서만이 얻을 수 있으니까.

이것만은 꼭!

가장 불행하다고 생각하는 순간이 행복의 시작이라고 말하면 너무 뻔한 잔소리처럼 들릴 수도 있겠지? 그런데 세상에는 그 뻔한 일들로 인해 자신의 자존감을 높이거나 낮출 수 있는 선택의 순간이 너무 많다. 어쩔 수 없는 것이 아니라면 자신의 감정을 다스리는 방법을 찾아 마음의 평화를 유지해 보자. 자신이 힘들어지는 일에서 신경을 거두는 일이 그 시작이 될 수 있다. 그것은 다른 누구를 위해서가 아니라 스스로 행복해지기 위해 꼭 필요한 일이다.

5장

표현하기

1.
글쓰기의 두려움 극복하기

S 부끄럽지만 저는 글 앞에만 서면 작아져요. 첫 문장을 어떻게 시작해야 할지 생각하면 너무 답답해요. 이렇게 글쓰기가 힘든 제가 취업용 자기소개서를 완성할 수 있을까요?

T 너무 힘들어할 것 없어. 많은 사람이 겪는 일이니까. 그런데 위로보다는 해결책이 필요하구나?

S 맞아요. 이제 고3인데 어떻게 준비해야 할지 두려워요.

T 나랑 수업할 때, 친구 인터뷰하기 수행평가 한 것 기억나니? 네가 묻던 상황도 있었고, 친구에게 답해 주었던 상황도 있었지?

S 네. 친구가 질문 준비를 잘해서 쉽게 끝났어요.

T 그랬구나. 좋은 질문이 좋은 답변을 이끌었겠지. 이것도 아주 중요해. 그런데 그 상황을 떠올려 보라는 얘기를 하고 싶었어. 상대가 네게 진지하게 묻고, 들어 주고, 나아가 긍정해 주니까 자기 안의 것을 꺼내기 쉬웠지?

S 네, 그랬던 것 같아요.

나 자신과 인터뷰하기

T 그리고 그 활동할 때, 내가 알려 주었던 팁 생각나니?

S 네, 둘이 이야기를 하다 보면 처음에는 아주 유치한 경험들이 나올 수 있지만, 외면하지 말고 공통으로 묶을 수 있는 특징을 찾아 정리하라고 하셨죠? 또 말하는 사람은 간단하게 말하지만, 듣는 사람은 그 내용을 잘 메모해 정리해야 하고. 그러다 보면 그 안에서 좁혀지는 그 아이만의 특징적 내용을 발견할 수 있다고 하셨어요.

T 잘 기억하는구나. 요약하는 방식도 생각나니?

S 물론이죠. A라는 영화를 보고 B라는 교훈을 얻었다고 했을 때, 그 교훈을 이용해 자신의 삶을 이렇게 변화시키고자 함. 혹은 C라는 일을 할 때 힘들었지만 D라는 보람을 얻었음. 이처럼 내가 어떤 일에 참여함으로써 사람들에게 어떤 긍정적인 영향을 끼치게 되었다는 형식으로 작성하라고 하셨잖아요.

T 아주 완벽하게 기억하고 있구나. 네가 어려워하는 자기소개서의 글쓰기도 이렇게 시작하면 돼. 인터뷰 대상을 다른 친구가 아닌 너 자신으로 설정하면 된다는 말이지.

T 이것은 네 선배들이 나와 함께 만들어 봤던 질문들이야. 물론 이 질문들이 모든 것을 보여 주는 것은 아니겠지만, 내가 미리 알려 준 요약하기 방식으로 정리해 가다 보면 네가 지닌 공통점 몇 가지를 찾을 수 있을 거야. 그러면 네가 누구이고, 무엇에 흥미를 느끼며, 무엇을 할 때 의욕을 보이는지, 잘할 수 있는 것은 무엇인지 알 수 있을 거야.

1. 가장 행복했던 일은 뭐야?
2. 왜 그게 가장 행복했어?
3. 완전히 힘들고 지치는 순간이 있었어?
4. 힘들고 지쳤을 때 너는 무엇을 했니?
5. 왜 그것을 하게 됐니?
6. 좌우명은 뭐야?
7. 그 좌우명이 너에겐 어떤 의미이니?
8. 엄마나 아빠가 자주 해 주시는 말은 뭐야?
9. 그 소릴 들으면 무슨 생각이 들어?
10. 네가 생각하기에 너의 단점은?
11. 왜 그렇게 생각해?
12. 너의 단점을 고치기 위해 어떤 노력을 해 봤니?
13. 너의 장점은?
14. 왜 그렇게 생각해?
15. 안 좋은 습관이 있어?
16. 그 습관은 어쩌다가 생긴 거야?
17. 어떻게 고쳐 볼 생각이니?
18. 좋은 습관이 있다면 어떤 거야?
19. 네 인생에서 한 권의 책을 찾는다면 어떤 책이야?
20. 책에서 제일 감명 깊었던 장면이나 구절을 생각해 볼래? 감명 깊었던 이유는?
21. 어렸을 때는 어떻게 보냈는지 떠올려 볼래?
22. 네가 지금 원하는 꿈을 꾸게 된 계기가 뭐야?
23. 가고 싶은 회사는 어디야?
24. 왜 그 회사에 가고 싶어?
25. 원하는 회사가 하는 일은 뭐야?
26. 부당한 일을 목격하면 너는 어떻게 행동해?
27. 어떤 자격증이 있니?
28. 만약 취업한 다음에 나중에 진학을 한다면, 무슨 과에 가고 싶어?
29. 네가 생각하는 배려는 무엇이니?
30. 네가 누군가를 배려해 주었던 경험을 떠올려 볼래?
31. 친구와 약속을 하면 약속 시간에 늦는 편이야? 아니면 먼저 가서 기다리는 편이야?
32. 오늘 할 일을 오늘 다 끝내고 자니? 아니면 내일로 미루는 편이야?

33. 회사에 들어가면 어떤 직원이 되고 싶어?

34. 도전하는 것을 두려워하니?

35. 네가 해 봤던 도전 중에 가장 기억에 남은 도전이 있다면?

36. 인생에서 가장 중요한 것은 무엇이라고 생각해?

37. 살면서 가장 뿌듯했던 경험은?

38. 왜 뿌듯함을 느꼈다고 생각하니?

39. 자기 자신이나 남을 속였던 경험이 있다면, 그때 기분은 어땠어?

40. 하루를 시작할 때 가장 먼저 하는 일은 무엇이니?

41. 지금까지 가장 후회하는 순간은 언제야?

42. 최근에 목표를 달성해 본 적이 있어?

43. 달성한 목표는 무엇이었어?

44. 어떻게 노력해서 달성했어?

45. 만약 네가 면접을 보러 가야 하는 상황인데 늦잠을 자 버렸어. 어떻게 할 거야?

46. 만약 회사에서 상사분이 너에게 어려운 과제를 줬는데 당장 내일까지 해야 해. 그럼 넌 어떻게 할 거야?

47. 본인을 한마디로 정의하자면?

48. 자신을 동물에 비유하면 어떤 동물인 것 같아?

49. 너의 꿈은 무엇이니?

50. 그 꿈을 이루고 싶은 이유는 뭐야?

51. 꿈을 위해 무슨 노력을 하고 있니?

52. 언제부터 그 꿈을 이뤄야겠다는 생각을 했어?

53. 그 꿈 말고 더 하고 싶은 것은?

54. 행복이 뭐라고 생각해?

55. 행복해지기 위해서 네가 노력하고 있는 것은?

56. 네가 죽고 나서 사람들이 널 어떤 사람으로 기억하길 바라니?

57. 그렇게 기억하게 만들기 위해서 무엇을 하고 있어?

58. 너에게 좋은 친구란 무엇이니?

59. 왜 그렇게 생각해?

60. 네가 생각하는 가장 좋은 단어는?

61. 네가 시간을 조절할 수 있다면 하루를 몇 시간으로 하고 싶어?

62. 내일 죽는다면 오늘 뭘 하고 싶어?

63. 지금까지 살아오면서 최선을 다한 경험을 얘기해 볼래?

64. 부모님을 생각하면 무슨 단어가 떠올라?

65. 네가 만약 면접관이라면 어떤 사람을 뽑을 거야?

66. 왜 그렇게 생각해?

67. 작년에 학교생활에서 가장 잘한 일은 뭐야?

68. 네가 가장 소중하게 생각하는 것은 무엇이야? 그 이유는?

69. 누군가를 설득해야 할 때, 너만의 설득 방법은?

70. 그 방법이 잘 통한다고 생각해?

71. 남들에게 너의 가치는 어느 정도인 것 같아?

72. 너의 가치를 더 높이기 위해 뭘 해야 한다고 생각해?

73. 부모님께 가장 크게 영향을 받은 점이 있어? 어떤 점이니?

74. 다른 사람의 부탁을 잘 들어주는 편이야?

75. 너의 10년 후 모습은 어떨 것 같아?

76. 그런 모습이 되기 위해서 어떤 노력을 하고 있어?

77. 친하지 않은 사람을 대할 때, 상대방이 자신을 편하게 대할 수 있도록 어떤 노력을 해?

78. 네가 가장 자신 있다고 내세울 만한 것은 무엇이니? 그 이유는?

79. 스스로 생각하기에 제일 두려운 나의 모습은?

80. 스스로 생각하기에 제일 자랑스러운 나의 모습은?

81. 언제가 제일 떨리니?

82. 평소 하는 생각은 무엇이니? 그 이유는?

83. 첫 월급을 받으면 무엇을 하고 싶어?

84. 존경하는 사람은 누구야? 그 이유는?

85. 너에게 직장이란 어떤 의미야?

86. 너는 친구들 말을 듣는 편이니, 네가 말하는 편이니?

87. 어렸을 때 장래 희망은 뭐였어?

88. 장래 희망이 바뀌었다면, 그 이유는 뭐야?

89. 가장 기억에 남는 추억은?

90. 왜 그것이 가장 기억에 남아?

91. 가족이 너에게 상처를 주었던 말이 있어?

92. 그 말을 듣고 어떤 느낌이 들었어?

93. 퇴직하고 나면 뭘 하고 싶어? 왜 그걸 하고 싶은 거야?

94. 현재 네가 가장 많은 시간을 투자하고 있는 일은?

95. 다시 과거로 돌아간다면 뭘 하고 싶어? 그 이유는?

96. 지금 가장 하고 싶은 것은 뭐야?

97. 스트레스를 해소하는 너만의 방법은?

98. 약속이나 해야 할 일을 잊어버려 곤란을 겪은 적이 있어?

99. 있다면 어떻게 대처했어?

100. 너의 삶을 한 문장으로 정의한다면?

S 한번 도전해 볼게요.

T 결과물이 나오면 많은 생각이 떠오를 거야. 답변이 잘되면 이 과
정을 자연스럽게 자기소개서 쓰는 과정과도 연관 지을 수 있을
테고. 그리고 면접장에서 "왜 회사에 오려고 하죠?"라는 질문을
받았을 때, "저는 ~를 목표로 하는데, 이 회사가 ~를 하는 데 도
움이 되는 역할을 할 수 있어요. 그래서 이 회사에 와서 회사를
성장시키면서, 제 인생의 목표도 달성할 것입니다"라고 답할 수도
있겠지. 한번 도전해 보렴.

　　이제 선배들이 질문에 답한 글들을 예시로 보여 줄게. 이 활
동을 왜 하는지, 어떤 식으로 답을 작성해야 하는지 도움이 될
거야.

▶ 선배 글 예시

1) 성장 과정을 통해 본인을 소개해 보세요.

　나눔은 기쁨이다.

　어렸을 때부터 부모님은 제게 '나누면 배로 돌아온다'는 말씀을 자주 해 주셨습니다. 덕분에 어린 시절부터 자연스럽게 양보와 나눔을 생활 속에서 실천하게 되었고, 이런 습관은 학교생활에서도 어김없이 발휘되었습니다. 중학교 때부터 굿네이버스라는 봉사기관에서 꾸준히 자원봉사를 하였고, 고등학교에 입학한 후에도 학급에서 늘 친구들을 먼저 배려하는 자세를 갖추고자 노력하였습니다. 고등학교 1학년이 끝나갈 무렵 반에서 두 달 동안 입원을 했다가 돌아온 친구가 있었습니다. 곧바로 시험기간이라 그동안 수업을 제대로 듣지 못한 그 친구가 시험 준비에 힘들어할 것이 염려되어 친구에게 선뜻 제 공책을 빌려준 적이 있었습니다. 그때 그 친구는 밝게 웃으며 저에게 진심으로 고마워하였습니다. 그전에는 그 친구와 그저 인사만 하는 사이였지만, 그 일을 계기로 대화도 더 자주 하게 되었고, 돈독한 우정을 나누는 사이로 발전하였습니다. 저는 이 일을 통해 '나눔'이라는 것이 받는 사람보다 주는 사람을 더 행복하게 해 준다는 것을 머리가 아닌 마음으로 깨닫게 되었습니다.

　2) 자기 자신을 표현하거나 홍보하기 위한 수식어로 스스로를 표현하고, 그러한 수식어를 선택한 이유를 써 보세요.

적응력이 강한 페퍼민트.

저는 적응력이 강한 페퍼민트 같은 사람입니다. 왜냐하면 페퍼민트는 땅속의 줄기를 조금씩 뻗으면서 새로운 싹을 키우기 때문에 초기에 한 포기를 심어 두면 몇 년 후에는 페퍼민트 군락이 이루어지는 성질을 갖고 있습니다. 현재 저희 집은 용인이지만 학교는 수원으로 통학하고 있습니다. 초등학교 친구들이 같이 중학교를 진학하던 때와는 달리 수원에는 아는 사람이 한 명도 없어 고등학교 입학 시에는 모든 게 낯설고 아는 얼굴이 아무도 없다는 막막한 마음에 걱정이 앞섰습니다. 하지만 저의 적극적인 성격으로 먼저 아이들에게 말을 걸고 친근하게 다가가자 모두 마음을 열고 저와 친구가 되어 주었습니다. 친구가 하나둘 늘고, 학교생활에 자신감이 붙은 저는 선생님과 아이들의 신임을 얻어 2학기 때는 부실장으로 임명되었습니다. 현재는 같은 반뿐만 아닌 다른 과의 아이들과도 좋은 친구 사이로 지내 ERP 동아리 반장, IBK 1인 1사 동아리 반장, 금융반 동아리 반장 등을 하고 있습니다.

3) 가장 힘들거나 어려웠던 경험은 무엇인가요? 이를 어떻게 극복했나요?

기대에 대한 책임감.

고등학교 2학년 때 주변의 기대에 부응하기 위해 많은 일을 도맡았던 적이 있습니다. 1학년 2학기에 반의 부반장을 맡았던 적도 있고, 평소 선생님들과의 신임관계도 두터웠기에 많은 선생님이 제게 기대를 많이 하셨습니다. 그 결과 한 학기 동안 ERP 회계동아리 반장, 취업 내비게이션 금융반 반장, IBK 1인 1사 동아리 반장의 직책을 맡게 되었고, I-TOP 경진대회, 안산1대학 회계경진대회, 교내 논술경시대회 등의 대회에 참가하였으며, 선생님의 추천 덕으로 중학교를 다니며 학교를 홍보하는 홍보 도우미 활동도 하였습니다. 이 일을 모두 전국 학생 일본어 연극대회와 중간고사 공부를 병행하며 해야 했기에 많은 부담감이 있었습니다. 하지만 이 모든 일은 모두 선생님들의 신뢰를 통해 얻을 수 있었단 생각으로 우선순위를 정하며 어느 한 일에도 소홀히 하지 않기 위해 노력하며 완수해 나갔습니다. 짧은 제 인생 중에 가장 바빴던 6개월이었지만, 저는 이 일들을 완수함으로써 선생님들께 더욱 두터운 신임을 얻을 수 있었고, 후에 다시 있을 수 있는 문제를 해결해 나갈 수 있는 능력을 얻게 되었습니다.

4) 가장 존경하는 인물과 그 이유

지각 인생 손석희.

저는 손석희 아나운서를 가장 존경합니다. 그 이유는 첫째, 손석희 아나운서는 꿈에 대한 열정이 있기 때문입니다. 그는 나이 마흔을 훨씬 넘겨 미국 대학을 다니겠다고 결심했습니다. 다른 사람이 보기에 그의 결정은 매우 늦어 무모한 결정이라 할 수도 있었습니다. 하지만 그는 목표에 대해 적극적인 모습을 보였습니다. 그는 자신의 인생을 지각 인생이라면서 이렇게 말했습니다. "혹, 앞으로도 여전히 지각 인생을 살더라도 그런 절실함이 있는 한 후회할 필요는 없을 것이다. 지각 인생도 자기가 어떻게 살아가느냐에 따라 때론 멋진 인생이 될 수 있다." 이 말이 제 가슴에 울림을 전해 주었습니다. 아직 실감하지는 못했지만 살아가면서 이 말이 필요할 때가 오리라 생각합니다. 저는 손석희 아나운서의 도전을 보고 꿈에 대한 열정을 배우게 되었습니다.

둘째, 손석희 아나운서는 검소한 복장을 하고 겸손한 말투를 지닌 사람이기에 존경합니다. 한때 손석희 아나운서의 시계가 논란이 된 적이 있습니다. 그가 착용한 시계가 시중에서 쉽게 구할 수 있는 2만 8,000원짜리였기 때문입니다. 그는 대한민국에서 가장 존경받는 언론인입니다. 충분히 사치스러운 생활을 할 수 있고 거만해질 수 있는 위치였지만 그는 항상 검소한 모습을 보여 줬습니다. 그의 말투에서도 이러한 모습이 보였는데, 그는 한 인터뷰에서 자신이 말을 잘 못하기 때문에 말을 간단하게 한다고 했습니다. 짧고 날이 서 있어 언뜻 들으면 그의 말투는 참으로 차갑게 느껴지지만, 그는 '강한 자에겐 강하게 약한 자에겐 약하게' 하는 인간미 있는 따뜻한 사람입니다. 이러한 손석희 아나운서의 태도를 본받아 저도 항상 겸손하고 낮은 자세로 임하겠다는 다짐을 하였습니다.

5) 예상하지 못했던 문제로 인해 계획했던 일이 진행되지 않았을 때, 끝까지 수행해서 성공적으로 마무리했던 경험이 있다면 써 보세요.

낯선 것은 새로움을 알 기회다.

저는 중학생 때 학교를 찾아온 홍보대사들을 보며 학교 홍보대사를 꿈꿔 왔습니다. 그래서 입학 후 홍보대사 활동을 신청하였습니다. 두 명의 학생이 짝이 되어 중학교를 방문해 학생들에게 우리 학교에 대해 알려 주는 일이었는데, 제 파트너가 약속시간에 늦어 시나리오대로 하지 못하는 상황이 발생하였습니다. 당황스러웠지만 저는 기존의 틀을 깨고 홍보를 받는 학생들의 입장이 되어서, 저만의 방식으로 홍보하였습니다. 중학교 아이들이 수동적으로 받아들일 수밖에 없는 시나리오 대신, 먼저 간단히 학교 소개를 하고 아이들의 질문을 받는 능동적인 방식의 홍보를 하여, 평소보다 더 좋은 호응을 얻게 되었습니다. 제게 주어진 임무이기에 끝까지 수행하는 것은 당연했지만 제가 중학교 시절 홍보대사들을 보며 관심을 가진 것처럼, 아이들도 저를 보며 꿈을 키웠으면 좋겠다는 생각이 들어 더욱 노력하여 책임을 졌던 것입니다. 그리고 계획이 변경되는 상황이라도 침착하게 대처한다면 더 좋은 결과를 얻을 수 있다는 것을 깨닫게 되었습니다.

6) 학교 시절 어떤 동아리활동을 했는지, 그 속에서 어떤 역할을 했는지 써 보세요.

공동의 목표, 협력의 기쁨.

전국학생일본어연극대회에 참가한 경험이 있습니다. 학생들이 다섯 명의 배우와 두 명의 스태프를 구성해 직접 일본어로 대본을 쓰고 연출과 연기를 하는 대회인데, 저는 그중 음향 스태프를 맡아 아이들과 함께 대본을 쓰고 그에 적절한 음향을 찾아가며 대회를 준비했습니다. 음향 스태프의 가장 큰 임무는 연극에 맞춰 음향을 조절하는 것이지만, 음향과 조명 스태프밖에 없는 저희 연극에서는 스태프들이 감독과 작가의 임무까지 맡게 되었습니다. 새벽 3시까지 시나리오를 수정하고 연극의 동선을 맞추고 전체적인 흐름을 보는 일까지 하니 많은 부담이 있었습니다. 하지만 서로서로 고충을 알아주고 도와줬기에 힘들지만 즐거운 일이었습니다. 그 결과 저희는 큰 갈등 없이 대회에 참가할 수 있었고 전국 동상이라는 결과를 얻을 수 있었습니다. 저는 이 일을 계기로 공동의 목표가 있다는 것이 얼마나 행복한지, 또서로 협력할 때 얼마나 기쁘고 더 나은 결과가 기다리고 있는지에 대해 알게 되었습니다. 이 활동은 제 삶의 활력이 되어 주었고, 앞으로모든 것에 대해 열정을 가지고 노력할 수 있게 도와준 감사한 활동이었습니다.

7) [금융] 분야 입사를 위해 평소 어떤 준비를 해 왔나요?

꿈을 향한 발걸음.

저는 평소 뉴스를 보며 흥미를 느꼈던 금융 분야에 대해 확실히 알아보자는 결심을 하여, 교내 금융동아리에 가입하였습니다. 증권거래소와 금융투자협회 견학, KB국민은행과 IBK기업은행 실습, 실제 IBK기업은행 부지점장님과 함께 금융상품개발에 대한 논의에 참여하면서 제가 할 수 있는 모든 교내 금융 프로그램에 참여하였습니다. 저는이러한 활동을 통해 금융이 생각보다 어렵지 않고, 제 삶과 밀접한 관계에 있다는 것을 깨달았고, 고객의 관점에서 생각하는 법을 배울 수있었습니다. 또한 이론상으로는 배울 수 없었던 실무적인 부분을 KB국민은행과 IBK기업은행 실습으로 은행의 분위기와 업무 등을 배우며 기업은행에 걸맞은 인재가 되기 위해 준비하였습니다. 그리고 더욱전문적인 지식을 쌓고자 자격증 취득에 도전한 결과, 현재 펀드투자상담사 자격증을 보유하고 있습니다. 앞으로도 꾸준히 공부하여 증권투자상담사, 은행텔러 자격증을 취득할 계획을 세우고 있습니다.

8) 나만의 새로운 금융상품 아이디어는?

기부 더하기 적금.

개개인의 기부금을 모아 더 큰 기부를 할 수 있는 공익성 적금입니다. 연 3.5%의 이율로 적립액＋이자＋이 통장의 세후이자 발생액의 2%를 은행이 부담하여 3년 만기를 채우면 월드비전과 같은 봉사단체와 연계를 하여 해외 아동을 후원하는 상품입니다. 만 18세 이하 고객에게는 연 0.2%의 우대금리를 제공하고, 자동이체 시 0.3%의 우대금리를 제공하는 등의 다양한 우대금리를 제공합니다. 이 적금은 청소년들에게 금융교육과 봉사를 더욱 쉽게 할 수 있도록 도와주는 상품입니다. 또한 후원을 통해 기업체의 긍정적 이미지를 사회에 알리는 기회가 될 수 있기에 기업과 고객 모두에게 좋은 금융상품이라고 생각합니다.

9) 지원 동기 및 입사 후 포부

고객에게 힘이 되어 드리는 행원.

저는 IBK 기업은행 남수원지점과 함께하는 교내 IBK 1팀 1기업 동아리활동을 하였고, 금융상품 이해를 위해 기업은행의 다양한 금융상품을 접한 경험이 있습니다. 금융상품들의 정감 있는 이름과 공익상품을 보며 '기업은행은 참 따뜻한 은행이구나'라는 생각을 했습니다. 그리고 겨울방학 동안 기업은행 실습을 다녀온 경험을 통해 다른 은행에서는 느낄 수 없었던 정겨운 분위기를 느꼈습니다. 행원들 사이의 신뢰감 있는 모습과 고객들을 대하는 친절한 모습을 보며 꼭 닮고 싶다는 생각을 했습니다. 또한 제가 수원지점을 방문했을 때 그곳에 계신 행원분이 먼저 제게 다가와 도움을 주시는 모습을 보고, 항상 고객을 먼저 생각하는 기업 은행원분들에게 고객을 대하는 마음과 자세를 배우고 싶다는 생각을 했습니다. 저는 끊임없이 더 높은 목표를 향해 나아가 고객에게 더욱 큰 힘이 되어 드리는, 책임감 있고 열정적인 행원이 되겠습니다.

이것만은 꼭!

100가지 질문에 꼭 정답이 있는 것은 아니다. 그리고 그 질문에 대한 답만으로 자기소개서를 완성할 수 없을지도 모른다. 하지만 질문의 답을 찾으면서, 또 자기만의 새로운 질문들을 만들어 보면서 자기를 객관적으로 바라볼 수 있다. 그런 시간이 자신을 성장시키는 소중한 과정임을 잊지 말자. 이 과정을 거친 선배의 사례에서 자신을 찾는 작은 실마리를 얻기를 바란다.

▶ 선배 글 예시

1) 성장 배경과 그 영향

"어머니의 교육으로."

교육철학이 뚜렷하신 저의 어머니는 두 딸을 모두 자신의 교육관대로 키우셨습니다.

어머니께서는 정직함, 성실함, 책임감이 훌륭한 사람의 기본적 자질이라고 생각하셨습니다. 그래서 저희에게 항상 그것들을 강조하며 엄하게 가르치셨습니다. 그 영향으로 저는 거짓 없고 솔직한 성격을 갖게 되었으며, 다른 사람과 대화를 할 때도 돌려 말하거나 거짓을 꾸며 내지 않고 직설적이고 솔직하게 이야기합니다. 또한 어머니의 성실함을 직접 느끼며 자라 저 역시 항상 성실한 태도로 생활을 하며 저에게 주어진 일에 책임감이 강합니다. 그래서 초등학교와 중학교, 고등학교에 다니며 단 하루도 결석을 한 날이 없었고, 몸이 아플 때도 학교에는 꼭 갔습니다. 또 약속이 있을 때는 정했던 시간보다 10~30분씩 일찍 가서 기다리는 것이 습관이 되었습니다.

한번은 이런 일이 있었습니다.

중학교 3학년 때, 사회 과목의 성적이 우수하고 흥미가 많았던 저에게 친구들이 방과 후 도서관에서 사회 수업을 해 달라고 했습니다. 학원에 다니지도 않고 특별히 바쁜 일도 없었기에 흔쾌히 그러겠다고 말하고 다음 날부터 친구들에게 사회를 가르쳐 주기 시작했습니다. 그냥 가르쳐 주는 것뿐이니 힘들지 않을 것으로 생각한 것이 오산이었습니다. 두 시간 동안 여러 사람 앞에서 큰 소리로 설명을 하고, 이해를 돕기 위해 예시나 자료를 준비하는 것은 저를 체력적으로나 정신적으로 힘들게 하였습니다. 그러나 그만둘 수는 없는 일이었습니다. 내가 하겠다고 한 일이고, 가르치는 일에도 어느 정도는 애정이 있었기 때문입니다. 그렇게 저는 마음을 다잡아 2주간의 사회 수업을 무사히 마쳤고, 담임이셨던 사회 선생님께서도 그 일을 아시고 크게 칭찬해 주셨습니다. 그러한 일을 겪으며 저는 더욱 책임감을 기를 수 있었고, 친구들과 선생님의 신뢰도 얻을 수 있었습니다.

또한 저의 어머니께서는 '독서'를 강조하셨습니다.

"남의 책을 많이 읽어라. 남이 고생하여 얻은 지식을 아주 쉽게 내 것으로 만들 수 있고, 그것으로 자기 발전을 이룰 수 있다."

_소크라테스

이처럼 책에는 직접 경험하지 못한 일들이 많이 담겨 있으며 세상의 모든 이치가 담겨 있다고 해도 과언이 아닙니다. 그래서 어머니께서는 우리가 책을 읽으며 다양한 경험을 하고, 지식을 쌓기를 원하셨습니다. 그 당시에는 대개 책을 빌리는 가정이 많았는데, 저희는 어머니의 뜻으로 거의 책을 구매해서 집에 두었습니다. 좋은 책은 언제든 다시 읽을 수 있게 하려는 뜻이었습니다. 그렇게 어릴 때부터 독서하는 습관을 기르고 책을 많이 읽다 보니, 책을 읽고 생각하는 능력과 감상을 글로 표현하는 능력이 발전하게 되어 중학교, 고등학교에 다니는 내내 독서에 관한 상을 매년 받아 왔습니다. 또한 지금까지도 책을 읽는 것을 좋아하여 취미활동으로 틈틈이 책을 읽고 있습니다.

2) 나의 성격

"사람을 좋아하고 호기심이 많은."

제 주위에는 항상 친구들이 있을 만큼 외향적이고 대인관계가 좋습니다. 또 사람들과 이야기하는 것을 좋아하고 여러 사람과 어울려 활동하는 것도 즐겁습니다. 그래서 내 일이나 공부를 할 때를 제외하고는 거의 주위에 사람이 끊이질 않습니다. 그리고 사람에게 정이 많아 함께 나누는 것, 선물을 주는 것 그리고 누군가 어려울 때 그 사람의 힘이 되어 주는 것을 좋아합니다. 내가 그 사람에게 특별한 존재가 되는 것 같기 때문입니다.

그리고 책을 자주 읽다 보니 자꾸 궁금한 점이 생겨 그에 대해 질문을 하고, 탐구를 하면서 세상에 대한 호기심이 많아졌습니다. 그래서 궁금한 것은 꼭 알아야 하고, 심지어는 호기심이 해결이 안 되면 잠이 잘 안 오기도 합니다. 이런 성격 탓에 특이한 시도도 많이 해 보고 엉뚱한 생각도 많이 하는 편입니다.

6년 전 제과제빵을 처음 접했을 때, '정말로 집에서도 빵을 구울 수 있나?' 하는 호기심으로 이스트도 없이 손으로 반죽을 하고 나름의 발효과정도 거쳐 프라이팬에 반죽을 올려 빵을 구웠습니다. 물론 결과는 먹을 수 없는 참담한 돌덩이였지만, 그 일을 통해 무엇이 잘못됐는지를 알았고 '발효를 하려면 효모가 필요하다'는 사실을 몸소 체험하였습니다. 저는 그 뒤로도 맥주와 막걸리 등 효모가 있다는 주류로 빵을 만들어 보기도 했습니다.

그런 호기심 덕분에 여러 가지 지식을 직접 체험하고 느끼니 기억에 더 오래 남는 완전한 나의 지식이 될 수 있었습니다.

3) 나의 장단점

"큰 입과 솔직함."

저의 외모 중에서 유독 눈에 띄는 부분이 있는데, 그것은 바로 '입'입니다. 입이 매우 크기 때문인데, 조금만 웃어도 활짝 웃는 것으로 보일 정도입니다. 친구들이 "입 진짜 커. 악어 같아. 이가 남들보다 많아 보여"라고 놀릴 때마다 너무 부끄럽고 제 입이 싫었습니다. 그러나 큰 입이 제가 웃을 때 더 밝은 인상을 주고, 사람들이 큰 입을 통해 저를 더 잘 기억하며 친밀하게 느낀다는 것을 알고는 저의 외모 콤플렉스라고 여겼던 큰 입을 다시 보게 되었습니다. 그래서 저는 큰 입이 콤플렉스가 아닌 특색 있는 장점이라고 생각합니다.

그리고 저는 자기 주관이 뚜렷하고 솔직하여, 돌려 말하는 일이 거의 없고 직설적으로 말을 합니다. 저에게 솔직함은 저의 생각을 있는 그대로 표현할 수 있다는 장점이 되기도 하지만, 가끔은 직설적인 말로 타인에게 상처를 줄 때가 있어 단점이 되기도 합니다. 그래서 되도록 주위 사람들의 기분을 상하게 하지 않는 선에서 솔직하게 말을 하려고 노력합니다.

4) 나의 인생관

"모든 것은 마음먹기에 달렸다."

일체유심조一切唯心造란 '모든 것은 마음먹기에 달렸다'라는 뜻으로, 마음먹기에 따라 행동과 인생까지 바뀐다는 것을 뜻하는 불경의 말씀입니다.

저는 어떤 사건을 계기로 일체유심조를 깨닫게 되었습니다.

고등학교 1학년, 제과제빵사 자격증 취득을 위해 공부를 하던 저는 필기에 모두 합격하고 첫 실기에 도전을 하게 됩니다. 제빵기능사에 먼저 도전을 하였는데, 품목은 하필 한 번도 연습을 해 보지 못했던 밤식빵이었습니다. 최선을 다했지만 역시나 결과는 탈락이었습니다. 저는 제가 무엇을 잘못하였고, 무엇이 부족하였는지를 알고 있었기에 탈락에 별다른 이의는 없었습니다. 그래서 다시 준비를 하여 2차 도전을 하였습니다. 이번 품목은 바게트였고 연습은 해 보았지만, 공정이 까다로운 편이었기에 긴장을 하며, 다시 최선을 다해 시험을 마쳤습니다. 시험을 마치고 나니 실수한 것들만 떠올라 탈락할 것 같은 마음이 들었습니다. 그리고 불길한 예감대로 결과는 또다시 탈락이었습니다.

생각지도 못했던 잇단 탈락에 이 길이 내 길이 아닌가, 꾸준히 빵을 만들어 왔는데 난 재능이 없는가 하는 생각이 들었고, 그때만 해도 제가 제과제빵을 하는 것을 좋아하지 않으셨던 어머니를 보기가 두려웠습니다. 그런데 어머니께서는 두 번째 탈락 소식을 들으시고 저에게 위로를 해 주시며 이렇게 말씀하셨습니다. "우리 딸이 조금 더 자신감을 갖고 할 수 있다는 생각으로 임했으면 좋겠어. 최선을 다하는 것만이 정답은 아니야. 긍정적으로 생각하고 간절히 바라면 원하는 대로 이루어질 거야." 그 말씀을 듣고, 저는 그동안의 시험 준비과정과 시험을 어떤 마음으로 임했는지를 생각해 보았습니다. 저는 '열심히 해 보자. 나는 많이 부족하니깐 연습을 더 해야 해. 그래야 합격 근처에라도 갈 수 있을 거야', '어려운 품목이다. 떨어질 것 같아. 실수를 많이 했어, 얼마나 감점이 되었을까?' 매번 이런 마음이었습니다. 그리고 두 번의 탈락을 하니 그 생각이 더 커져 마음이 불안하고 짓눌렸던 것입니다.

그런데 어머니의 말씀을 듣고 긍정적으로 생각하면 결과가 긍정적일 것이라는 생각을 하게 되었고, 자신감을 갖고 세 번째 시험을 위해 열심히 준비하였습니다. 그리고 시험 당일에도 '차분히 마음 가라앉히고, 침착하게 하던 대로 잘해 보자! 나는 할 수 있어!' 이런 마음으로 시험에 임했습니다. 그날의 품목은 '호밀빵'이었고, 호밀가루가 없어 한 번도 해 보지는 못했지만, 위와 같은 마음으로 웃는 얼굴로 시험을 마쳤습니다. 실수도 잦고, 서투른 솜씨가 눈에 띄는데 얼굴은 웃고 있는 저의 모습을 보며 감독관들께서 얼마나 어이가 없으셨을지, 지금 생각해 보면 참 웃긴 일이지만 긍정적 마음 덕분인지 저는 결국 합격을 했습니다. 저는 이 일을 계기로 모든 일이 마음먹기에 달렸다고 생각하게 되었습니다. 분명 세 번의 시험은 같은 환경이었고, 실력에도 큰 차이는 없었으며, 이어서 본 제과기능사 시험에서 한 번에 합격한 것을 생각하면 저는 마음먹기의 차이가 합격을 이뤄 내었다고 생각합니다. 그러므로 저는 여기서 깨닫게 된 '일체유심조'를 항상 마음에 새기고, 어떤 일을 하든지 긍정적이고 자신감 있는 마음으로 임할 것입니다.

5) 꿈을 갖게 된 계기

"가사 일에서 요리, 요리에서 제과제빵."

제 언니가 중학생이 되자 저의 어머니는 다시 직장에 나가셨습니다. 흔히들 말하는 맞벌이 가정인 셈이었습니다. 그래서 저는 집에 혼자 있는 시간이 생겼습니다. 혼자 있는 동안 저는 조그마한 손으로 쌀을 씻어 전기밥솥에 밥을 하거나 청소기를 돌리고, 설거지를 하기도 했습니다. 그렇게 가사 일을 하다 보니 어머니께서 해 주시는 요리도 내가 직접 해 보고 싶어졌습니다. 그래서 아침저녁으로 어머니께서 요리를 해 주실 때, 옆에서 구경을 하고 조금씩 배워 집에 있을 때 혼자 만들어 먹어 보기도 하였습니다.

그러다 보니 어느새 요리에 흥미가 생겼고 컴퓨터를 통해 '네이버 키친'을 접하게 되었습니다. 네이버 키친에는 다양한 요리 레시피들이 있었습니다. 그러던 어느 날 저는 놀라운 세계를 접하게 되었습니다. 바로 '홈베이킹'의 세계였습니다. 홈베이킹은 집에서 빵이나 쿠키, 케이크 등을 만드는 것을 뜻하는데, 저는 집에서도 빵을 구울 수 있다는 사실에 매우 놀랐고 신기했습니다. 하루 이틀, 베이킹에 관련된 것을 찾아보고 구경하면서, 요리보다는 베이킹에 더욱 관심을 갖게 되었고, 결국 '나도 집에서 빵을 만들어야겠다'고 생각했습니다. 그래서 저는 밀가루를 사서 이스트도 없이 물만 넣고 손으로 조물조물 반죽을 하여 그릇에 담아 따뜻한 방바닥에 두고 나름의 발효를 시켜 프라이팬에 빵을 굽기도 하였습니다. 하지만 뜻대로 빵이 완성될 리는 만무했습니다. 그래서 베이킹에 필요한 오븐과 이스트부터 구해야겠다고 생각을 하였고, 중학교에 입학하자마자 어머니께 오븐을 걸고 성적 내기를 하였습니다. 저는 오븐을 향한 강한 집념으로 내기에서 이겨 오븐을 선물 받게 되었으며, 남은 재료와 도구는 용돈을 꼬박꼬박 모아 구입을 하였습니다. 그 뒤로는 매일 빵을 구우며 신기하고 재미있는 베이킹에 매료되기 시작했습니다.

처음 빵을 구웠을 때의 희열은 아직도 기억이 납니다. 오븐을 사고도 한동안 돌덩이만 만들어 내다가 처음으로 바게트를 구워 성공했을 때, 맛은 없었지만 그저 먹을 수 있는 모양새를 갖추고 태어나 준 바게트에 감사했습니다. 몇 달이 지나고 실력이 어느 정도 늘자, 저에게 빵을 구워 이웃과 친구들에게 나누어 주며 평가를 받는 일은 일상이 되었습니다. 그러다가 학교에서 희망 직업을 조사하니 적어서 내라는 말을 듣게 되었습니다. 그래서 스스로 '나는 무슨 일을 할 때 가장 행복한가?'라고 질문을 던지다가, '나는 빵을 만들 때 가장 행복하다'는 사실을 느끼고 '제과제빵사'를 적어 내게 되었습니다.

6) 나의 꿈

"따뜻한 행복을 굽는 제과제빵사."

제과제빵사라는 꿈을 꾸게 되면서, 저는 관련 분야에 대해 더 다양하게 알아보게 되었습니다. 『셰프의 노트를 훔치다』, 『일곱 개의 별을 요리하다』 등은 최근에 읽은 책인데, 이 책을 읽으며 셰프와 장인의 삶을 사는 사람들을 보며 많은 것을 느꼈습니다. 특히 '제1대 제과명장 박찬회'라는 분을 보며 그분이 그 자리에 오르기까지 얼마나 많은 시행착오와 도전이 있었는지, 최고의 자리에 오른 지금 그분은 어떤 생각을 가지고 하루하루를 살아가는지 등을 읽으며 '나의 궁극적인 목표는 무엇인가'를 생각하게 되었습니다. 그러다 문득, 꿈을 정했을 때 처음 제가 세웠던 목표를 떠올리게 되었습니다. '세상의 모든 사람이 내 빵을 맛보고 행복을 느꼈으면 좋겠다.' 사람들은 추상적이고 말도 안 될 것 같은 목표라고 생각할지 모르지만, 저에게 있어 이 목표는 내가 죽는 날까지 이루어야 할 가장 궁극적인 목표입니다. 제 생각에 이 분야에서 성공한다는 것은, 단순히 실력을 쌓아 명성과 부를 얻는 것뿐 아니라 제 빵을 먹고 싶어 하는 사람들이 저의 빵을 먹을 수 있게, 그리고 빵을 먹고 행복함을 느낄 수 있게 하는 것입니다. 그래서 저는 평생을 바쳐 사람들을 더 행복하게 할 멋진 예술품을 만들어 내기 위해 노력할 것입니다[저는 요리와 제과제빵 또한 예술이라고 생각합니다. 사람에게 감동을 줄 수 있고, 미(美)가 있으며, 그 속에 표현하고자 하는 바가 녹아 있기 때문입니다].

그리고 또 하나, 원래 나누는 것을 좋아하고 정을 중요시하는 저는 외롭고 힘든 사람들에게도 제 빵을 통해 살아갈 희망을 갖게 해 주고 싶습니다. 그래서 저만의 빵집을 세우면, 가난하고 형편이 어려운 사람들을 위해 빵을 구워 함께 나누고 그들의 마음에 힘이 되고 싶습니다. 누구든 제 빵을 먹고 싶어 하는 사람들이라면 단지 금전적인 어려움 때문에 못 먹는 일이 없어야 한다고 생각합니다. 따듯함으로 사람들을 치유하고 맛있는 빵으로 사람들을 행복하게 해 주는 것이 저의 꿈입니다. 저는 죽는 날까지 평생을 그렇게 따듯한 행복을 굽는 제과제빵사로 살고 싶습니다.

7) 꿈을 위한 나의 노력

"읽고 보고 맛보고 만들고 느끼고."

꿈을 정한 뒤, 저는 꾸준히 집에서 제과제빵을 연습해 왔습니다. 더 많은 것을 배우고 싶었기에 레시피를 많이 찾아보고, 관련 지식도 책을 통해 배웠습니다. 그리고 레시피를 따라 하기만 하지 않고 직접 이것저것 추가로 시도하며 빵을 구워, 사람들에게 평가받는 일도 잊지 않았습니다. 고등학교에 입학해서는 전문적인 곳에서 기술을 배우기 위해 처음으로 독학이 아닌 학원에서 제과제빵을 배웠습니다. 그러다가 스스로 하는 것이 더 나을 것 같다는 생각으로 한 달 만에 학원을 그만두고 독학으로 자격증 준비를 하여, 그해에 제과기능사와 제빵기능사를 모두 취득하였습니다.

평일에는 야자로 인해 제과제빵을 할 수 없어, 주말이 되면 시간을 내어 제과제빵을 하였고, 평일에는 틈틈이 제과제빵 관련 서적을 읽으며 실습 대신 지식을 쌓았습니다. 그리고 제과제빵 축제나 박람회를 알아보고 그곳에 직접 가서 다양한 재료와 도구, 음식들을 보았고, 제과명장의 작품까지 직접 눈으로 보고 입으로 맛보며 견문을 더욱 넓힐 수 있었습니다.

2.
자기소개서, 누가 읽는 글인가?

S 자기소개서 작성하기 전에 먼저 생각해야 할 것들을 알고 싶어요.

T 좋은 질문이다. 몇 가지 함께 생각해 볼 것이 있는데, 첫째, 자기
소개서에 대한 잘못된 인식을 바로잡는 일이야.

S 어떤 것이 잘못되었는데요?

T 대부분의 입사 지원자들이 범하는 실수인데, 제목이 '자기소개서'
이니 작성자들은 자신의 관점에서 글을 쓰곤 하지. 자기소개서는
자신을 선발할 인사담당자가 읽을 글이니까 그들의 눈높이에 맞
춰서 써야 하는데, 그 점을 잊어버리는 경우가 많아.

S 인사담당자의 눈높이요?

T 한번 생각해 봐. 회사의 많은 업무 가운데 신입사원 채용은 매일
있는 일일까? 아니면 가끔 하는 일일까?

S 글쎄요. 일 년에 한두 번 정도 아닐까요?

T 그렇겠지. 또 그 일을 하는 사람은 다른 업무도 하고 있겠지?

S 그야 당연하죠.

T 그러니까 실무자 입장이 되어 보라는 거야. 부수적으로 더 늘어
난 일을 하게 된 사람의 입장에서는 가능한 한 빨리 일 처리를

하고 싶겠지? 그래서 그들의 눈길을 끄는 글쓰기를 해야 한다는 거야. 좀 심하게 말하면 그들이 읽고 싶은 글을 쓰도록 노력하라는 것이지. 아울러 그들이 무엇을 기준으로 자기소개서를 읽는지 알고 쓰라는 얘기란다.

S 인사담당자 입장에서 글쓰기는 구체적으로 어떤 의미예요?

T 먼저 글쓰기 방식은 두괄식 문장을 쓰는 것이 좋아. 평가자 입장에서 보면, 한 항목당 짧게는 300자에서 많게는 1,500자까지 긴 글을 읽어야 하니까 뒷부분을 읽고 싶은 욕구를 불러일으키는 첫 문장이 아주 중요하거든. 선배의 글을 읽어 보자.

어렸을 때부터 시골에서 조부모님과 함께 자랐습니다. 마을에는 또래 아이가 적어 주로 어른들과 많은 이야기를 나누다 보니 어른들의 삶의 지혜와 생활규범을 자연스럽게 배울 수 있었습니다. 그 덕분에 예절로 유명한 우리 학교에서 예절반 동아리활동도 자연스럽게 잘할 수 있었고, 신입생이나 면접을 앞둔 친구들에게 회사생활에 필요한 예의범절을 가르치는 일도 했습니다. 이런 활동을 선생님들께 인정받아 효행상과 배려 실천상을 받았습니다. 무엇보다도 상황에 적합한 예의범절을 바탕으로 생활하고 있기에 사람들을 만나는 일에 늘 기쁨이 넘쳐납니다.

T 이 글을 읽을 때 무슨 생각이 드니? 한참 읽어야 예의범절이 갖추어졌다는 것을 알 수 있지?

S 네.

T 그런데 '살아 있는 예절 아이콘 ○○○'이라는 문구를 앞에 넣는다

고 생각해 봐. 조금 다른 느낌이 나지 않을까?

S 정말, 그런 것 같아요.

T 그래서 답변 문항에 담고자 하는 내용을 포괄하면서도 매력적인 첫 문장 작성이 무엇보다도 중요하단다.

S 네, 그 느낌 알 것 같아요.

T 그렇다고 고사성어나 속담 혹은 유명 문구를 패러디한 것들로 시작하라는 의미는 아니야. 자신이 쓰려는 내용의 특징을 압축한 문장을 써야 한다는 것이지. 이런 글쓰기 방식은 그 글이 중심 문장과 뒷받침 문장의 관계에서 뒤의 문장들이 중심 문장에서 벗어나는 일도 방지할 수 있어.

S 다른 것은 무엇이 있나요?

T 이것저것이 아닌 중요한 것 하나를 쓰라고 말하고 싶구나. 작성자들이 범하기 쉬운 실수는 한 항목에 너무 많은 이야기를 담고자 하는 것이거든. 자신이 가진 장점의 이것도 말하고 싶고 또 다른 저것도 말하고 싶어서 이것저것을 나열하는 경우가 많은데, 그런 글은 읽는 이에게 혼란만 초래할 뿐 강한 인상을 주지 못한다. 그러니까 한 항목에는 자신이 말하고자 하는 한 가지 내용을 선정하고, 그 내용을 구체화할 수 있는 뒷받침 문장들로 구성하는 것이 오히려 효과적이야.

S 하지만 성장 과정을 쓰는 항목처럼 도대체 무엇을 써야 하는지 혼란스러운 경우가 많아요. 솔직히 질문 항목을 저의 어떤 삶과 연결해야 하는지도 어려워요.

▶ 학생 글 예시(수정 전)

"신뢰를 가진 자는 세상의 모든 것을 가진 자다." 부모님께서 항상 강조해 오신 저희의 가훈입니다. 다른 사람에게 신뢰를 얻는 것이 다른 어떤 것보다 값진 것이라는 부모님의 가르침으로 믿음을 준 결과 초등학교 때부터 지금까지 약속은 반드시 지킨다는 믿음으로 반장을 맡아 왔습니다.

또한 어머니의 성실함을 직접 느끼며 자라 저 역시 항상 성실한 태도로 생활을 하며 저에게 주어진 일에 책임감이 강합니다.

중학교 때에는 중국어를 선택교과로 배우게 되면서 경험하지 못했던 중화권의 새로운 문화와 언어에 호기심을 갖게 되어 날마다 재미있게 공부를 하였습니다. 그리하여 중국어 교과우수상을 꾸준히 받았고 외국어 영역에 관심을 두는 계기가 되었습니다.

고등학교 때에는 동아리활동으로 또래 상담반을 선택하여 선후배에게 또래 상담자의 역할을 하며 상대방의 기분과 상태를 파악하여 이야기를 들어 줌으로써 고민을 해결해 주고 상대의 말에 귀를 기울이는 자세를 배워 나갔습니다.

이렇게 다양한 경험들은 제 삶의 중요한 밑거름이 되었습니다.

▶ 학생 글 예시(수정 후)

저희 부모님께서는 "신뢰를 가진 자는 세상의 모든 것을 가진 자다"라고 항상 강조하셨습니다. 신뢰를 얻는 것이 다른 어떤 것보다 값진 것이라는 가르침을 바탕으로 말에 책임이라는 무게를 싣고 행하다 보니 평소 친구들에게 많은 지지를 받았습니다. 이것은 초등학교 때부터 지금까지 반장이라는 직책을 담당하는 것으로 이어졌고, 제 역할을 성실히 수행한 끝에 동료로부터 더욱 신뢰감을 쌓을 수 있었습니다. 그 결과 친구들과 선생님들의 칭찬 속에서 모범상, 선행상, 배려상 등의 많은 상을 수상하게 되었고, 수상을 떠나 인간관계의 중요성을 깨우치게 되었습니다. 이렇듯이 주변 사람들이 보내 주는 따뜻한 신뢰는 제 삶의 가장 중요한 밑거름이 되어 저를 성장시키고 있습니다.

T 두 글의 차이가 느껴지지? 처음 글을 수정할 때 세운 기준을 말해 보면, 표현하고 싶은 내용이 많더라도 성장 과정 중 자신의 성격을 드러낼 수 있는 가장 중요한 한 가지 주제만 작성하기야. 또한 자연스러운 흐름을 통해 가치 형성의 개연성이 드러나도록 해야 해.

한 가지 더 팁을 준다면, 네 성장 과정에서 주인공은 '너'라는 점이지. 가족 관계 역시 '너'를 드러내는 조연일 뿐이어야 해. 가족의 이력을 설명하느라 정작 '너'에 대한 설명을 제대로 못 하는 일은 없어야 하거든. 자신의 가치관이나 인생관이 무엇인지를 가정환경과 성장 과정을 통해 드러낸다고 생각하면 돼. 즉, 지금 현재의 '내'가 되기까지의 과정, 현재의 내 모습을 이해할 수 있도록 써야 해. 내 모습, 특히 네가 지닌 가치관이나 세계관, 삶의 목표 등이 형성된 과정을 기술해야 한다는 점을 잊지 말자.

이것만은 꼭!

글쓰기에서 독자를 배려하는 일은 쉽지 않다. 그런데 글을 읽는 이는 내가 아니다. 따라서 나는 이미 다 알고 있는 사실을 상대방은 모를 수도 있다는 것을 생각하고, 그들이 내가 말하고자 하는 바를 빨리 찾을 수 있도록 도와주는 마음을 지니고 글을 써야 한다.

3.
면접을 생각하고 써야 한다

T 자기소개서 작성에도 전략이 필요하다. 거창하게 들릴지 모르지만, 면접을 염두에 두고 쓰라는 지극히 당연한 주문이란다.

S 면접을 준비하고 쓰라고요?

T 자기소개서는 그 자체가 평가의 대상이 되지만, 이후 면접의 기초 자료가 되니까 이 점을 명심해야 해. 예를 들어 자기소개서에 윤동주 시인의 시에 감명을 받았다고 썼다면, 면접관은 분명 윤동주의 시 한 편을 암송해 보라고 할 것이다. 이때 막힘없이 암송할 수 있는 사람과 그렇지 못한 사람을 떠올려 보면 될 거야.

S 글 쓸 때, 과장보다는 진실함을 담으라는 말씀이죠.

심사위원이 가장 중요시하는 것은 진실성

T 그래. 서류심사에서 심사위원이 가장 중요시하는 부분은 진실성이야.

S 하지만 제가 지닌 것 그대로 쓰면, 너무 초라해 보일 것 같아요.

T 거창하게 포장한다고 해서 좋은 점수를 받을 수는 없어. 물론 솔

직하게 작성한다고 해서 굳이 자신의 단점을 장황하게 얘기할 필요는 없지. 어디까지나 자기소개서의 목적은 자신에 대한 좋은 이미지를 상대에게 전달하는 것이니까. 그렇다고 그런 노력이 '과시'나 '거품'으로 보여서는 안 된다.

면접관은 네가 쓴 자기소개서 내용을 바탕으로 너를 이해하고자 해. 기록된 내용은 면접관이 네게 질문을 하는 기초 자료로 활용되고. 아울러 면접관은 네가 쓴 내용의 진위를 검증하려고 할 거야. 그러므로 자기도 잘 모르는 부분이나 일부러 지어 만든 부분은 면접 과정에서 그에 대해 언급하게 될 때 자연히 답변이 어색할 수밖에 없다는 점을 미리 알아 두어야 해. 면접관과 고등학생의 지적 수준은 당연히 큰 편차가 있을 테고, 그런 어색한 모습을 통해 지원자가 의도한 조그마한 꾸밈도 여과 없이 드러날 가능성이 크니까 말이야.

S 그러면 어떤 식으로 준비해야 하나요?

T 네가 쓰는 글에서 사실 간의 연관 관계를 설득력 있게 구성하는 것이 좋아. '가장 기억에 남는 경험'을 물었다면, 단순히 그 경험만 쓸 것이 아니라 그 경험이 현재 자기에게 주는 의미, 자신의 가치관 형성에 미친 영향 등을 함께 쓸 수 있어야 해. 그렇다면 솔직한 답변인 동시에 네가 하고 싶은 이야기를 얼마든지 담을 수 있을 거야.

마찬가지로 가정환경을 물었다면, 네가 처한 어떠한 가정환경이 현재 너에게 어떤 생각을 지니게 해 주었는지 등을 함께 말할 수 있어야 해.

이 같은 방법의 글쓰기 연습을 해 보면, 면접에서도 네가 제출한 글과 너의 삶을 연관시키면서 당당하게 대답을 할 수 있을 거야.

연습하는 셈 치고 네가 감명 깊게 읽은 책에 대한 소개 글을 써 봐. 그 글에는 네가 감명을 받은 이유를 확실히 담아야 해. 그것이 너의 가치관 형성에 어떤 도움을 주었는지도 생각하면서 써 보길 바란다.

이것만은 꼭!

글의 진실성은 화려하거나 멋있는 문장이 만들어 주지 않는다.
일상생활에서 멋있는 삶을 살고자 노력하면 그 삶의 흔적들이
자신을 예쁘게 만들어 줄 것이라는 점을 잊지 말자.
면접을 생각하고 글을 작성하라는 말은 자신의 삶을 아름답게
가꾸어 가라는 의미로 받아들이기 바란다.

4.
자기소개서에서 가장 중요한 것은 지원 동기

S 사실 지원하는 기업이 좋아서 지원하는 것이 아니라 돈을 벌기 위해서입니다. 이럴 경우, 지원 이유에 과연 어떤 말을 쓰는 것이 좋을까요?

T 지원 동기를 묻는 이유는 무엇일까. 사람은 하고 싶거나 관심 있어 하는 일을 할 때, 자신의 최대치 능력을 발휘하지. 그래서 인사담당자들은 지원자가 자신의 회사와 직무에 얼마나 관심을 두고 준비해 왔는지를 알고 싶은 거야. 정말 그 회사에 다니고 싶다고 말하면서 정작 그 회사나 직무에 대해서는 모른다는 게 앞뒤가 맞지 않는 일이기 때문이지.

S 자신이 지원하는 분야에 대해 오래전부터 관심을 두고 있었다는 점을 보여 주어야 한다고요?

T 단순히 그 정도만이 아니라, 그 일을 수행하는 데 필요한 자질을 키우기 위해 어떻게 노력해 왔는지를 보여 주도록 신경 쓰라는 뜻이야. 단, 지원하는 회사의 자랑거리를 나열하거나 그곳이 좋아서 지원한다는 식은 피해야 해.

S 왜요?

직무분석을 하고 시작하자

T A기업이 한국 최고 기업이라 지원한다거나 연봉이나 근무조건이 좋아서 지원한다는 식의 표현은 아무리 솔직한 대답이라 해도 점수를 얻을 수가 없어.

S 그럼 어떻게 써야 할까요?

T 팁 하나, 자신이 지원하는 분야에 대한 직무분석을 하고 시작하자. 그리고 그 직무에 필요한 인재상이나 직무를 탐구해 보자. 결국, 지원하는 회사에 대해 사전에 조사하고 공부해야 한다!

　예를 들어 금융권 입사 희망자는, 은행권이면 은행권, 증권사면 증권사. 이렇게 하나의 금융업종을 선택하고, 여기서 꼭 가고 싶은 은행 3~4개 정도를 묶어 계속해서 관심을 두라는 거야. 그리고 금융권의 직무가 정말 다양하지만, 평소에 일반적으로 꼭 표현해야 할 부분인 의사소통력을 키워서 그 대표적 사례를 지원동기 작성 시 언급하면 좋단다. 의사소통력은 동료와의 원활한 관계 형성은 물론 업무까지 전반적으로 관련되어 있기 때문이지. 특히 대부분의 금융권에서 고객 응대 방안은 필수적으로 생각하니까 이에 대한 준비를 게을리해서는 안 돼.

　또한 자기가 쌓아 온 능력이나 경험이 금융 산업에서 어떻게 응용 가능하며, 특히 그 회사에 어떻게 적합할 수 있는지에 대해 표현하는 것이 중요해. 그러려면 과거부터 현재까지 지원 회사의 이슈를 조사하고, 그 이슈에 어떻게 자신의 능력이 쓰일 수 있는지를 보여 주어야 해. 아울러 금융권 지원자에게 꼭 필요한 숫자 감각이 드러날 수 있는 경험이나 일반적인 회계지식, 주식 관련

배경지식 등을 키워 온 사례도 보여 주면 좋아. 이 외에도 고객을 상대해 본 경험, 고객 지향 마인드 등 고객 지향 자질을 위한 경험도 직무 관련 경험만큼 중요하고.

　이러한 내용을 이론적으로 이해하는 것도 필요하지만 실제 작성해 보면서 스스로 부족한 부분을 채워 나가는 것이 중요해.

S 아직 지원할 회사를 결정하지 못했는데 어떻게 하죠?

T 선배들도 그런 경우가 많았지. 그런데 자기소개서는 한 번 써서 끝낼 수 있는 것이 아니야. 모집공고가 나면 그에 맞추어 며칠 안에 준비한다는 것도 현실적으로 어렵지만, 내가 원하는 회사에 꼭 입사할 수 있는 게 아니라면 여러 가지 버전의 지원 동기 작성 연습도 꼭 해야 해.

S 알겠어요. 하지만 막상 어떻게 시작해야 할지 모르겠어요.

T 선배가 쓴 글 몇 편을 같이 보자. 읽으면서 나라면 그 기업의 지원 동기를 어떻게 작성할지 떠올려 보렴.

▶ 학생 글 예시

외환은행에 지원하게 된 동기를 설명해 보세요.

꿈을 향한 첫걸음.

사회 수업을 듣는 중에 선생님께서 '우리나라는 개발도상국일까? 선진국일까?'라는 질문을 하신 적이 있습니다. 저를 포함한 아이들은 모두 선진국이라 답을 했지만, 확신하지는 못했습니다. 그때 우리가 당당히 선진국이라 답하기 위해선 경제의 핵심인 금융이 첫째로 발전해야겠다는 생각을 했습니다. 또한 국내에서만 발전하는 것이 아닌 세계와 함께 발전하는 금융이 필요하다고 생각했기 때문에, 우리나라 글로벌 금융의 리더인 외환은행에서 일하며 우리나라 발전에 보탬이 되어야겠다는 다짐을 했습니다. 우리나라 발전에 한 보탬이 되겠다는 제 어릴 적 꿈은 외환은행에서 더욱 빛날 수 있다는 것을 확신하였고, 꿈을 이루기 위해 지원하였습니다.

저는 현재에 머물러 있기보다는 더 나은 미래를 꿈꾸어 보고자 합니다. 미래를 위해 현재도 한 걸음씩 다가가고 있으며, 외환은행에 입행하여 추진력을 얻고 싶습니다. 입행 후에도 지속적인 배움의 자세로 금융 지식을 쌓는 것은 물론, 항상 고객을 먼저 생각하는 외환은행 행원들께 고객을 대하는 자세를 배워 고객에게 능숙한 일 처리와 친절한 미소를 드리는 행원이 되고 싶습니다.

삼성화재에 지원하게 된 동기를 설명해 보세요.

'가난하게 살고 부하게 베풀자'는 생활신조 아래 나보다 남을 위하는 삶을 살아가시는 어머니를 보며 남에게 관심을 많이 가지고 도와주려 노력해 왔던 저는 미래에도 남을 도와주고 보호해 주는 삶을 살고 싶다는 생각을 해 왔습니다. 또한 사람을 대하는 것을 좋아하여 13년 연속 국가고객만족도 1위를 해 온 삼성화재가 제가 원하던 일터라고 생각되어 지원하게 되었습니다. 글로벌 초일류 손해보험사로 발전해 나갈 삼성화재에서 항상 웃는 얼굴로 고객을 대하는 고객님의 행복 파트너가 되겠습니다. 또한 언행과 품위를 갖추어 고객님께 친절, 봉사하겠습니다. 상사와 동료에게 공동체 일원으로서 협력하며 최대의 예의를 갖추겠습니다. 힘들고 어려울 때마다 고객의 안심과 행복을 지켜 온 삼성화재에서 국내뿐만 아니라 해외까지 뻗어 나가는 글로벌 사원이 되고 싶습니다.

대한주택보증에 지원하게 된 동기를 설명해 보세요.

간호사인 어머니 밑에서 자라 온 저는 어릴 적 인자한 미소를 머금고 환자를 치료하며 때론 그 능력을 봉사하시는 데 쓰시는 어머니가 자랑스러웠고, 저도 훗날 제 능력을 이용해 다른 사람을 도와줄 수 있는 사람으로 성장하고 싶은 소망을 품게 되었습니다. 무엇보다 사회공헌을 가장 중요한 덕목으로 여기며 '가가호호 프로젝트'와 같이 분양 계약자에게는 내 집 마련의 든든한 지킴이로, 주택사업자에게는 성공적인 사업수행을 지원하는 파트너로서 자리 잡은 대한주택보증의 모습이 제가 간절히 원하던 '일터'의 모습이라고 생각되었습니다. "자세히 보아야 예쁘다. 오래 보아야 사랑스럽다. 너도 그렇다." 나태주의 「풀꽃」이라는 시처럼 저는 처음 볼 때 화려하진 않지만 드러나지 않게 제 몫을 감당하고, 주변을 아름답게 변화시키는 풀꽃 같은 사람입니다. 대한주택보증인으로서 작은 실천으로 귀사를 아름답게 만들고 함께 성장하기 위해 다음과 같은 다짐을 하겠습니다.

첫째, 학급 반장, 봉사동아리 기장·부기장 경험으로 깨달은 '함께'의 중요성을 잊지 않고 밝고 긍정적으로 동료와 협력하며 기꺼이 낮은 곳에서 회사의 주춧돌 역할을 하는 사원이 되겠습니다.

둘째, 고등학교 때의 국외 경험이 저의 시야를 넓혀, 우물 안 개구리에서 벗어날 수 있었던 것처럼 회사 업무를 할 때도 해야 할 일을 먼저 찾아 정확히 해결하는 능동적인 사람이 되어 신뢰를 드리겠습니다.

셋째, 평생 학습자로서 배움을 게을리하지 않고 부동산금융 산업의 전문가가 되기 위해 노력하겠습니다.

위와 같은 다짐으로 대한민국 명품 브랜드 대상을 2년 연속 수상한 대한주택보증의 주택 관련 금융영역에서 최고의 자리를 지키기 위한 거침없는 행진에 일조하고 싶습니다. 또한 제 노력이 고졸 취업의 좋은 이미지를 형성해 후배들이 원하는 취업 방향으로 나아갈 수 있도록 사회적인 응원 분위기를 만들어 그들의 꿈을 돕고자 합니다. 저뿐만 아니라 많은 고졸 취업 후배들의 꿈을 등에 업고 나아가고 싶은 제 '도전'을 몇 년 뒤 '성공'이라고 말하고 싶습니다.

삼성생명에 지원하게 된 동기를 설명해 보세요.

고객의 눈높이에 맞춘 삼성생명의 최고 금융 전문가.

제가 갖고 싶은 별명은 고객의 눈높이에 맞춘 삼성생명의 최고 금융 전문가입니다. 단순히 실적만을 쌓기 위해 공부하는 사원이 아닌, 실질적으로 고객에게 도움을 드리기 위해 공부하는 사원이 되는 것이 제 목표입니다. 그러기 위해 최선을 다해 금융에 관한 관심은 물론 지식도 넓혀 가야 한다고 생각했고, 학교생활을 하는 동안 교내 및 교외에서 금융에 대한 끈을 놓지 않았습니다. 일례로 한국 금융의 중심지인 여의도에 가서 한국거래소와 금융투자교육협의회를 견학하며 금융시장을 몸소 체험한 바 있습니다. 또한 교내 1팀 1기업 프로젝트와 금융실무반에 소속되어 금융교육, 금융권 체험활동 등을 통해 최고의 금융 전문가가 되기 위한 밑거름을 탄탄히 하였습니다. 그리고 제13회 경기도 상업정보능력 경진대회 금융일반 종목에 학교 대표선수로 선발되었고, 방과 후 9시까지 남아 공부하고 준비하면서 최고의 금융 전문가가 되기 위해 매일매일 성장해 나가고 있습니다. 이러한 노력이 바탕이 되어 독학으로 펀드투자상담사를 취득할 수 있었고, 또 다른 금융자격증에 도전할 수 있는 용기를 얻었습니다. 이 경험을 바탕으로 최고 금융 전문가의 꿈을 실현하고자 삼성생명에 입사 지원합니다.

나의 ○○기업 지원 동기를 써 보자.

이것만은 꼭!

학생들은 종종 말한다. "진학인지 취업인지 아직 결정을 못 했어요. 어느 기업에 가야 할지 모르겠어요." 다 좋다. 그럴 때, 시장에 가 보자. 수많은 상품이 넘쳐나는 그곳에서 내가 가진 지갑의 돈으로 살 수 있는 물품은 한정되기 마련이다. 그때는 꼭 필요한 물품, 갖고 싶은 물품을 찾으려고 애쓰게 될 것이다. 기업 지원 동기도 자신이 지닌 능력에 맞추어 꼭 가고 싶은 회사를 찾는 일이라고 생각하자. 지불 능력에 맞지 않는 허황된 물건을 살 수 없듯이 자신의 능력에 맞는 기업을 염두에 두고 그 기업에 내가 왜 적합한지 생각하면 답을 찾을 수 있다.

5.
자기소개서의 입사 후 포부는 어떻게?

S '앞으로의 계획'도 기업에서 많이 묻는 질문입니다. 저의 경우, 입
　사 후 우선 돈을 모아 집에 보탬이 되고 싶고, 이후 여력이 된다
　면 대학에 진학하는 것인데, 이 사실을 그대로 써도 될까요?

T 바꾸어 생각해 보렴. 함께 오래 일할 사람을 찾는 평가자의 입맛
　에 네가 하는 말이 설득력이 있을까? 기업에서 듣고 싶어 하는
　답변을 하는 것이 곧 합격의 열쇠가 아닐까? 네 질문의 해답은
　스스로 찾을 수 있어. 하나 더, '뭐든 시켜만 주시면 열심히 하겠
　다'라는 형식의 글은 반드시 피해야 해.

S 어떤 식의 접근이 좋을까요?

T 장기 근속하고자 하는 태도를 표현해야지. 네가 회사에 근무하고
　있을 3년, 10년 후의 모습을 상상해 보고 거기에 맞추어 작성하
　는 것도 좋은 자세야.

　　입사해서 하고 싶은 업무는 무엇이며 그 업무를 하고 싶은 이
　유를 밝히고, 그 일을 수행하면서 필요한 능력을 키우기 위해 자
　기계발을 어떻게 할지를 적는 것도 괜찮은 방법이고. 이때 주의할
　것은 실현 가능한 실천계획이 동반되어야 하고, 지원한 직무와 연

관된 것이라야 한다는 점이야.

S 입사 후 어떤 일을 할지도 모르는데 '앞으로의 계획'을 함부로 써도 되나요?

T 앞에서 직무분석을 해 보라는 이야기를 했었지? 네가 생각하는 일을 그대로 할 수 없다고 하더라도, 평가자는 지원자가 자신의 미래 직무에 대해 나름대로 준비하는 모습을 확인할 수 있으니까 그에 상응하는 점수를 부여하겠지.

알에서 깨어나 암탉으로.

저는 입사 3년 안에 고객과 상사에게 언제나 미소를 잃지 않고 도움을 드리는 사원으로서 ○○생명의 일등 친절사원이 되어 있을 것입니다. 친절로 끝나는 것이 아닌, 고객의 필요와 요구에 선제적으로 대응하는 사원이 되어 있을 것입니다. 항상 미소로 대하며 낮은 자세로 배우고, 맡은 직무는 '김○○' 제 이름 석 자를 걸고 책임 있게 완수하는 일등 사원이 되고자 합니다.

입사 후 6년, 지점의 실적을 늘리기 위해 후배 사원이 들어오면 상사에게 배운 것을 바탕으로 최선을 다해 가르치겠습니다. 또한 그동안 근무하면서 얻게 된 각종 생각들을 정리해서 회사의 성장과 발전에 도움을 줄 수 있는 △△생명의 새로운 금융상품 개발의 초안을 작성해 보고 싶습니다. 누군가에게 지시받고 끌려가며 제자리걸음을 하는 사원이 아닌, 항상 한 걸음 더 먼저 배우는 사원이 되고자 노력할 것입니다.

입사 후 10년, 제가 하는 일에서 누구보다 자신이 있는 프로가 되어, 1만 시간의 법칙을 몸소 실천할 수 있는 사원이 되고자 합니다. 또한 입사 후 틈틈이 공부한 일본어와 영어에 대한 자신감을 바탕으로 새로운 어학에도 도전하면서 삶이 도전의 연속인 삶을 살고자 합니다.

3S 1K.

제가 신한은행의 행원이 된다면,

첫째, SPEED, 속도를 중요시하겠습니다. 다양한 업무를 빠른 시일 내에 수행하기 위해 미숙한 업무들을 선배님들께 여쭤 보며 배워 나가겠습니다. 속도에 상응하는 정확한 일처리를 위해 노력하겠습니다. 고졸이라는 학력을 약점으로 생각하지 않고 더욱 발전하는 행원이 되겠습니다.

둘째, SECURE, 안전을 중요시하겠습니다. 사소한 업무처리 실수 하나가 고객님에게 큰 불편을 끼쳐 드릴 수 있고, 저의 손끝에 고객들의 정보가 담겨 있다는 생각을 잊지 않겠습니다.

셋째, SPECIFIC, 고객들에게 명확한 답을 드리겠습니다. 명확한 해답을 드리기 위해서 끊임없는 금융 공부를 하며 자기계발을 해 나가겠습니다. 또 매년 한 가지 목표를 계획하여 의미 있는 회사생활을 하겠습니다. 그 목표를 실현하고자 계획 단계부터 차근차근 단계적으로 목표를 이루어 내어 저 스스로 더욱더 열심히 일할 수 있는 동기를 부여할 것입니다.

마지막으로 KIND, 선배와 동기에 대한 예의를 갖추며 고객들에게 친절과 따뜻한 미소로 맞이하겠습니다. 입사 동기들과 비즈니스 관계가 아닌 끈끈한 동료애를 유지하여 성공적인 인간관계와 밝은 사내 분위기를 조성하고, 고객들을 최우선으로 생각하며 매사에 친절함을 보이겠습니다.

저는 은행의 발전을 위해 자기 역량을 채우면서도 공동체의 일원으로 은행에 꼭 필요한 사람이 되고 싶습니다. 그래서 입사 후 3년간은 항상 밝은 얼굴과 경청하는 자세로 상사와 동료를 대하며 의사 충돌을 줄이고 신뢰를 얻도록 하겠습니다. 그다음 회사가 원하는 인재가 무엇인지 빠르게 파악하여 그것을 위해 노력하고, 펀드투자상담사 등 금융 관련 자격증을 취득하여 제 개인 역량을 진작시킬 것입니다. 이렇게 쌓은 능력으로 주어진 업무에 최선을 다해 후배나 동료들에게 도움이 되기 위해 노력할 것입니다. 그러기 위해 몇 가지 준비하고자 합니다.

첫째, 책임감 있는 사원이 되고자 합니다. 주어진 업무를 최대한 성실한 자세로 배워 가며 일할 것입니다. 제게 주어진 일을 설사 100% 완수하지는 못하더라도 그에 가깝게 도달하기 위해 노력하며, 또한 실패하더라도 그 원인과 결과를 세밀히 분석하여 또다시 저의 잘못으로 회사와 조직에 손해를 끼치지 않도록 하겠습니다.

둘째, 인화력 있는 사원이 되고자 합니다. 항상 주변 사람들의 의견에 귀를 기울이고, 조직의 팀워크를 생각하며 조직의 목표 달성을 위해 저보다는 우리를 먼저 생각하는 사람이 되겠습니다. 그러기 위해 제 주변 사람들에게 먼저 다가가 저를 필요로 하는 일에 솔선하고 남들이 싫어하는 일도 마다하지 않겠습니다.

셋째, 자기계발에 힘쓰겠습니다. 제가 해야 할 일에 필요한 능력계발을 기본으로 급격히 변화하는 사회 환경에서 요구되는 전문지식을 갖추고자 노력하겠습니다.

이러한 노력으로 5년 후에는 천재보다는 노력하는 사람, 노력하는 사람보다는 즐기는 사람이 일을 잘한다는 말을 저를 통해 확인시켜 드리고 싶습니다. 그리고 그냥 즐기는 것이 아니라 기초부터 탄탄히 쌓아 실력 있는 사원으로서 은행에 이바지하는 사람이 되겠습니다.

T 선배들 글 읽으며 어떤 느낌이 들었니?

S 글쎄요. 공통점을 찾는다면 모두 입사 몇 년 후에 변화된 자신의 모습을 언급했어요.

T 그래. 솔직히 계획대로 다 이룰 수 없는 일도 언급할 수 있어. 미래는 얼마든지 열려 있다는 게 중요하거든. 이 부분은 계획에 해당하니까 얼마든지 다채롭게 작성할 수도 있다는 얘기야. 물론 실현 가능과 불가능을 판단하는 평가자들의 눈에 거슬리지 않을 부분에서 말이야. 네가 입사하고 싶은 기업에서 5년 정도 근무했을 때, 네가 하고 있을 일들을 상상하면서 작성하길 권한다.

나의 입사 후 포부를 써 보자.

이것만은 꼭!

누구나 꿈과 희망이 있는 사람을 좋아한다. 당연히 입사 그 자체도 목표이겠지만, 회사생활을 하면서 회사와 함께 자신을 발전시켜 나갈 수 있는 계획을 세워 보자.

반복되는 삶 속에서도 관심 있게 찾아보면 지금보다 더 나은 삶을 위해 갖추어야 할 일들이 많다. 직무 분야이든 교양 부문이든, 그것을 성취하기 위한 구체적인 계획을 써 보다 보면 나름의 답을 찾을 수 있을 것이다.

6.
자기소개서에서 학교생활이란?

S 기업에서 학교생활과 관련한 질문을 할 때가 있습니다. 저의 경우 교내에서 특별하게 활동한 것이 없고, 동아리도 단지 취미로 했기에 마땅히 쓸 내용이 없습니다. 이럴 경우, 무엇을 써야 하나요?

T 회사에서 이 항목을 묻는 이유는 사회생활을 잘할 수 있는 사람을 선발하려는 의도 때문이야. 즉 학교생활의 모습을 통해 지원자의 사회성을 파악하려는 것이지. 가장 선호하는 유형은 적극성과 원만한 대인관계를 보이는 지원자. 이러한 점을 구체적인 사례를 통해 나타낸다면 최적의 답안이 될 수 있을 거야.

앞에서 언급한 내용이지만 학교생활 중 너의 사회성을 표현할 수 있는 사례를 몇 개 'STAR 원칙'에 맞추어 작성해 보면 도움이 될 거야. 학급 생활이나 동아리활동 등 친구들과 함께 활동했던 상황을 되새김해 봐야겠지.

언제 어디서 무엇을 했을 때 어떤 점을 잘했고, 그 활동을 통해 무엇을 배웠는지를 생각해 보고, 그에 따른 내용을 적어 보자.

S 그래도 잘 모르겠어요. 학교생활 중에서 아무거나 쓸 수는 없을

것 같고, 또 그것이 인사담당자의 관심을 끌 수 있을지도 답답해요.

T 이런…. 선배들이 이럴 때 가장 많이 한 질문은, '내 생활 속에 내가 지원할 직무 경험이 있다는 것을 어떻게 연관시킬 수 있지?'란다.

S 선생님은 어떤 답을 주셨어요?

T 그 질문은 입사 지원자들이 흔히 하는 오해에서 비롯된 거야. 회사에서 주어지는 구체적인 업무를 경험해 볼 수 없는 학교에서 '저는 이미 제 직무에 맞는 이만큼의 경험을 했어요'라는 식의 답을 찾으려는 과오를 범하곤 하거든. 이 항목은 학교생활이라는 사회 환경 속에서 부여받게 된 많은 활동을 하면서 지원자가 보인 태도와 일 처리 능력을 보려는 것일 뿐이란다. 그러니까 자신이 경험할 회사 직무와 반드시 일치시킬 필요는 없어.

S 학교에서의 제 친구 관계와 생활 태도에 주목하라는 말씀인가요?

T 맞아. 네가 속한 집단에서 어떤 문제가 발생했을 때, 너의 태도에 주목하면 답을 찾을 수 있을 거야.

▶ 학생 글 예시

"함께하기에 불가능은 없다."

함께하면 어떤 어려움도 극복할 수 있다는 평범한 진리를 깊게 생각해 볼 기회가 있었습니다. 2학년 때 도서관 동아리 단장으로서 신입생 홍보를 해야 하는 첫 일이 생겼습니다. 2학년 동아리원이 5명으로 인원이 부족했기 때문에 많은 인원이 필요했습니다. 사람들 앞에서 동아리 홍보하는 것이 부끄럽기도 하고 어떻게 홍보를 해야 할지 막막하기도 했습니다. 하지만 동아리원이 절실하게 필요했기 때문에 포기할 수 없었습니다.

동기들과 함께 유머도 넣어 가며 동아리의 장점을 강조한 홍보 멘트를 준비했습니다.

학급 홍보 시 많이 웃어 주는 반도 있었고 반응이 냉담한 반도 있었지만 이에 굴하지 않고 최선을 다하며 더 열심히 했습니다. 쳐다봐 주지 않고 자기 일을 하는 아이들도 있었지만, 제가 먼저 박수를 유도하고, 먼저 아이들에게 질문도 해 보면서 아이들이 집중할 수 있게 노력했습니다.

그 결과 44명의 신입생이 동아리에 들어오기 위해 지원했고, 인원이 너무 많아 21명만 받을 수 있었습니다. 이를 통해 사람들 앞에서 자신감을 가지고 말할 수 있는 값진 경험을 하였습니다. 이를 토대로 3학년이 된 지금, 동아리 홍보를 통해 60명의 신입생이 지원하는 놀라운 결과를 얻을 수 있었고, 동기 및 후배들과 함께 협력하여 이뤄 냈기 때문에 협동심과 리더십을 기를 수 있었습니다.

T 동아리활동, 학급 활동, 수행평가 조별 활동 등 너의 학교 활동에서 특별한 의미를 부여할 수 있는 활동을 중심으로 1년에 3~4가지 정도 정리해 둔 다음에, 네가 지원할 회사와 그곳에서 일할 직무와 관련 있을 만한 것을 이용해서 작성하면 좋겠다.

S 알겠습니다. 제게 의미 있었거나 인상적인 활동을 미리 정리해 볼게요.

나의 학교생활을 써 보자.

이것만은 꼭!

학교생활에 특별한 이벤트가 있는 사람이 몇 명이나 될까? 평범한 학교생활 속에서 자신이 관심을 두고 노력한 일, 혹은 어떤 경험을 통해서 이전과 다른 생각과 태도를 지니게 된 일을 찾아 기술하면 이 문제에 대한 부담감을 덜 수 있을 것이다. 또한 학교생활에서 한 가지만 찾으려고 하지 말고 다양한 부분에서 의미 있었던 일을 기록해 보자. 그러면 지원하는 회사에 따라 다양한 활동을 활용할 수 있고, 자신이 학교생활에서 잘하고 있는 부분과 부족한 부분을 구별해 보는 기회도 될 것이다.

7.
자기소개서 특기 사항도 문제없어

S 제가 지닌 능력 중에서 어떠한 종류의 특기 사항을 써야 할지 모르겠어요. 어떤 특기를 써야 선택을 받을 수 있을까요?

T 남들이 갖지 못한 너만의 강점을 보고자 하는 문항이야. 동일한 경력의 지원자들 중에서 너만의 경쟁력이 될 만한 능력을 구체적인 사례를 중심으로 기술해 보자. 이 항목을 쓸 때 주의할 점은 '~이 뛰어나다'가 아니라 '어떤 상황에서 어떤 활동을 했더니, 주어진 어려움을 이겨 낼 수 있었다'는 형식이 더 설득력이 있다는 거야.

▶ 학생 글 예시

새로운 꿈을 향한 끊임없는 도전.

세계화 시대에 유능한 사회인이 되고자 하는 목표가 있었던 저는 '외국어 하나 정도는 남보다 잘하자'라는 목표를 세웠습니다. 그래서 평소 관심 많았던 중국 드라마를 통해 중국어 공부를 시작하였습니다. 처음에는 발음을 알아듣기도 어려웠지만 끊임없는 연습과 노력으로 중국어능력시험인 HSK 3급을 취득하였습니다. 그리고 자격증 취득에서 멈추지 않고 능력을 더 높이기 위해 베이징 연수에 참가하였습니다. 처음에는 중국인 선생님과 중국어로만 수업하여 적응하기 어려웠으나 포기하지 않고 노력한 결과 점차 언어 실력이 늘어가는 것을 알 수 있었습니다. 시장과 백화점 등을 방문하여 직접 현지인과 대화하며 경험을 쌓았습니다. 또한 문화재와 여러 공연을 관람하며 중국의 언어뿐만 아니라 문화도 체험하는 기회를 가졌으며, 보육원 봉사활동에도 참가하여 나눔에 대해 배웠습니다. 그리고 중국 기업체를 방문하여 중국 경제상황도 배울 수 있었습니다. 이런 활동에서 배운 것을 종합하여 마지막 시험에서도 우수한 성적 얻었습니다. 일련의 활동을 통해 중국어 실력을 키웠고 세상을 바라보는 눈도 키웠습니다. 이러한 제 경험을 바탕으로 주어진 일만 반복하는 단순한 직장인이 아니라 새로운 목표를 설정하고 그것에 도전하는 사원이 되고자 합니다.

T 이 선배는 또래 친구들이 지닌 비슷한 경험이 아닌 부분에 주목했어. 물론 다른 친구들에겐 부족한 외국어 능력에 대한 언급도 자연스럽게 해 가면서 말이야. 너도 공부해 봐서 알지만, 외국어

공부가 하루아침에 이루어질 수 없으니 은근슬쩍 자신의 성실함을 강조하는 효과도 노렸겠지.

　　3학년 때 입사 지원을 해 보면 알겠지만, 한 기업에 입사 지원서를 내는 경우 대체로 성적이나 자격증 면에서 비슷한 수준의 친구들과 경쟁하게 되는데, 그때는 너만이 지닌 것이 무엇일지 하나쯤 생각해 두어야 해.

S 그런 것을 미리 준비해 두어야 한다고요? 너무 힘들어요.

T 의외의 부분에서 이 문제를 해결할 수도 있어. 예를 들어, 요즘 아이들을 엄지족이라고 하지? 핸드폰만 사용하다 보니 문서 작성을 할 때 예전의 선배들에 비해 타이핑 속도가 너무 느린 경우가 많은데, 네가 그들보다 타이핑 속도가 아주 빠르거나 영문 타자를 잘한다면 얼마든지 특기가 될 수 있어. 그러니 너무 거창하게 접근하지 말고 일상생활에서 주위 친구들보다 잘하는 면을 찾아내서 발전시키면 어떨까?

나의 특기를 써 보자.

착각하지 말자. 특기라고 하니까 어떤 분야에서 국가대표 수준의 실력을 갖추어야 하지 않나 생각하기 쉬운데, 잘 생각해 보자. 국가대표 수준의 실력을 지니고 있다면 지금 입사지원서를 쓰고 있지 않을 것이다. 단지 자신이 할 수 있는 일 중에서 조금 더 관심을 두고 열심히 해 왔기 때문에 잘할 수 있게 된 일이 무엇인지 생각해 보자.

혹시 그런 것이 하나도 없다면 지금이라도 앞으로 할 일에서 필요한 것이 무엇인지 생각해 보자. 그다음에 그 일에 끈기 있게 도전하면 되는 것이다.

8.
자기소개서가 요구하는 성격의 장단점

S 성격의 장단점 항목에 어떠한 종류의 장점을 써야 할지 모르겠어
  요. 그리고 저의 단점을 쓰다 보면 나쁜 이미지를 남겨 줄 것 같
  아 걱정입니다. 어떤 식으로 표현하는 것이 좋을까요?

T 지원자들이 흔히 하는 실수는 자신의 성격에 몰입하는 거야.

S 성격의 장단점이니 당연히 제 성격을 살펴봐야 하잖아요.

T 그게 잘못되었다는 것이 아니라 기업이 요구하는 의도를 이해하
  고 시작하라는 뜻이야. 기업은 지원자가 업무에 필요한 성격을 갖
  고 있는가를 묻는 거야. 그러니까 성격의 장단점을 적기에 앞서,
  고용노동부 워크넷이나 진로정보망 커리어넷 등의 사이트를 이용
  해 네가 희망하는 직업군 종사자들에게 필요한 성격을 알아보아
  야 해.

  그러고 나서 그 희망 직군의 종사자들이 지닌 공통된 성격 중
  에서 네 성격과 일치하는 것을 찾아 장점과 단점의 비율을 7:3
  정도로 써 보자. 장점을 쓸 때, 너무 막연하다면 '~것을 생각했기
  때문에 ~을 갖추기 위해 노력했어요. 그래서 나는 ~것을 잘해요'
  이런 식으로 써 보면 될 거야. 그러면 이것이 너의 장점이 될 수

있겠지. 그리고 그 장점이 드러났던 경험들을 어떤 식으로 쌓아왔는지도 말할 수 있겠지.

단점을 적을 때는 장점과 같은 단점을 적기보다는 일상생활에서 볼 수 있는 사소한 단점을 적되, 단점을 극복하기 위해 무엇을 했는지 중심으로 적는 게 좋아. 단, 그 업무와 어울리지 않는 치명적인 단점이 있다면 과감히 지원을 포기하는 것도 좋지 않을까?

S 왜요?

T 서운하게 들릴 수 있겠지만, 그 일을 하면서 후회할 일을 피해 갈 수 있는 유일한 길이니까. 예를 들어 숫자에 대한 감각이 남보다 현저하게 떨어지는데, 회계 분야의 직종에서 일한다면 근무하는 내내 극심한 스트레스 속에서 살아야 하지 않을까?

저의 성격 중 강점이 될 수 있는 장점은 눈치가 빠르다는 것입니다. 눈치가 빨라 친구들 사이에서 일어나는 일들을 빨리 파악할 수 있어 중재자 역할을 하는 경우가 많습니다. 그리고 사람들의 기분을 쉽게 파악하여 제가 맞춰 나가며 많은 일을 원만하게 해결할 수 있었습니다. 하지만 가끔은 눈치가 너무 빨라서 곤란한 상황도 있었습니다.

특히 친구들 사이에서 다툼이 일어날 때 친구들의 의견을 눈치 있게 중재하고자 노력했지만 그런 제 행동에 감정적으로 서운함을 느낀 친구도 있었습니다. 하지만 저는 친구 한 명 한 명에게 다가가 이야기를 듣고 저의 생각과 해결법을 제시해 가며 이 문제를 극복했습니다.

저는 꼼꼼하고 성실하며 늘 스스로 반성하려 노력합니다. 그래서 하루의 일과를 정리하고 반성하며 놓친 일은 없는지 점검하기 위해 시작한 일기 쓰기가 습관이 되었습니다. 일기 속의 다양한 상황들을 보며 이해하려 노력한 덕분에 한쪽에만 치우쳐 생각하지 않는 균형 잡힌 시선을 기를 수 있었고, 생활에서 일관성 있게 행동할 수 있었습니다. 그 덕분에 업무를 좀 더 세밀하게 관찰하며 효과적으로 처리할 수 있을 것입니다. 무엇보다 일기 쓰는 습관이 메모하는 습관으로 이어졌습니다. 평소 글을 쓰거나 말을 할 때, 명언을 활용하면 좋을 것 같다고 생각하여 명언을 자주 메모해 두었는데, 공지가 제대로 되지 않아 급하게 자기소개서를 제출해야 하는 바람에 당황스러워하는 친구에게 제 메모를 보여 주며 도움이 되고자 하였고, 좋은 결과를 얻지는 못했지만 그 일을 계기로 친구들에게 저의 꼼꼼한 메모 습관을 인정받을 수 있었습니다. 이러한 메모 습관은 업무를 주도면밀하게 처리해 나가는 데 도움을 줄 것입니다. 단점으로는 너무 신중하여 선택을 하거나 결정을 내리는 데 다소 시간이 걸리는 경우가 있다는 것입니다. 이런 단점을 고치기 위해 친구들의 조언을 많이 듣고 충분한 정보를 습득하여 선택과 결정에 시간을 단축하려 노력합니다. 그렇지만 신중하게 생각하고 내린 결정은 후회하거나 실패할 확률이 낮으므로, 저의 단점을 단점이라 생각하기보다는 제 삶의 일부로 받아들이려고 노력 중입니다.

저의 장점은 상대방 이야기에 귀 기울이는 경청의 자세를 가지고 있다는 것입니다. 고등학교 2학년 때 친구가 부모님이 원하는 진로와 자신이 원하는 진로가 달라 진로 선택을 고민하고 있다고 제게 상담을 부탁하였습니다. 저는 제 의견을 주장하여 함부로 충고하기보다는 친구의 말을 경청하며 친구와 친구 부모님이 왜 생각의 차이를 보이는가에 대해 신중하게 생각하였습니다. 그다음 친구에게 "자신이 하고 싶은 일을 하는 것이 중요하다"라고 말하며 자식을 걱정하는 부모님의 마음도 생각하는 것이 좋겠다고 덧붙여 말해 주었습니다. 친구의 고민에 대해 확실한 해결책을 제시해 준 것은 아니지만 친구는 제게 고맙다고 말하며 "진심으로 고민을 들어 주는 너와 이야기하며 용기를 얻었어"라고 하였습니다. 이러한 사례에서 볼 수 있듯이 나의 말보다 타인의 이야기를 먼저 경청하려는 제 태도는 친구들에게 용기를 주기도 하고, 상대방과의 의견 차이를 줄이며 협동심을 발휘할 수 있게 해 주었습니다.

하지만 때때로 이런 제 태도가 단점으로 작용하기도 합니다. 그것은 제 주장이 너무 약하다는 소리를 들을 때가 있기 때문입니다. 이런 점을 보완하기 위해 얼마 전부터 저만의 '소신 말하기' 프로젝트를 진행하고 있습니다. 거창한 것이 아니더라도 제 목소리가 필요한 순간에는 꼭 한마디라도 하려고 노력 중입니다. 그 예로 홍보부 부장을 맡아 학급회의에서 저의 주장을 꼭 말하고, 우유 당번 관리 방법을 제시하는 등 작은 일이나마 제 의견을 다른 사람들에게 전하기 위해 노력하고 있습니다.

나의 성격의 장단점에 대해 써 보자.

이것만은 꼭!

친구를 사귈 때, 친구와 가까워진 이유는 대부분 성격이 자신
과 잘 통하기 때문일 것이다. 이 이야기를 하는 이유는 자기
성격을 잘 파악하지 못하겠다면, 가장 친한 친구의 성격을 떠
올려 보면 자신의 성격도 객관화해 볼 수 있다는 점을 알려 주
기 위해서다. 물론 전혀 다른 성격의 친구를 좋아할 수도 있지
만, 그때는 그 친구와 내가 무엇이 다르냐에 답이 있을 것이다.
그렇게 찾아낸 성격 중 지원하는 회사 직무와 관련이 있다고
여겨지는 부분을 찾아 쓰면 된다. 자신이 지닌 성격은 결코 하
나가 아니다.

9.
자기소개서 성장 과정 이렇게 쓰자

S 자기소개서 질문 중 대표적인 것이 '성장 과정'입니다. 기업들이 이것을 묻는 이유는 뭘까요? 무엇을 알고 싶어 하는 것일까요?

T 인사담당자는 지원자가 어떤 가정환경에서 성장해서 어떤 가치관을 갖고 살아가는 사람인지 알고 싶어 하는 것이야. 네가 세상을 살아가면서 지키고자 하는 기준, 달리 말하면 너의 핵심 가치관에 영향을 준 한 사건을 찾고 나서, 그 사례를 중심으로 표현해 보자. 대학생들의 경우는 이 항목을 작성할 때 지원 기업의 인재상을 살펴본 후, 그 기업의 인재상과 맞는 경험 사례를 작성하기도 해.

S 인재상은 어떤 식으로 찾을 수 있어요?

T 규모가 큰 회사는 홈페이지에 기업의 경영 목표와 인재상이 나와 있어. 만일 그런 것을 찾을 수 없는 회사라면 일반적인 기업의 인재상 키워드를 중심으로 검색해서 작성해 보면 되지. 인재상과 관련된 핵심 키워드 중 한 부분을 언급하거나 네가 앞으로 하게 될 직무와 관련된 어린 시절의 경험을 소재로 쓰는 것도 좋아.

"나누면 배로 돌아온다."

부모님이 항상 제게 강조하셨던 말씀입니다. 이러한 부모님의 가르침을 받아 굿네이버스라는 봉사기관에서 자원봉사를 하였습니다. 그곳에서 아이들에게 수학을 가르치기도 하고 책을 읽어 주기도 했습니다. 아이들은 처음에는 선뜻 다가와 질문을 하거나 도움을 요청하지 않았습니다. 하지만 낯설어하는 아이들에게 먼저 다가가 이름을 묻고 2년간 꾸준히 다니며 도움을 주다 보니 그제야 아이들은 저에게 마음을 열어 주었습니다. 그런 아이들을 보며 저 역시 더욱 기쁘게 봉사할 수 있었습니다. 이러한 나눔의 실천 경험은 학교생활에서도 자연스럽게 이어졌습니다.

학급 임원으로 즐거운 학급을 만들기 위해 스스로 자신을 낮추고 더불어 생활할 수 있는 분위기를 조성하여 학업에 어려움을 느끼는 급우들에게 도움을 주고자 노력했습니다. 장기간 입원을 했다가 교실로 돌아온 친구의 시험 부담을 덜어 주고자 제 공책을 빌려준 적이 있는데, 친구는 진심으로 고마워했습니다. 그런 친구를 보며 나눔이란 받는 사람뿐 아니라 주는 사람도 더욱 행복해질 수 있다는 것을 새삼 깨달았습니다.

진심은 늘 통한다는 저의 이러한 경험은 제가 외환은행의 신입 행원이 되었을 때, 고객에게는 친절한 미소로 보답하고, 동료에게는 가족처럼 든든한 동반자가 되게 할 것입니다.

"일찍 일어나는 새가 벌레를 잡는다."

일찍 일어나는 습관은 부모님께서 제게 물려주신 가장 큰 자산입니다. 맞벌이를 하시는 부모님의 생활습관으로 둘째인 저를 포함한 세 자매는 새벽 5시에 일어나는 습관이 생겼습니다. 5시 기상 후 제게 주어지는 시간은 언제나 귀중하게 쓰입니다. 초등학교 시절 아침 시간은 바쁘신 부모님을 도와 드리기 위해 쓰였습니다. 부모님께서 출근하신 후 세 자매가 집안일을 분담했는데, 제가 주로 한 역할은 설거지였고 언니가 세탁기에서 빨래를 꺼내 주면 다 같이 옥상으로 올라가 빨래를 넌 후 등교하였습니다. 부모님은 항상 미안해하며 기특하다고 해 주셨는데 그날의 기억은 제게 고된 시간이 아니라 가족을 위해 열심히 일하시는 부모님의 땀방울에 대한 감사함으로 자리 잡혀 있습니다. 또 맡은 일에 대한 책임감을 배우게 된 계기가 됐으며 학창 시절 개근이라는 근면함을 가질 수 있게 되었습니다.

중학교 시절 아침 시간은 학교 공부 및 수행평가 시간으로 쓰였습니다. 원하는 목표를 세우고 그것을 성취했을 때의 희열을 일찍이 알고 있었기에 아침 시간을 잘 활용할 수 있었습니다. 당시 저의 목표는 '자랑스러운 졸업생이 되자'는 것이었습니다. 목표를 이루기 위해 우선 성적 관리에 힘을 썼습니다. 하루에 정해 둔 과목을 예습, 복습하고 수업 시간에 집중하여 전교 10등 안팎을 유지하였습니다. 덕분에 고등학교 입학 시 경영정보과 3등이란 결과를 얻어 목표를 이루었고, 밝고 적극적인 성격으로 졸업하고도 좋은 교우 관계와 사제관계를 유지하여 중학교 3년의 보람을 느낄 수 있었습니다. 사람의 성공은 자신의 시간 관리 기술에 따라 달렸다고 합니다. 보람 있게 시작하는 하루는 오늘 할 일을 내일로 미루지 않는 시간 관리 방법을 가르쳐 주었습니다.

나의 성장 과정을 써 보자.

이것만은 꼭!

이 문제해결에 앞서 네가 궁극적으로 꿈꾸는 삶의 지향점이 무엇인지 생각해 보자. 물론 쉽지 않다. 그러니 고민하고 또 고민하는 것이다. 스스로에게서 못 찾으면 기업들이 제시하는 인재상 중에서 내가 같이 추구해 볼 만한 것을 찾아보자. 기업의 인재상을 자기 삶의 가치관과 연결해 풀어 보는 방법을 추천한다.

10.

NCS 자기소개서 작성
고졸 학생도 문제없다

S 갑자기 주어진 NCS 자기소개서 작성이 너무 힘들어요. 일반적인
   자기소개서에서 요구하는 성장 과정, 성격의 장단점, 지원 동기,
   입사 후 포부로 구성된 기존의 자기소개서 쓰기도 어려운데, 갑
   자기 NCS 직무능력 소개서를 쓰라니 정말 혼란스럽기만 해요.

T 힘들지. 마치 아장아장 걸음마하는 아이에게 100미터 경주를 하
   라는 말처럼 들릴 거야. 하지만 공기업에서 이런 양식으로 요구하
   니, 작성하지 않고서는 지원조차 하지 못하니 어쩌겠니? 피할 수
   없으면 즐기라는 말이 있듯이 반드시 넘어야 할 산이라면 그 산
   이 어떻게 생겼는지부터 파악해 보자.

S NCS가 무엇인지부터 모르겠어요.

T NCS는 국가직무능력표준(NCS, National Competency Standards),
   즉 산업현장에서 직무를 수행하기 위해 요구되는 지식, 기술, 태
   도 등의 내용을 부문별, 수준별로 국가가 체계화한 것이야.

S NCS 자기소개서와 다른 자기소개서의 차이는 뭐예요?

T 이해하기 쉽게 설명해 볼게. 핵심은 NCS 기반 자기소개서는 우
   리가 흔히 아는 자기소개서와 달리 지원자의 일대기를 기술하

는 자기소개서가 아니라는 점이야. 지원자가 기업이 원하는 해당 직무를 수행할 역량(지식, 기술, 태도)이 있는가에 초점이 맞춰져 있어.

기업은 이를 통해 해당 지원자가 지원하는 직무에 적합한 인재인지 알고자 하는데, 간단히 말하면 직무수행에 필요한 교육, 경력, 경험, 성과, 자격 등의 스펙을 지니고 있는가를 물어보는 거란다.

직업기초능력에 주목하라고요?

S 선생님, 그래서 더 막막해요. 학교에 다니면서 직접 직무수행을 한 것이 없잖아요.

T 그래, 고등학교 재학생에게 그런 것을 요구한다는 것은 모순이지. 하지만 요즘 특성화고에 다니는 아이들에게도 도제 사업이나 산학연계 현장체험 등 다양한 형태의 현장 경험 등을 다수 제공하고 있는 것도 현실이야. 그러니 우리 학교가 하고 있지 않다고 해서 다 쓸 수 없는 것을 요구한다고 불평만 할 수는 없단다.

S 정말요? 그렇다면 다른 경쟁자들에 비해 저는 출발부터 뒤처진 것이네요.

T 꼭 그렇지는 않아. 그리고 그런 경험이 없다고 겁낼 것도 없고. 그 이유는 NCS가 갑자기 생겨난 것이 아니기 때문이야.

기업들은 항상 회사에 적합한 인재를 찾으려고 했으니까 기존의 자기소개서를 통해서도 지원자의 역량을 알아보기 위한 노력은 충분히 진행해 왔단다. 이를 준비하기 위해 너를 비롯한 지원자들이 학교생활을 열심히 해 왔던 것도 사실이고. 그러니 좀 더 직무 중심으로 구체화해서 작성한다고 생각하면 될 것 같아.

S 그렇다고 해도 채용 분야에 맞는 능력 단위 중심의 접근은 쉽지 않은 것 같아요.

T 맞아. 하지만 조금 다르게 접근하면 바로 거기에 해결의 실마리가 있는 것도 사실이야.

S 해결의 실마리요?

T 그래, 기업에서 고졸 사원에게 요구하는 기대치는 뭘까를 생각해 보자는 거야. 솔직히 말해서 대졸자나 이미 현장 직무 경험이 많은 경력 사원이 아닌 고졸 사원에게 요구하는 기대치는 다르다는 것을 알아야 해.

S 쉽게 얘기해 주세요.

T 기업이 고졸 신입사원에게 요구하는 것은 네가 거창하게 생각하는 해당 직무에 대한 전문적인 직무능력은 아니라는 말이야. 그러니 직무능력 단위 접근보다는 직업기초능력에 주목해서, 내가 어떤 능력을 준비해 왔고 잘할 수 있는지를 보여 준다면 NCS 기반 자기소개서도 잘 쓸 수 있어.

S 직업기초능력에 주목하라고요?

T 많은 학생들이 학교에서 공부해 온 것이 과연 어떤 직무와 연관되며 자신의 직무능력을 어떻게 표현할지 답답해하는 게 현실이야. 내 나름대로 해결책을 제시해 볼 테니 들어 보렴.

앞서 언급했듯이 NCS 직무기술서 작성의 기준을 직업기초능력에 초점을 맞추어 작성하자는 거야. 이렇게 말할 수 있는 근거는 사실 기업에서 요구하는 고졸 사원 채용 기준은 해당 직무 수행에 필요한 직업기초능력을 잘 갖추고 있는 사람이기 때문이야. 따라서 너와 같은 지원자들은 기업이 제시하는 자기소개서 항목에 맞추어 자신이 갖추고 있는 직업기초능력을 기술하면 돼.

먼저 직업기초능력을 설명하자면, 직업기초능력은 직업을 가지고 살아가는 사람이라면 업무를 수행하는 데 공통으로 필요한 능력을 선별해 놓은 것이야. 이것을 표로 정리해 보자.

NCS 직업기초능력

직업기초능력	설명
의사소통 능력	글과 말을 읽고 들음으로써 다른 사람이 뜻한 바를 파악하고, 자기가 뜻한 바를 글과 말을 통해 정확하게 쓰거나 말하는 능력
수리 능력	사칙연산, 통계, 확률의 의미를 정확하게 이해하고, 이를 업무에 적용하는 능력
문제해결 능력	문제 상황이 발생하였을 경우, 창조적이고 논리적인 사고를 통하여 이를 올바르게 인식하고 적절하게 해결하는 능력
대인관계 능력	접촉하게 되는 사람들과 문제를 일으키지 않고 원만하게 지내는 능력
조직이해 능력	국제적인 추세를 포함하여 조직의 체제와 경영에 대해 이해하는 능력
자기계발 능력	업무를 추진하는 데 스스로 관리하고 계발하는 능력
자원관리 능력	시간, 자본, 재료 및 시설, 인적 자원 등의 자원 가운데 무엇이 얼마나 필요한지를 확인하고, 이용 가능한 자원을 최대한 수집하여 실제 업무에 어떻게 활용할 것인지를 계획하고, 계획대로 업무를 수행하는 데 있어 이를 할당하는 능력
정보 능력	업무와 관련된 내용을 수집하고, 이를 분석하여 의미 있는 정보를 찾아내며, 이러한 정보를 업무수행에 적절하도록 조직하고, 조직된 정보를 관리하며, 업무 수행에 이러한 정보를 활용하고, 이러한 과정에서 컴퓨터를 적절하게 사용하는 능력
기술 능력	도구, 장치 등을 포함하여 필요한 기술에는 어떠한 것들이 있는지 이해하고, 실제로 업무를 수행할 때 적절한 기술을 선택하여 적용하는 능력
직업윤리 의식	업무를 수행할 때 원만한 직업 생활을 위해 필요한 태도, 매너, 올바른 직업관 등

국가직무능력 표준 www.ncs.go.kr 참고

S 제가 본 자기소개서는 이런 형태가 아니었어요. 선생님 말씀대로 한다고 해도 자기소개서 항목과 직업기초능력을 연결 짓는 것은 어려워요.

T 왜 어려울까? 자기소개서를 통해 알아내려는 질문의 숨은 의도를 잘 모르거나, 자기소개서를 작성할 때 소재를 너무 거창한 곳에서 찾기 때문이야.

　너와 같은 학생의 시각에서 보면, 직업기초능력에 대한 이해가 부족한 상태에서 '학교생활과 관계된 사례를 찾아 그 질문에 맞는 답 작성하기'는 어려울 수밖에 없어.

S 맞아요. 힘들어서 포기하고 싶어져요. 해결책은 뭔가요?

T 포기하면 안 돼. 우리 함께 해결책을 찾아보자.

S 네, 무엇부터 하면 되나요?

T 우선 너희들이 취업할 곳, 구체적으로 네가 사원으로 근무할 기업을 염두에 두고 그곳에서 일하기 위해 지녀야 하는 능력이 무엇인지, 또 네가 또 잘할 수 있다고 자랑할 만한 능력이 무엇인지 살펴보자.

S 기업이 요구하는 능력이란 것을 어떻게 찾고, 또 저와의 연결은 어떻게 시작하죠?

T 좀 전에 기업에 필요한 능력을 체계화한 표가 있다고 말했지?

S NCS 직업기초능력이죠?

T 그래. [NCS 직업기초능력] 표를 참고해서 직업기초능력과 자기소개서가 어떻게 연결되는지 기업이 묻고 있는 자기소개서의 질문에 맞추어 점검해 볼 거야. 기업이 요구하는 것은 '업무 수행에 적합한 능력이 있는가?'라는 사실을 잊지 말고 따라오렴.

가. 문제해결 능력

Q1. 예상치 못했던 문제로 인해 계획대로 일이 진행되지 않았을 때, 책임감을 가지고 적극적으로 끝까지 업무를 수행해 내어 성공적으로 마무리했던 경험이 있으면 서술해 주십시오.

T 이것은 직업기초능력에서 어떤 항목과 연결할 것인지, 감이 오지 않니?

S 글쎄요.

T 짐작하겠지만, 앞의 표에 제시된 '문제해결 능력'을 묻는 거야. 즉, 지원자의 자기 주도 역량 평가를 위한 질문이란다.

S 그렇게 말씀하시니까 조금 이해가 돼요.

T 이런 상황은 학교생활 중에 얼마든지 다양하게 접할 수 있다는 것도 잘 알겠지? 우선 선배가 쓴 글을 함께 보자.

▶ 학생 글 예시 1

　제주도로 간 수학여행 마지막 날 저는 저의 새로운 모습을 보게 되었습니다. 버스를 타고 공항으로 가는 길이었습니다. 아이들은 피곤하여 모두 다 자고 있었고, 안전벨트를 했지만 낡아서 헐렁헐렁하였습니다. 버스가 심하게 흔들리고 이상한 기분이 들어 눈을 뜬 순간 "쾅!" 하는 소리와 함께 앞좌석에 얼굴을 부딪쳤습니다. 저는 목이 아팠지만, 친구들이 걱정되어 주변을 둘러보았습니다. 버스 안에는 피를 흘리며 몸을 못 가누는 아이들도 있었고, 뼈가 부러져 심각한 애들도 있었습니다. 처음 본 많은 피에 몸이 부들부들 떨리고 무서웠지만, 다른 아이들에 비해 괜찮았던 저는 우는 아이들을 진정시키며 제 가방에 있던 휴지를 다 꺼내서 피 흘리는 아이들에게 다가가 피를 닦아 주었습니다. 많이 다치지 않은 아이들과 함께 담임선생님의 지도에 따라 다친 아이들을 부축하여 버스 밖으로 나갈 수 있도록 도와주었습니다. 버스 밖에 나간 아이들이 응급차를 타고 제주병원으로 갈 동안 몇몇 친구들과 사고 난 버스에 남아서 다친 아이들이 가져가지 못했던 짐들을 챙겼습니다. 그러고 마지막 응급차에 몸을 실었습니다. 병원에 도착하여 친구들에게 짐을 나눠 주고 간단한 검사를 받은 후 집으로 돌아올 수 있었습니다.

　사람들이 자신의 일을 잠시 뒤로하고 남을 위해 봉사하는 모습을 볼 때 과연 '내가 그런 상황이라면 그렇게 행동할 수 있을까'라고 생각했던 행동을 제가 했다는 사실을 알게 되었습니다. 평소에 앞에 나서서 주도적으로 하는 성격이 아니었던 저는 리더의 역할은 따로 있다고 생각했었습니다. 하지만 응급상황에서 선생님을 도와 다친 친구를 배려하고 위기의 상황을 처리해 보니, 어려움이 닥쳤을 때 위험관리를 통해 꼭 앞이 아니더라도 뒤에서 서로 협력하여 도와주는 것도 리더의 역할 중 하나라고 생각되었습니다. 아주 고통스러운 사건이었지만 남을 위하는 일이 주는 보람도 알게 되었으며, 우리가 함께 사랑을 나눌 때 더 큰 행복이 찾아온다는 것을 알게 되었습니다.

▶ 학생 글 예시 2

고등학교 1학년 때 담임선생님께서 공부 잘하는 아이들을 불러 모았습니다. 국어와 컴퓨터를 잘했던 저도 그중 한 명이었습니다. 선생님이 저희에게 진도를 놓친 친구로부터 수업 내용이 이해가 되지 않은 부분의 질문을 받아 설명해 주는 교과 도우미를 맡아 보지 않겠냐고 제안하셨습니다. 하지만 많은 아이들이 교실 앞에 서는 것이 부담스럽고 자신의 공부 시간이 줄어든다고 주저하였습니다. 저도 많은 고민을 했지만 혼자 앞서가는 것보다 다 함께 나아가는 것이 더 좋다고 생각하여 적극적으로 참가하였습니다. 처음에는 제 공부 시간을 쪼개 쓰는 것이라 힘들었지만, 어떻게 수업을 이끌어 나갈지 구체적이고 체계적으로 계획을 세우니 부담이 줄어들었습니다. 그리고 친구들이 모르는 부분을 설명하거나 질문에 대비하기 위해 수업에 더 열중하며 교과서와 참고서 등 많은 자료를 모으다 보니 자연스럽게 복습은 물론 교과에 도움이 되는 다양한 지식을 얻을 수 있었습니다. 친구들이 제게 모르는 부분을 질문하였고, 저는 열심히 공부하고 조사한 자료를 바탕으로 답해 주었습니다.

여기서 그치지 않고 더 나아가 진도를 놓친 친구에게는 제 공책과 교과서를 보여 주며 따로 찾아가 설명을 해 주기도 하고, 공부에 흥미가 없는 친구에게는 먼저 다가가 수업 내용을 쉽고 흥미롭게 설명하여 도움을 주었습니다. 또한 똑같은 문제를 계속 틀리는 친구에게는 그 친구가 어느 부분을 잘 모르고 왜 틀리는지 분석하여 개선점을 가르쳐 주었습니다. 시험 기간에는 반 친구들의 부탁으로 앞에 나가 시험 범위에서 제가 만든 기출문제를 나눠 주고 중요 사항만 쏙쏙 뽑아 설명해 주었습니다. 이렇게 열심히 준비하여 시험을 치르고 난 뒤 친구들은 성적이 오른 게 제 덕분이라고 말해 주며 기뻐했습니다. 심지어 한 친구는 처음으로 90점대를 받아 보았다고 목 놓아 울기까지 하였습니다. 저 또한 교과 도우미 활동을 통해 좋은 성적을 유지할 수 있어 보람을 느꼈고, 이 활동에서 가장 기뻤던 점은 제 작은 나눔으로 친구들이 좋은 성과를 얻었다는 점이었습니다.

T 예시 1과 같이 극적인 경험을 기술할 수도 있지만, 반드시 그런 경험만을 기술하라는 의미는 아니야. 예시 2와 같은 일은 학교생활에서 얼마든지 찾을 수 있는 사례라는 건 알겠지? 그래도 아직 궁금한 게 많은 표정이구나.

S 솔직히 그래요.

T 첫술에 배부를 수는 없지. 한 걸음 더 나가 볼까? 문제해결이란 항목을 통해 기업이 지원자에 요구하는 것은 무엇일까? 그 의도를 파악해야 해.

S 그게 뭐예요?

T 문제해결과 관련된 항목들은 기존의 자기소개서에도 여러 번 나와. 지원자가 업무 수행 중 맞게 되는 문제 상황을 어떤 식으로

해결할 수 있느냐 묻는 것이지. 즉 기업은 지원자가 앞으로 회사에서 근무하면서 맞이하게 될 문제를 창조적, 논리적, 비판적 사고를 통해 올바르게 인식하고 적절히 해결할 수 있는 잠재력이 있는지를 묻고 있단다.

S 아, 먼저 질문의 의도를 파악해야 하는군요.

T 맞아. 질문의 성격부터 분석해야 해. 문제해결 항목은 일반적으로 기존의 현상에 대해 문제의식을 갖고 있는지, 그래서 보통과는 다른 방식으로 해결한 경험이 있는지를 묻고 있어. 또 공동 과업을 달성하는 관계에서 발생한 어려움을 어떻게 극복할 것인지를 묻지. 가상의 문제 상황을 던져 주고 이를 어떻게 해결할지를 묻는 내용의 구성이 많다는 점도 주목해야 해.

S 이런 질문들에는 어떻게 답을 해야 하나요?

T 문제해결에 대한 답변을 보면, 흔히 지원자들은 '얼마나 창의적이고 기존 방식과 차이를 보이느냐?'에 얽매여 답변을 하려는 경우가 많아. 그런 식으로 답변하기는 쉽지가 않아. 그렇게 창의적으로 문제를 해결한 경험이 별로 없거든.

S 저도 그럴 것 같아요.

T 이때 기업이 요구하는 것은 대단한 창의력이 아니야. 기업은 단지 지원자가 쓴 글 속에서 '문제가 주어졌을 때, 상황 분석을 통해 개선할 점을 찾아내 그 문제를 해결했다'는 내용을 보고 싶어 할 뿐이란다.

처음 반장이 되어 이끌었던 반은 교무실에서 '올해 최고의 반'이라고 불릴 정도로 우수한 반이었습니다. 따돌림 없이 모두가 어울리면서 환경미화 최우수, 줄다리기 우승, 지필고사 전체 학급 중 1등 등 협동이 필요한 활동에서 모두 우수한 성적을 거두었습니다. 저는 이러한 반을 이끌고 있다는 자부심을 갖게 되었고, 당연히 성가 합창대회도 완벽히 준비할 수 있다고 확신했습니다. 하지만 연습을 하면서 마찰이 생기기 시작했습니다. 피아노 반주를 해 줄 사람이 없었고, 늦게까지 남아서 연습을 할 때 학원이나 과외를 가야 한다며 빠지는 사람이 생기면서 제대로 된 연습을 할 수 없었습니다. 모두 연습에 대한 흥미를 잃었고, 저 역시 아이들을 설득하는 데 지쳤습니다. 이러한 상태가 되고 보니 결국 반 친구들끼리 충돌하고 말았습니다. 반 내에 분열이 생겼고, 연습을 멈춰야 했습니다. 선생님께서 이 일을 아시고 저와 부반장을 대표로 불러 혼내셨습니다. 서로가 지친 상황에서 생긴 작은 오해로 인해 부반장까지 혼났다는 것이 미안했고, 반도 잘 이끌어 가지 못했다는 자책을 느꼈습니다. 심지어 선생님은 '대회를 기권하겠다'고 말씀하셨습니다.

저는 어떻게 해서든지 다시 연습을 시작해야겠다고 생각했습니다. 먼저 가장 큰 문제였던 반주자는 3학년 선배께 부탁드려 해결했고, 지치고 힘들어하는 친구들에게 무조건적인 연습이 아닌 가장 효율적인 연습 방법을 제시했습니다. 학원에 가야 하는 친구를 위해 연습 날짜를 조정했고, 노래 부르는 것을 힘들어하는 친구들은 1:1로 노래를 가르쳐 주었습니다. 이런 제 노력에 친구들도 하나둘 마음을 돌렸고, 연습에 불참했던 친구들도 모두 참여하게 되었습니다. 선생님께서는 저희가 포기하지 않고 다시 연습을 시작하는 모습을 보고 기뻐하셨고, 저희 반은 무대에 오를 수 있었습니다. 비록 상을 받지는 못했지만, 비가 온 뒤 땅이 더 굳어지듯 반은 더욱 돈독해질 수 있었습니다.

T 이 글을 보면서 무엇을 느꼈는지 궁금하다. 문제해결 과정을 통해서 지원자가 문제를 어떻게 해결했는지를 알 수 있고, 문제해결 능력, 의사소통 능력, 대인관계 능력의 역량도 살펴볼 수 있었을 거야. 이처럼 문제해결에서 지원자의 역할을 충분히 밝히면서 지원자의 다양한 직업기초역량을 보여 줄 수 있는 글이 좋은 글이란다.

나의 문제해결 경험을 써 보자.

나. 대인관계 능력

Q1. 자신이 속한 조직 내에서 구성원 간의 갈등이 발생했을 때, 본인의 역할로 갈등을 해결한 경험을 기술해 주시기 바랍니다.

T 이 항목은 어떤 능력을 묻는 것일까?

S 직업기초능력 표와 관련지어 생각해 보면, '접촉하게 되는 사람들과 문제를 일으키지 않고 원만하게 지내는 능력', 그러니까 대인관계 능력이죠?

T 이제 잘 따라오는구나. 그런데 왜 이런 질문을 할까?

S 그야 일은 결국 사람들이 모여 하는 것이니까, 사람들과 잘 지낼 수 있는지를 보고 싶겠죠.

T 맞아. 기업에서 직무 수행은 팀 단위로 이루어지는 경우가 많아. 따라서 지원자가 직무 수행 시에 '직장 동료와 융합하여 시너지를 낼 수 있는가'는 사람을 평가할 때 중요한 평가 잣대란다. 또한 사람과 사람 사이에서 갈등 상황이 벌어졌을 때, 지원자 나름의 대응책을 살펴보면 지원자의 인성도 짐작할 수 있으니까 중요시하는 거야.

　초등학교 6학년 때 부모님의 이혼과 재혼으로 새어머니와 두 명의 동생이 생겼습니다. 어제까지만 해도 완전한 타인이었던 가족들과 적응하기란 쉽지 않았습니다. 취침 시간 같은 사소한 생활습관 하나부터 새롭게 맞춰 나가야 했고, 갑작스럽게 세 명의 동생을 두게 된 저에게 지금까지와는 다른 역할들이 요구되었습니다. 식구가 늘어나면서 어려워진 가정 형편 때문에, 처음에는 맞벌이하시는 부모님 대신에 늘 동생들을 먼저 챙기는 사람이 되어야 하는 상황에 적응을 못 해서 밝았던 성격도 어두워지고 저의 자랑이었던 자신감마저 떨어졌습니다. 또한 이런 상황이 벌어진 것이 새어머니 탓이란 생각에 새어머니와 충돌할 때마다 마음속에는 상처가 하나씩 쌓여 갔습니다.

　이렇게 힘들어했던 저는 담임선생님과의 상담을 통해 제 모습을 다시 한 번 돌아보게 되었고, '더는 이래서는 안 되겠다'라는 생각을 했습니다. 제일 먼저 시작한 것은 저로 인해 틀어진 집안 분위기를 바로잡는 것이었습니다. 제 생각에 타당하지 않다고 여겨지면 바로 '왜요?'라고 물으며 합당한 이유를 요구하는 제 습관을 고쳐 일단 '네'라고 말하기 시작했습니다. 그리고 한 가지 더 말투에 신경을 썼습니다. 그 결과 충돌하는 일은 줄어들었고, 서로를 완전히 이해하고 받아들인 것은 아니지만 새어머니 역시 저를 생각하고 배려하고 있다는 것을 느낄 수 있었습니다. 이 일이 제게 준 교훈은 타인과의 관계에서 중요한 것은 내가 먼저 내려놓을 수 있는 마음가짐이란 것이었습니다. 제가 먼저 상대를 배려하면 상대방도 저를 배려하게 된다는 것을 배웠습니다. 아울러 상대를 대하는 말투가 얼마나 중요한지도 깨달았습니다. 저 자신도 통제하기 어려웠던 사춘기 시절에 누구나 어려울 수밖에 없는 새어머니와의 관계 형성, 또 동생들을 돌본 하루하루는 저를 누구와도 인격적으로 만날 수 있는 사람으로 성장시켜 주었고, 지금은 어려운 순간들을 신중하게 살아온 저 자신이 대견하다고 생각하고 있습니다.

T 이 글을 보면서 특별한 경험이 없는 지원자들은 낙심할 수도 있겠지. 하지만 힘든 상황을 만들어 그것을 해결한 것처럼 꾸며서 쓰라는 게 아닌 것은 알겠지? 회사 내의 갈등은 일반적인 상황에서 발생하고, 사소한 갈등 때문에 프로젝트가 진행되지 않는 경우도 많아. 오히려 사소한 갈등에 잘 대처하는 원만한 품성, 그리고 리더의 지휘에 적극적으로 따르는 모습 등도 대단히 중요한 미덕임을 떠올려 보면, 이 문제를 풀 열쇠를 찾을 수 있을 거야.

▶ 학생 글 예시 2

2학년 첫날, 유독 눈에 띄는 한 친구가 있었습니다. 이유는 알 수 없었지만 울고 있는 친구의 모습에 마음이 쓰였습니다. 저뿐만 아니라 다른 친구들도 그 친구 주위에 모여 그 친구를 달래 주기 위해 노력했습니다. 하지만 갈수록 그런 일이 잦아지다 보니 그 친구는 아이들의 관심에서도 멀어졌습니다. 결국 저만 그 친구 옆에 남았고, 저는 친구의 우는 습관을 고쳐 줘야겠다고 생각했습니다. 가장 먼저 한 일은 왜 우는지 원인을 알아내는 것이었습니다. 저의 추궁에 돌아오는 대답은 죽고 싶다는 말뿐이었습니다. 학교만 오면 우는 일이 다반사였고 조퇴

나 결석도 늘어나면서 저의 다짐과는 다르게 슬슬 지치기 시작했습니다. 곧 다가올 고3 생활에 대한 스트레스에다 그 친구만 신경을 쓰다 보니 다른 친구들에게 소홀할 수밖에 없는 상황도 싫었습니다. 그렇지만 혼자 감당해 내기 힘든 그 친구 곁에 저마저 없다면 친구가 나쁜 생각을 할 수도 있겠다 싶어 외면할 수 없었습니다. 조금 힘들긴 했지만 밝아질 모습을 기대하며 지친 마음을 내색하지 않고 친구 곁을 지켰습니다. 친구가 좋아하는 가수 등 사소한 얘기부터 시작하여 매사 부정적인 친구가 긍정적 마인드를 갖도록 도와주었고, 취업 후 같이 여행 갈 계획을 세우며 기분 전환도 시켜 주었습니다.

시간이 꽤 많이 필요했지만 친구는 차츰 제게 마음을 열었고, 마침내 우는 이유가 가정사 때문이었다는 것을 알게 되었습니다. 친구의 아픔에 제가 할 수 있는 일이 없어 더 안타까웠습니다. 하지만 그 친구는 자신의 이야기를 관심 가지고 들어 준 제게 고맙다며 오히려 저를 위로하였습니다. 그 후 친구는 학교에 잘 적응하기 시작했고 반 친구들과도 가까워졌습니다. 울거나 우울해하는 횟수도 줄어들었습니다. 친구로 인해 저는 사람을 대하는 법 한 가지를 배웠고 힘들어도 함께 의지를 갖고 행하면 무엇이든 바꿀 수 있다는 희망도 생겼습니다. 내가 조금 힘들어도 타인을 생각하는 배려심을 갖게 된 건 졸업 전 그 친구가 제게 준 선물입니다.

T 이 예시도 특별한 경우라 생각할 수 있겠지만, 눈을 크게 뜨고 살펴보렴. 그러면 네가 겪은 여러 갈등 상황 속에서 문제를 해결했던 경험이 떠오를 거야.

나의 대인관계 능력을 써 보자.

다. 자기계발 능력

Q1. 본인이 지원한 분야의 필요한 지식을 습득하기 위해 받은 학교 교육 또는 직업교육의 내용에 대해 기술해 보세요.

Q2. 도전적인 목표를 세우고, 그 목표를 달성하기 위해 노력한 경험과 그 결과에 대해 구체적으로 작성해 보세요.

T 이것은 무엇을 묻는 것일까?

S 제가 전공한 학과에서 배운 내용을 묻는다고 생각했는데요.

T 소박하게 접근하면 잘못된 답은 아니야. 학생의 관점에서 당연하기도 하고. 내가 하고 싶은 말은 '기업의 관점에서 생각해 보자'란다. 이미 이력서를 봐서 그 학생의 전공도 알고 성적도 아는데, 왜 이런 질문을 할까?

S 좀 어려워요. 구체적으로 어떤 내용을 이야기해야 하죠?

T 자기계발 능력을 알고 싶어 하는 거야. 넌 자기계발이 무엇이라 생각하니?

S 글쎄요. 갑자기 대답하기 어렵지만, 지금의 제 모습에서 좀 더 나아지려고 노력하는 게 아닐까요?

T 잘 알고 있네. 기업이 자기계발 능력을 요구하는 이유를 생각해 보자. 기업이 살아남기 위해서는 끊임없는 변화 속에서 새로운 지식과 기술을 바탕으로 경쟁해야 한단다. 그러니까 기업이 이런 질문을 하는 이유는 '변화하는 환경 속에서 기업 구성원들도 자기계발을 하길 바라는 마음' 때문이야. 직원들이 자신의 강점을 강화하고 약점을 관리하여 성장할 수 있는 사람들이 되었으면 하는

거야. 이것은 주어진 업무를 익히고 수행하는 것에 그치지 않고 지속해서 업무 성과를 높일 수 있는 자기계발 능력을 지닌 사람을 뽑고 싶다는 뜻이기도 하지. 따라서 지원자는 직무에 대한 전문성과 역량을 키우기 위해, 또는 자신의 목표를 달성하기 위해 노력한 과정과 그 성과를 일목요연하게 말해야 해.

글로벌 사원으로 가는 첫걸음.

꿈을 가진 사람들에게는 밝은 미래가 있습니다. 꿈이 없다면 미래도 없고 작은 시련에도 쉽게 넘어지며 포기하게 됩니다. 꿈을 가지고 의지를 갖춘 사람은 시시각각 변화하는 세상 속에서도 현명하게 대처하면서 슬기롭게 자신의 목표를 이루고 당당하게 살아갑니다. 흔히 말하는 성공하는 사람들의 공통점은 꿈을 잃지 않고 목표를 정해 일관된 삶을 살아갔다는 점입니다. 꿈을 이루겠다는 의지로 회사업무에 쉽게 적응하기 위하여 전산회계, GTQ, 정보처리기능사, 엑셀 등의 자격증을 취득하였습니다. 그리고 일본 진출에 적합한 인재가 되기 위해 일본어를 공부하고 있습니다. 또한 일본인의 삶에 관해 알기 위해 전국 일본어 연극대회에 출전하여 동상을 받았고, 미야기현 학생과의 한일교류회를 통해 일본인과 대화해 보는 경험을 할 수 있었습니다. 아울러 중국 상해에 선진지 연수를 다녀와 글로벌 사원에 한 발짝 더 다가갈 수 있었습니다. 앞으로는 귀사의 '사람, 사랑'이라는 슬로건을 지키기 위해 삼성사회봉사단에 가입하여 공부방 봉사활동과 유치원 재롱잔치 아르바이트를 했던 경험을 토대로 재능봉사를 꾸준히 할 것입니다.

저의 꿈은 세계로 뻗어 나가는 귀사에서 도쿄사무소의 지점장이 되어 국내 1위뿐만 아니라 일본에서도 동종업계 1위를 만드는 데 힘쓰는 것입니다. 10년 후에는 '○○○'라고 하면 사랑을 실천하는 일본 지사의 지점장이라고 평가받고 싶습니다.

T 너무 거창하게 설정한 것 같니? 그런데 자기계발 능력을 충실하게 작성한 지원자라면 자신이 지원하는 직무에서 어떤 기술을 요구하는지 생각해 보고, 이를 토대로 어떠한 과정을 통해 꾸준하게 자기계발을 할 수 있을지 고민해서 작성한 내용임을 느낄 수 있을 거야. 다음의 글을 참고해서 너의 자기계발 계획서를 써 보자.

▶ 학생 글 예시 2

최고 금융 전문가의 꿈을 향해 나아가는 길.

최고 금융 전문가 사원이 되기 위해서는 금융에 관한 관심은 물론 지식을 넓혀 가야 한다고 생각했기 때문에 교내, 교외에서 금융에 대한 끈을 놓지 않았습니다.

한국 금융의 중심지인 여의도에 가서 한국거래소와 금융투자 교육협의회로 견학을 하며 금융시장을 몸소 체험해 볼 수 있었습니다. 또한 교내 1팀 1기업 프로젝트와 금융실무반에 소속되어 금융교육, 금융권 체험활동 등을 통해 최고의 금융 전문가가 되기 위한 밑거름을 탄탄히 하였습니다. 제○○회 경기도 상업정보능력 경진대회 금융일반 종목에 학교 대표선수로 선발되어 방과 후 9시까지 남아 공부하고 준비하면서 최고의 금융 전문가가 되기 위해 매일매일 성장해 나가고 있습니다. 이러한 노력이 바탕이 되어 독학으로 펀드투자상담사를 취득할 수 있었고, 또 다른 금융자격증에 도전할 수 있는 용기를 얻었습니다. 이 경험으로 얻은 용기를 헛되이 쓰지 않기 위해 ○○생명의 최고 금융 전문가가 되기 위한 길에 나서고 있습니다.

나의 자기계발 능력을 써 보자.

라. 직업윤리

Q1. 본인이 현실과 타협하거나 편법을 사용하지 않고, 원칙대로 일을 처리해서 좋은 결과를 이끌어 냈던 구체적인 사례를 기술해 보세요.

Q2. 공무원에게 가장 필요한 덕목은 무엇이라고 생각합니까?

T 이것은 무엇을 묻는 것일까?

S 표에서 찾아 적용하면, 직업윤리를 묻는 거예요.

T 그래. 먼저 직업윤리를 정의해 보자. 직업윤리란 업무를 수행하는 직업 생활을 위해 필요한 태도, 매너, 올바른 직업관을 의미한다. 이것을 자기소개서 항목과 연관해 생각해 보면, 직업윤리라는 직업기초능력은 업무에 대한 존중을 바탕으로 근면 성실하고 정직하게 업무에 임하는 자세인 근로 윤리와 인간 존중을 바탕으로 봉사와 책임을 다하고, 규칙을 준수하며 예의 바른 태도로 업무에 임하는 자세에 대해 지원자가 어떤 준비를 하고 있는지를 묻는 거란다.

S 이 항목도 접근이 쉽지 않아요. '윤리'라는 말이 들어 있으니까 '지킬 것은 지킨다' 뭐 이런 것 아닌가요?

T 하하. 네 말이 맞아. 사실 직업윤리는 공사 구분을 명확히 하고 모든 것을 투명하게 처리하는 것을 말하지. 그리고 네가 하고자 하는 은행 창구 업무를 생각하면 고객에 대한 봉사를 최우선으로 생각하고 현장 중심으로 업무 수행을 하는 것도 직업윤리라고 할 수 있을 거야. 말하자면 업무 수행에서 자신의 본분과 약속을

지켜 신뢰를 유지하는 것, 법규를 준수하고 공정하게 행동하는 것 등이 이에 해당하겠지.

단, 이 항목을 작성할 때는 '나의 직업윤리는 무엇이다'라고 직접 이야기하는 것이 아니라, 지금까지 경험 속에서 깨우친 인생관 내지 가치관이 드러나도록 하는 것이 중요해. 그리고 자신의 막연한 가치관이 아니라 인사담당자가 보고자 하는 핵심 가치관에 맞추어 보는 것도 필요해. 예를 들어 '쉽게 포기하지 않는다', '희망을 지니고 도전하는 삶이 아름답다' 등의 내용에 그치지 않고 자신의 구체적 경험이 담긴 글을 작성하면 좋은 점수를 받을 수 있을 거야.

▶ 학생 글 예시

남보다 알차게 보낸 672시간.

불평하기보다 주어진 여건에 최선을 다하기 위해 보낸 시간이 제게 오히려 큰 선물임을 알았습니다. 중학교 때부터 시외 통학을 했기에 다른 친구들보다 1시간 30분 이상을 일찍 등교해야 했습니다. 처음에는 육체적으로 너무 힘들었지만, 막상 일찍 등교하고 나서는 주어진 시간을 어떻게 쓸 것인지 고민하게 되었습니다. 항상 지니고 다니는 스케줄러에 그날의 계획을 세워 실천하였습니다. 시험 기간에는 필기 노트를 만들어 친구들과 공유하고 저만의 시간표를 만들어 부지런히 공부하곤 했습니다. 그 노력으로 아침 활용 시간은 총 672시간이 넘었습니다. 시간이 문제가 아니라 제 생활습관이 바뀜에 따라 어떤 일을 할 때 항상 먼저 준비하는 습관을 갖게 된 것이 지금은 저의 가장 큰 장점이 되었습니다.

나의 직업윤리 경험을 써 보자.

마. 의사소통 능력

Q1. "은행창구에 근무하는 직원 A가 업무 관련으로 고객과 대화를 나누고 있다. 그런데 고객은 이해가 되지 않는다고 반문을 했다." 대화 중 무엇이 문제이고 어떻게 하면 해결할 수 있는지 설명하시오.

S 이제 이 질문의 의도는 알 것 같아요. 의사소통 능력이죠?

T 잘했어. 이것은 자기소개서에서도, 면접에서도 나올 수 있는 질문이야. 기업에서 업무를 진행하는 데 필요한 가장 기본적인 능력이 의사소통 능력이기 때문이지.

S 기업에서 말하는 의사소통 능력에서 핵심은 뭐예요? 단순히 말 잘하는 것은 아닐 것 같은데, 자세히 알고 싶어요.

T 보이는 것은 대화 태도지만 의사소통 능력은 상호 의사를 표현하고 경청하는 언어적 의사소통 능력과 기획서, 문서 등을 이해하고 이를 바탕으로 글을 작성할 수 있는 문서적 의사소통 능력, 그리고 자신의 업무 상황에서 기초 외국어 업무를 수행할 수 있는 기초 외국어 능력을 포함한단다.

S 그러면 회사생활 실무에서 필요한 문서를 읽고, 내용을 이해하고, 요점을 파악하는 능력이 있음을 보여 주고, 또 보고서, 발표 PPT 만들기 같은 것을 학교생활에서 실천한 경험을 중심으로 작성하면 되겠네요?

T 이제 말 안 해도 척이구나. 선배 글을 참고삼아 연습해 보면 잘 작성할 수 있을 거야. 힘내라.

1학년 실장이 된 후 환경미화 심사가 있었는데, 미술에 자신 있던 저는 뽑아 준 친구들에게 도움이 되고 싶어 반을 혼자 꾸미기로 했습니다. 늦게까지 남아 최선을 다했지만, 결과는 함께 아이디어를 내고 협력한 옆 반에 미치지 못했습니다. 그날 저는 한 사람의 능력보다는 모두의 힘이 합쳐질 때 비로소 좋은 결과를 낼 수 있다는 사실을 배웠습니다. 그리고 구성원 각자의 강점을 빛나게 하는 것이 진정한 리더가 할 일이라는 것도 깨달았습니다.

이때 얻은 교훈은 2학년 때 i-TOP 경진대회를 준비하며 되새기게 됐습니다. 세 사람이 한 팀이 되어 엑셀, 워드, 파워포인트 등의 능력을 발휘하는 대회였는데, 세 명의 팀원 모두가 각 반에서 실력을 인정받아 모였기 때문에 대회에서 좋은 성적을 거둘 거라 자신했습니다. 하지만 금세 세 사람이 동등한 실력을 갖추고 있는 건 아니라는 사실을 알았습니다. 엑셀은 잘하는 친구가 다른 부문은 부족하기도 했습니다. 세 사람 중 하나라도 낮은 점수를 받으면 모두가 불이익을 받기 때문에 신경이 날카로워졌고, 자신의 부족함을 인정하기보다 친구의 실수를 지적하는 일이 벌어졌습니다.

1학년 때 얻은 교훈을 떠올린 저는 자신의 능력만 내세울 게 아니라 팀원 각자의 장점을 살려 서로 돕자고 설득했습니다. 그때부터 수업이 끝나면 컴퓨터실에 모여 워드프로세서에 강한 제가 친구들의 워드를 돕고, 엑셀 자격증을 취득한 친구가 엑셀을 가르치는 식으로 대회를 준비했습니다. 나 혼자 참가하는 대회였다면 연습을 일찍 끝내고 쉴 수도 있었겠지만, 같은 곳을 바라보고 달리는 친구들이 있어 늦은 시간까지 책임감을 가지고 연습에 임했습니다. 점차 향상되어 가는 서로의 실력을 통해 나누면 배가 된다는 말을 눈으로 확인할 수 있었습니다. 비록 대회에서 입상하지는 못했지만 누구도 상대방의 탓으로 돌리지 않았고, 오히려 상금보다 값진 우정과 협동심을 얻을 수 있었습니다. 또, 다양한 사람 간에 일어날 수 있는 문제들을 원만하게 해결해 나가는 능력도 배우게 됐습니다.

▶ 학생 글 예시 2

학교 수행평가로 조별 학교폭력 예방 UCC 제작을 하였습니다. 친한 친구들과 조를 이뤘기 때문에 비교적 만들기 수월하리라 생각했습니다. 하지만 제 예상과는 다르게 엉망진창이었습니다. 한 친구는 집이 멀어서 평일 말고는 학교에 오기 힘들다고 했고, 또 한 친구는 컴퓨터를 잘 다룰 줄 모른다며 조장을 맡은 저에게 맡기려고만 하였습니다. 일단은 시간 내에 제출해서 점수를 받아야겠다는 생각뿐이었기 때문에 혼자라도 할 수 있는 한 해 보려고 하였습니다. 네 명이 협력해야 하는 일을 혼자 하려다 보니 역시나 역부족이었습니다. 이대로는 아무것도 안 되겠다는 생각이 들어 조원들과 진지하게 대화를 나눠 봐야겠다고 생각하였습니다. 점심시간에 대화를 나누며, 최대한 조원들의 입장을 고려하여 역할 분담을 하였습니다. 멀리 사는 친구는 집에서도 할 수 있는 인터넷 자료 검색, 컴퓨터를 못 다루는 친구는 사진 촬영 등으로 각각 역할을 하나씩 맡았습니다. 그래서 결국 조원 모두가 참여하여 만든 동영상을 제출할 수 있었습니다. 이 일을 계기로 단체 활동에서 구성원들 간의 이해와 공감의 중요성을 깨달았습니다.

이 경험은 또래 상담반 활동을 통해서도 느낄 수 있었습니다. 친구와 학교생활의 힘든 점에 대해 나누다가 대학에 진학하고 싶지만 집안 형편으로 취업을 해야 한다는 이야기를 듣게 되었습니다. 하지만 저는 아무런 도움을 주지 못하고 들어 주는 것밖에 할 수 없어 친구에게 미안했습니다. 그런데 다음 날 아침에 등교해 보니 이야기를 들어 주어서 고맙다는 친구의 쪽지가 책상 서랍에 들어 있었습니다. 이 일을 통해 상대방의 관점에서 이야기를 듣고, 공감해 주는 것이 얼마나 중요한지 다시 한 번 깨닫게 되었습니다.

나의 의사소통 능력을 써 보자.

11.
자기소개서 제출 전 자가 체크리스트

(워크넷 참고)

- 자기소개서가 면접의 근거 자료가 되는 것을 알고 있는가?
- 지원하는 직무를 먼저 이해하고 있는가?
- 기업이 원하는 성향과 역량을 알고 있는가?
- 자신의 경험을 구체적으로 작성하였는가?
- 억지로 부풀린 내용 없이 진정성 있게 작성하였는가?
- 담당자가 읽기 편하도록 문장의 호흡을 간결하게 작성하였는가?
- 다른 지원자와 차별화된 나만의 이야기를 작성하였는가?
- 분량 미준수, 오탈자, 맞춤법 오류 등이 있는가?
- 질문의 의도에 맞는 역량 및 경험으로 작성하였는가?
- 문장 첫 시작마다 '저는', '저의' 등의 표현을 과다하게 쓰지는 않았는가?
- 부정적인 내용은 없는가?
- 근거 없는 자기 미화나 과장된 내용이 포함되어 있지는 않은가?
- 추상적이거나 식상한 표현을 쓰고 있지는 않은가?
- 제3자의 객관적 검토를 통해 내용상 의문이 생기는 점이 있는가?

6장

마무리하며

자기소개서를 통한 미래의 나 만들기

AI로 대변되는 4차 산업혁명이 몰고 온 변화는 특성화고 학생들의 삶의 방향과 진로에도 시사하는 바가 크다. 특성화고는 과거 제조업 품질 경쟁력의 근간이 되는 전문기능인을 양성하며 당당히 직업교육의 한 측면을 담당했었다. 하지만 급변하는 산업 환경에 부응하기 위해 특성화고 역시 변화와 혁신을 준비해야 한다. 미래 기술을 다양한 산업 분야에 활용하고 적용할 수 있는 새로운 전문기능인을 양성할 방법을 찾아야 한다. 그래서 학교는 학생들에게 학력과 전문성의 신장 기회를 제공하고자 신산업에 맞춘 학과 개편에 나서고 있다. 그리고 지역사회 우수 기관 및 기업과 교육과 취업을 위한 MOU 체결을 하고 있다. 또한 맞춤형 NCS 교육과정 운영으로 학생들의 취업경쟁력을 높이고자 노력하고 있다.

그런데 이 일의 준비가 신산업에 맞춘 학과 개편이나 교육과정 다양화처럼 지금까지 하지 않은 전혀 새로운 길을 개척해 가는 것만은 아니다.

고등학생을 대상으로 하는 직업교육에서 가장 중요한 것은 좋아하는 일, 잘할 수 있는 일을 찾아주는 것, 그리고 그 일을 하면서 삶의 보람을 느낄 수 있는 계기를 마련해 주는 것이다. 이 일을 나는 자기소개서라는 방법으로 해결해 보고자 했다. 자기 삶을 성찰하고 미래를 준비하는 도구로서 자기소개서 작성의 의미를 학생들에게 가르쳐 주고자 했다.

얼마 전 대학에 다니는 졸업생이 찾아왔다. 고3 때 유난히 힘들어 했던 아이가 웃으며 찾아와서 기분이 좋았다. 그 아이는 고3 시절 대학보다 취업을 원했다. 처음 삼성 공채를 시작으로 몇몇 공사와 공기업을 거쳐 강소기업에 이르기까지 꽤 많이 지원했으나, 불합격 소식만을 들었다. 결국 진로를 변경하여 지금 다니는 대학에 입학했다.

이런저런 이야기를 나누다가 자기소개서 쓰던 이야기를 하게 되었다. 그 아이는 많은 곳을 지원하다 보니 남들보다 많은 자기소개서를 썼다. 내 기억에 한 아이의 자기소개서로는 가장 많은 버전의 자기소개서를 첨삭했었다.

그런데 그 아이는 지금도 자기소개서 쓰느라 정신없다고 했다. 무슨 말이냐고 물었더니 고교 시절 자기소개서 쓰면서 느꼈던 바를 대학 생활을 하면서 실천하는 중이라고 했다. 나름대로 학교생활을 열심히 했지만, 자기소개서를 쓰면서는 '한 것 없고 쓸 것 없다'고 느꼈던 고교 시절에 대한 반성 차원에서 대학 생활을 쓸 것 있는 삶으로 만들고자 노력한다는 대답이었다. 참으로 대견했고 아이의 삶을 응원하고 싶었다.

아이를 보내고 나서 내가 이번 책에서 이루고자 한 목표를 생각해 봤다. 아이들을 만나고 떠나보내면서 내가 꿈꿔 온 일이 그 아이의 모습인 것 같아 뿌듯했다.

내가 아이들에게 자기소개서를 첨삭해 주면서 가장 많이 강조했던 것은 '글쓰기 기법을 넘어 사회가 요구하는 삶의 역량을 가꾸는 법을 몸에 익히라'는 것이다. 조금 더 욕심을 낸다면 '자기 경력을 관리할 힘을 키우라'는 것이다.

이런 생각을 하게 된 계기는 앞서 언급한 아이가 그랬듯이 내가 만나는 학생들 대부분이 주변에 역할 모델이 되어 줄 가족이나 친지가 없었기 때문이다. 자기 꿈에 대한 로드맵 작성을 해 본 일도 없었다. 그래서 학생들이 무엇보다 적성에 맞는 삶의 방향을 찾고 나아가 자신의 목표를 설정하는 일을 도와주고 싶었다. 그리고 자기 경력 관리를 위해서 학교생활을 어떻게 할지를 스스로 판단하고 준비해 나가도록 이끌어 주고 싶었다.

학생의 학교생활 경력 관리는 '학교생활기록부에 무엇이 기록되나'라는 인식에서 출발한다. 알차게 채운 학교생활 3년, 자신이 성장하는 삶의 기록들로 만들어 낸 결과물이 누적되고, 그 결과물 중에 선별된 자료들이 기업이 원하는 자기소개서임을 잊지 않도록 이끌어 주고 싶었다.

이것은 단순히 졸업 후 첫 직장을 찾는 자기소개서 작성에서 끝나지 않는다. 우리 아이들이 처음 취업하는 직장은 평생직장이 아닐 확률이 높다. 자기소개서는 학생이 졸업하며 취업에 활용하는 1차적 도구이지만 한 걸음 더 나아가면 미래의 새로운 삶을 준비하는 설계서가 될 수 있다. 따라서 다음 직장으로 옮겨 가고자 할 때, 어떻게 경력 관리를 해서 한 단계 더 성장할 수 있는지를 가르쳐 주고 싶었다.

기업의 채용 문화가 바뀌고 NCS 중심의 자기소개서 양식으로 형태도 변화하고 있지만, 그런 외형적인 접근을 넘어 학생의 삶에 본질적인 성장이 이루어지도록 관심을 기울여야 한다고 생각하기 때문이다.

이 책에서 다룬 내용은 아주 새롭지도, 유별나게 특이하지도 않다. 그저 학교에서 매일 만나는 학생들과 소통하고 고민하며 함께하고자 노력한 점들을 정리했다는 것에 의미를 두고 싶다.

남보다 조금 일찍 사회에 나가고자 땀 흘리는 특성화고 학생과 학교 현장에서 늦게까지 남아 아이들의 진로 지도와 자기소개서 첨삭에 몰두하는 선생님께 작은 도움이 될 수 있으면 좋겠다.

부록

1.
면접, 바로 알고 준비하자!

Part 1

T 축하해. 서류전형을 통과했다며?

S 감사해요. 선생님 덕분에 여기까지 올 수 있었어요.

T 네가 열심히 한 결과지. 이제 면접만 남았구나.

S 네, 그런데 더 떨리고 긴장돼요. 꼭 합격하고 싶은데, 무엇부터 준비해야 할까요?

T 지금까지 열심히 준비했으니 좋은 결과 있겠지. 긍정적인 생각 갖고 차분히 준비해. 응원해 줄 테니까.

S 감사합니다. 선생님, 제가 준비하고 있는 게 맞는지 점검해 주세요.

T 당연하지. 지금 무엇을 하고 있었니?

S 제가 지원한 회사에 대한 최근 기사를 검색하고 있었어요.

T 역시, 잘하고 있었네. 네가 지원한 기업이 현재 어떤 상황인지 살펴보는 것은 아주 중요해. 면접 질문이 아니더라도 회사의 현재 분위기를 느낄 수 있으니까.

S 예전에 선생님이 말씀해 주신 것이 생각나서 검색하고 있었어요. 다음에는 무엇을 준비하면 될까요?

T 글쎄. 아직 면접까지 시간이 좀 있다고 했지?

S 네, 2주 남았어요.

T 그럼 면접 준비 체크리스트를 네가 직접 만들고 준비하면 어떨까?

S 면접 준비 체크리스트요?

T 거창하게 생각할 필요 없어. 네가 지금 하는 일을 한눈에 볼 수 있도록 적으면서 준비하는 거야.

S 좀 자세히 설명해 주세요.

T 자, 같이 생각해 보자. 네가 면접을 보러 갈 때, 무엇을 점검해야 할까? 그것들을 하나씩 체크하면 되는 거야. 예를 들어, 우선 회사에서 제공한 기본적인 면접 절차를 점검해야겠지. 면접 날짜, 장소, 시간, 면접 방식 등.

S 네. 회사 홈페이지 공지에서 확인했어요.

T 잘했다. 면접 장소에 도착하는 시간은 아주 중요해. 30분 전에는 도착해야 해. 대기실과 면접 장소를 직접 확인하고 그에 맞추어 어떤 식으로 행동할지 면접 동선을 미리 점검하면 너의 불안 요소 중 하나를 날려 버릴 수 있기 때문이야. 물론 도착해서 점검해야 하는 게 있지. 우선 면접 장소 출입문의 형태와 작동 방식(여닫이/미닫이, 열림 무게 등)을 확인해 두는 것이 좋아. 혹시 네가 면접 조의 첫 번째나 마지막 순서이면 문을 열거나 닫는 역할을 하게 되는데, 아주 사소한 실수로 당황할 수 있거든. 점검해서 미리 방지하자는 것이지.

S 사소하지만 꼭 필요한 일이네요. 일찍 가서 점검해야 하는 게 또 있나요?

T 같은 면접 조의 다른 지원자들과 친해지는 것도 중요해. 물론 같이 면접 보니까 경쟁자이지만, 먼저 친근하게 인사하는 과정에서 낯선 환경에서의 어색함을 떨쳐 버릴 수 있을 거야. 또 개인 면접이 아니라면 면접 시 각자 맡게 될 역할이나 행동요령(인사 방법 통일, 문 여닫는 사람 확인 등)을 협의하면 좋겠지. 작은 회사라면 이런 적극적인 너의 모습을 면접을 준비하는 회사 관계자가 지켜보고 있을 테니 그 점도 신경 쓰는 것이 좋아.

그 직장 선배의 입장에서 보면 사회성이 좋은 후배를 선호하는 것은 인지상정이니까. 또한 면접장을 준비하는 관계자들 모두 네가 그 회사에 입사하면 동료가 되는 것이니 첫인상을 잘 심어 주는 기회이기도 하고.

S 좀 전에 면접 준비 체크리스트라고 하셨는데, 그 내용은 어떤 것들인가요?

T 외면 가꾸기와 내면 가꾸기로 나누어 말할 수 있어.

S 외면과 내면으로 나누어서요?

T 네가 알기 쉽게 구분해 봤는데, 첫째, 외면은 너의 외면적 요소를 점검하는 일이지. 첫인상이 합격을 좌우한다는 말 들어 봤지? 이것은 면접에 임하는 너의 외형적 자세의 중요성을 지적하는 말이야. 사실 우리가 낯선 사람을 대할 때 얻게 되는 감정인 첫인상은 용의 복장, 표정, 걸음걸이, 인사 태도 등을 보고 판단하지.

면접관들은 이 첫인상에 따라 합격 여부를 판단하곤 한단다. 좀 심하게 말하면 지원자가 입장하고 나서 10초 정도 지나면 합격 여부를 사실상 마음속으로 결정한다고도 해. 그러니 이 부분에 대해 준비를 잘해야 해.

S 되도록 밝은 목소리로 이야기하고 미소를 짓는 것도 좋겠지요?

T 맞아. 면접관의 질의응답 시 평소 목소리보다 높게('솔' 음) 밝고 청아한 발성을 준비하는 것도 필수적이야. 면접 시 앉는 자세는, 다리는 11자에 가깝게 하고, 어깨와 가슴은 펴고, 허리와 등은 90도로 세우는 등의 태도를 숙지한 후 많은 연습을 통해 면접장에서 이런 태도를 자연스럽게 표현할 수 있어야겠지.

S 다른 것은 더 없을까요?

T 내가 알고 있는 상식선에서 말해 준다면, 단정한 복장과 네게 어울리는 헤어스타일을 연출하여 단정한 외모 이미지를 만들면 좋을 거야.

　면접장에 들어가서 앉을 때는 손은 허벅지 중간 부근에 자연스럽게 놓고, 팔은 몸통에서 살짝 띄워서 늘어지지 않게 유지해야 해. 또 시선 처리가 중요한데, 질문하는 면접관과 시선을 맞추면서 밝은 표정을 유지해야 해. 그렇다고 눈싸움을 하라는 것이 아니라 면접관의 눈과 코 사이를 바라본다고 생각하고 시선 처리를 하면 좋을 거야.

　또한 다수의 면접관과 질의하고 응답할 때 발생하는 상황이겠지만, 먼저 시선을 주었던 면접관이 아닌 다른 면접관 질문에 반응할 때가 있는데, 이때는 곁눈질하지 않고 고개를 돌려서 바라봐야 한다는 것 정도가 우선 생각나는구나. 그런데 사실 이론적으로 알기보다 네 몸에 익히도록 연습을 많이 해야 하니까 친구나 가족 앞에서 여러 차례 연습을 해 봐. 다른 사람들이 네 행동이 부자연스러움을 느낀다면 그 부분을 보완해야 하지.

S 네. 많이 연습할게요.

T 잔소리처럼 들리겠지만, 평소 언어 습관도 중요해. 너도 알겠지만 요즘 아이들 언어 습관이 매우 심각하지. 너무 긴장한 상황에서 면접을 보면서 미처 준비하지 않았던 질문이 주어지면, 급하게 답변하려다 보니 자기도 모르게 줄임말이나 유행어가 튀어나오는 경우가 있는데, 면접관이 임원급일 때 이런 사소한 실수를 그냥 넘어가지 않는 경우가 많으니 각별하게 조심해야 해.

S 또 다른 것은 무엇이 있을까요?

T 면접관은 너와 달리 경험이 많은 분이니 어설프게 행동하지 않으려고 노력해야 해. 예를 들어 면접관에게 좋은 인상을 주고자 꾸미며 이야기하는 경우가 있는데 경험이 많은 면접관은 그 점을 잘 찾아내지. 또한 자기소개서와 관련된 질문을 받았을 때, 내용을 그대로 외워 답변하기보다는 조금 다른 표현으로 답변할 방법을 준비해 갈 필요가 있어. 이미 알고 있는 자기소개서 내용을 똑같이 반복해서 답변한다면 무성의하다는 인상을 줄 수 있으니 말이야.

S 면접 시 잘 모르는 내용을 질문 받으면 어떻게 해야 하나요?

T 잘 모르는 내용에 당황할 수 있겠지만, 아는 척하기보다 모른다고 인정하면서 차후에 부족한 점을 보완하겠다는 태도를 보이는 것이 좋아. 예를 들면 "그 부분은 아직 제가 준비하지 못했습니다. 앞으로 더 연구하는 자세로 임하겠습니다." 정도로.

S 꼭 알아 두어야 할 내용이네요.

T 너의 무의식적 행동이 일으킬지도 모를 불상사를 대비하는 것도

중요하단다. 말끝 흐리기, 다리 꼬기, 한숨 쉬기, 다리 떨기, 시선 회피 등을 조심해야 해. 면접관이 보기에 이러한 행동들은 응시자가 자신감이 없거나 주의력이 산만하다고 판단할 수 있으니, 절대 보여서는 안 돼. 그 외에 면접과 관련한 주의 사항은 유튜브 검색을 통해 해결할 수 있을 거야. 워낙 다양한 영상들이 제공되니 잘 이용해 보렴.

Part 2

S 면접관이 어떤 질문을 할까요? 그리고 그 질문에 대한 답은 어떤 식으로 준비해야 할지 알려 주세요.

T 그것은 면접 준비의 내면적 요소란다. 달리 말하면 답변할 내용을 정리하고, 네가 그것들을 외우거나 이해하고 가는 일이지.

S 답변할 내용을 미리 정리하는 것은 중요한 일이죠. 그런데 어떤 질문을 할지 모르는데 어떻게 준비하나요?

T 걱정되겠지만 방법이 없는 것은 아니야. 가장 먼저 할 일은 네가 면접관이 되어 보는 거야. 네가 지원자에게 질문해야 하는 면접관이라면 과연 어떤 질문을 할까?

S 글쎄요. 질문할 내용을 미리 작성해 오지 않나요?

T 그렇겠지. '그런데 그 질문 내용을 어떻게 만들어 올까?' 생각해 보자는 거야.

S 그야 해당 업무를 잘 수행할 능력이 있는지 알아볼 수 있는 질문들을 만들어 오지 않을까요?

T 그 답변이 틀린 것은 아닌데, 내가 알려 주려는 것은 네가 놓치고

있는 부분이야.

S 제가 놓치고 있는 거요?

T 그래. 네가 이미 써서 제출한 자기소개서 말이야.

S 아, 면접을 생각하고 자기소개서를 작성하라고 하셨던 게 생각 나요.

T 맞아. 면접관에게 제공되는 자료 중 가장 기본적인 것이 이력서 와 자기소개서이니까 면접관은 이를 바탕으로 질문 내용을 마련 할 거야. 쉽게 설명해 보면, 회사가 너를 고용했을 때 갖추고 있 어야 하는 업무 능력이나 인성, 가치관 등에 대한 점검 사항은 이 미 네가 제출한 자기소개서에 다 기록해 놓았으니까 그 내용의 진실성을 확인하는 것이 면접관의 첫 번째 임무인 셈이지. 면접관 은 자기소개서에서 일차적으로 질문할 내용을 가져온다고 생각 하면 돼.

S 그럼 제가 면접관이라고 가정하고, 제가 쓴 자기소개서에서 질문 을 만들면 되겠네요.

T 모든 질문이 거기에서 나온다고는 할 수 없지만, 1차적인 준비로 는 맞는 활동이야.

S 그런데 자기소개서에 이미 다 쓴 이야기를 또 반복해야 하는지가 좀 이상하게 느껴져요.

T 그러니? 그 내용을 외워 다시 답변하라는 게 아니라 글로 표현한 것에서 한 걸음 더 나아가는 준비를 하라는 말이야. 예를 들어, 친구 간의 의사소통 문제가 발생시킨 갈등을 해결하는 과정에서 얻은 교훈이 네 삶을 변화시켰다는 내용을 자기소개서에 언급했 다면, 그 교훈을 얻은 이후 자신의 삶에 어떻게 적용해 나가고 있

는지 구체적 사례를 중심으로 준비해 두라는 것이지.

S 또 다른 것은 없나요?

T 자기소개서 작성 시 지원 회사의 인재상에 관한 분석은 이미 완료되어 있겠지만, 그 회사가 추구하는 인재상에 대한 점검이 필요할 것 같구나.

S 그것은 어떻게 알 수 있어요?

T 규모가 어느 정도 있는 기업은 자기 회사가 추구하는 경영 방침이나 인재상이 홈페이지에 나와 있지. 검색해 보고 그 인재상의 키워드와 너의 연결고리를 찾아 면접 마무리 답변으로 활용하는 연습을 해 봐.

S 잘 이해가 되지 않아요.

T 면접 시작 전 1분 스피치를 하거나 면접 말미에 마지막으로 하고 싶은 말을 해 보라는 경우가 있는데, 그럴 때 회사의 인재상을 키워드로 해서 너만의 답변 내용을 미리 준비했다가 활용할 수 있어야 한다는 뜻이야.

S 1분 스피치 준비를 잘하라는 말씀이죠? 그것도 쉽지 않아요.

T 네 입장 충분히 이해해. 쉽게 된다면 준비를 따로 할 필요도 없겠지. 그래서 선배들의 자료를 참고하고 모의 면접도 하는 게 아니겠니?

S 그렇죠.

T 혼자 준비하기는 힘들 수 있으니 같은 분야를 지원하는 친구들과 모임을 만들어서 예상 질의응답을 해 보는 것도 하나의 방법이야. 자신이 써 놓은 예상 답안을 10번 읽는 것보다 다른 사람이 면접관처럼 문제를 내고 본인은 실제 면접장에 있는 것처럼 가정

해 답변해 보는 연습이 훨씬 효율적이야. 면접에 나올 만한 일반적인 질문도 가볍게 생각하지 말고 준비해 두는 게 좋아. 면접장에서 본격적인 질문 전에 가볍게 일상적인 질문을 하곤 하는데, 답변할 때 어색한 모습을 보이면 너에 대한 신뢰감이 떨어질 수도 있으니까.

S 설명을 듣고 보니 준비해야 할 것이 더 많아져서 걱정스러워요.

T 기운 내. 너 혼자 가는 길이 아니잖아. 선생님이 그동안 선배들의 면접 질문들을 정리해 두었으니, 잘 활용해 보렴.

S 감사합니다. 열심히 준비할게요.

2.
국가직 지역인재 공무원
면접 답변 연습 사례

Q. 1분 동안 자기소개를 해 보세요.

A. 공정한 세정을 만들겠습니다. 안녕하십니까? 국가와 국민을 위해 헌신하고 봉사할 수 있는 예비 세무직 공무원, 한○○입니다. 저의 신조는 선공후사의 자세입니다.

고등학교 3년 동안 에코그린 봉사활동을 통해 저는 사적인 이익보다 공적인 이익을 추구하기 위하여 봉사해 왔습니다. 아침마다 교통안내를 나가고 오후에는 학생들의 분리수거 활동을 도우며, 학생이 보다 안전하고 편리하게 학교생활을 할 수 있도록 힘써 왔습니다.

또한 학급 내의 학예부장을 2년 동안 맡아, 친구들과 함께 학급의 환경미화 활동을 하였습니다. 맡은 일을 성실하게 수행한 결과 환경미화를 성공적으로 마칠 수 있었고, 반 친구들은 예전보다 쾌적한 환경의 교실에서 공부할 수 있었습니다. 이러한 선공후사의 자세로 공무원이 되어서도 국가와 국민을 먼저 생각하며 책무에 임할 것입니다.

Q. 공무원에 지원하게 된 동기는?

A. 중학교 1학년 때, 탈세에 대한 뉴스를 신문 기사로 접한 적이 있었습니다. 그 당시 탈세에 대해 들어 보기는 하였지만, 정확한 뜻을 몰라서 의미를 찾아보았습니다. 탈세는 조세부담을 회피하는 것이기 때문에 국가의 재정을 악화시킬 수 있다는 것을 알게 되었습니다.

그러던 중, 탈세 외에 여러 가지 세금 업무를 담당하는 세무공무원이라는 직업을 알게 되었습니다. 저는 그 세무공무원이라는 역할을 하면서 국민이 탈세를 줄이고 성실 납세를 하도록 도와 국가에 이바지하고 싶다는 생각이 들었습니다. 그렇게 중학생 때부터 세무공무원의 꿈을 가졌고, 지금 여기까지 올 수 있게 되었습니다.

Q. 공무원으로서 갖추어야 할 덕목은 무엇인가요?

A. 공무원으로서 갖추어야 할 덕목은 봉사라고 생각합니다. 공무원은 국가와 국민을 위해 봉사하는 봉사자입니다. 국가와 국민을 위해 섬기는 자세를 갖춤으로써 자신을 낮추고 헌신하고 희생해야 한다고 생각합니다. 그래서 항상 국가와 국민의 편에 서서 국민이 행복한 삶을 살 수 있도록 도와주는 봉사가 공무원으로서 중요한 덕목이라고 생각합니다.

Q. 마지막으로 하고 싶은 말을 해 보세요.

A. 우선 편안한 분위기에서 면접을 진행해 주셔서 감사드립니다. 저는 공무원이 국민을 섬기고 봉사하는 자리라고 생각합니다. 제가

공무원이 된다면 국민의 편에 서서 국민이 행복한 삶을 영위할
수 있도록 돕는 봉사자의 자세로 임할 것입니다.

Q. 어떤 공무원이 되고 싶습니까?

A. 저는 공무원이 국민을 위해 섬기고 헌신하는 봉사자라고 생각합
니다. 그렇기에 국민의 편에 서서 국민이 행복한 삶을 영위할 수
있도록 돕는 공무원이 되고 싶습니다.

Q. 자신의 장점과 단점을 얘기해 보세요.

A. 저는 한 번 시작한 일은 다시 되풀이하지 않도록 꼼꼼하게 처리
하는 신중하고 섬세한 성격을 지니고 있습니다. 항상 마음속에
'한 번 매듭지은 일은 다시 풀리지 않도록 하자'는 생각을 가지고
매사에 집중하였습니다. 그래서 주변 사람들에게 신중하고 꼼꼼
하다는 말을 많이 듣게 되었고, 제가 맡은 일을 완벽하게 처리할
수 있었습니다. 그런데 신중하게 일을 처리하는 만큼 소요하는
시간도 늘어났습니다. 이 점을 보완하기 위해서 해야 할 일을 계
획하고, 효율적인 절차에 따라 계획한 일을 실천하는 습관을 들
였습니다. 그 결과, 일을 섬세하게 처리할 수 있을 뿐만 아니라 시
간도 점점 단축할 수 있었습니다.

Q. 성격상 단점으로 인해 남에게 피해를 줬거나 오히려 잘된 경험
이 있으면 말해 보세요.

A. 여러 가지 일들을 동시에 하지 못하고 한 가지 일에만 열중할 수
있다는 것이 저의 단점입니다. 하지만 이 단점은 한 가지 일을 완

벽하게 처리할 수 있는 효과를 거두어, 주변 사람들이 저를 믿고 일을 부탁하기도 합니다. 그래서 한 가지 일에만 집중할 수 있다는 단점은 주변 사람들의 신뢰라는 열매로 바뀌었습니다.

Q. 만약 면접에서 합격하지 못한다면 어떻게 할 것입니까?

A. 제가 합격하지 못했다면 면접에서 부족한 점이 있어서 합격하지 못한 것입니다. 그렇기에 저의 부족한 점을 파악하여 개선한 후에 다시 세무직 공무원에 도전할 것입니다.

Q. 급수는 낮지만 나이 많은 동료가 커피 심부름을 시키면 어떻게 하겠습니까?

A. 저는 나이나 직급을 떠나 함께 일하는 동료로서 커피는 당연히 타서 드릴 수 있다고 생각합니다. 하지만 공무원은 조직, 계급 체계입니다. 그러므로 업무 시간을 이용한 사적인 심부름은 다른 팀원의 오해를 불러일으킬 수도 있고 불편한 상황이 만들어질 수도 있습니다. 우선 커피를 타 드린 후, 오해가 생기지 않게 저의 생각과 우려 사항을 전달해 드릴 것입니다. 그리고 기회가 된다면 사적으로 취미를 공유하여 좋은 동료 관계를 형성할 수 있도록 노력할 것입니다.

Q. 공무원이 다른 직업과 다른 점은 무엇인가요?

A. 공무원이 다른 직업과 다른 점은 이익을 얻으려는 주체가 다르다는 것입니다. 공무원은 국민을 위해 도와주는 봉사자로서 국민의 삶이 번영하는 것을 목표로 하지만, 다른 직업은 회사 내의 조

직원으로서 회사가 최소 비용으로 최대 수익을 내도록 하는 것을 목표로 합니다.

Q. 가장 존경하는 사람은 누구입니까?

A. 저는 장기려 의사를 존경합니다. 장기려 의사는 6·25전쟁 이후 가족들과 흩어지게 되면서 남한에 내려와 사회 봉사활동과 의료 활동을 하면서 다른 사람을 도왔습니다. 이렇게 다른 사람을 도우면 타 지역에 살고 있는 가족들도 누군가에게 도움을 받을 수 있을 것이라고 생각하며, 자신의 모든 것을 헌신하여 봉사한 후, 세상을 떠났습니다. 저도 이러한 봉사자의 자세를 본받아 다른 사람에게 헌신하고 도와주는 공무원이 되고 싶습니다.

Q. 부모님의 어떤 점을 물려받고 싶습니까?

A. 저는 아버지의 결단력 있는 모습과 어머니의 자상한 모습을 물려받고 싶습니다. 아버지는 옳고 그름이 확실하셔서 규칙에 맞춰 행동하십니다. 또한 어머니는 제가 하는 말들을 포용하여 자상하고 너그럽게 대해 주십니다. 이러한 점들을 본받아 공무원 사회에 적용한다면, 법과 규칙을 준수하며 민원인에게 친절하고 너그럽게 문제를 해결할 수 있도록 도와줄 것입니다.

Q. 상사가 자신에게 부적절한 지시를 한다면 어떻게 하겠습니까?

A. 우선 그 지시가 적절한지에 대한 섣부른 판단은 오해를 일으킬 수도 있기 때문에 신중하게 검토를 하고자 합니다. 그 결과 그 지시가 부적절한 지시라는 확신이 서면 그 지시를 받아들일 수 없

음을 밝힐 것입니다.

Q. 동료의 부당한 금품 수수를 알게 되었다면 어떻게 행동하겠습니까?

A. 우선, 동료가 일으킨 상황에 대해 사실 관계를 정확히 확인할 것입니다. 그리고 동료에게 그 상황을 시정할 수 있도록 자진 신고를 설득할 것입니다. 그럼에도 불구하고 자진 신고를 하지 않았다면, 상관님께 보고를 하고 원칙에 따라 책임을 질 수 있도록 행동할 것입니다.

Q. 길거리에서 흡연하는 사람을 어떻게 단속할 것인지 말해 보세요.

A. 흡연하는 사람에게 직접 개입하고 싶지만, 권한이 없다고 생각합니다. 그렇지만 저는 대한민국의 공무원으로서 국민의 건강을 위해 노력할 책임이 있습니다. 따라서 관련 기관에 흡연을 금지하는 표지판을 설치하는 것 등의 민원을 제시하거나, 프로그램을 건의하여 조금이라도 이바지할 수 있도록 노력할 것입니다.

Q. 쓰레기를 투척하는 현장을 목격한 경우 어떻게 할 것입니까?

A. 쓰레기를 투척하는 상황에 직접 개입하고 싶지만, 권한이 없다고 생각합니다. 그렇지만 저는 대한민국의 국민, 그리고 공무원으로서 환경을 위해 노력할 책임이 있습니다. 만약 쓰레기를 투척하는 현장을 목격했으면, 제가 그 쓰레기를 직접 옮겨서 버리거나 관련 기관에 민원을 제시하여 조금이라도 환경 개선에 이바지할 수 있도록 노력할 것입니다.

Q. 민원인이 억지를 쓸 때는 어떻게 하겠습니까?

A. 우선 민원인이 해결하려고 하는 바를 경청하고, 규정이나 법령을 검토하여 납득할 수 있도록 친절하게 설명할 것입니다. 그리고 해결이 가능한 관련 기관이나 부처를 연계해 드릴 것입니다.

충분한 설명에도 불구하고 난폭한 행동을 하신다면, 이 상황이 업무 전체에 방해가 되고 다른 민원인이 위험해질 수도 있으니 빠르게 상황을 판단하여 단호히 거절할 것입니다. 그리고 법적 경고 조치를 하고, 관련 기관에 연락하여 도움을 요청할 것입니다.

3.
학생들이 만든 공무원 면접 예상 질문

1. 공무원에 지원하게 된 동기

2. 만약 시험에 합격하지 못한다면 어떻게 할 생각인가요?

3. 공무원이 다른 직업과 다른 점은 무엇입니까?

4. 공무원으로서 자신의 강점

5. 성격상 단점으로 인해 남에게 피해를 줬거나 오히려 잘된 경험

6. 자신의 장단점

7. 공무원의 좋은 점

8. 가장 존경하는 사람은 누구이며, 본받고 싶은 점은 무엇입니까?

9. 현재 부모님은 어떤 일을 하고 계십니까?

10. 부모님의 어떤 점을 물려받고 싶습니까?

11. 공직에 오면 이것만은 자신 있다고 할 수 있는 점을 말해 보세요.

12. 세무직은 청렴을 중요시하는데, 원 스트라이크 아웃 시행에 대해 어떻게 생각합니까?

13. 요즘 공무원의 청렴성 문제가 부각되고 있는데, 본인은 공무원이 청렴하다고 봅니까?

14. 임용되면 가고 싶은 부서와 그 이유에 대해서 말해 보세요.

15. 원하지 않는 부서에 발령이 나면 어떻게 할 것입니까?

16. 어떠한 부서가 자신에게 맞지 않는다고 생각합니까?

17. 지금까지 했던 봉사활동과 소감을 말해 보세요.

18. 인생에서 가장 감동받았던 점은 무엇이었습니까?

19. 살면서 잘했다고 생각하는 결정

20. 살면서 후회하는 결정

21. 최근에 가장 힘들었거나 슬펐던 일은 무엇입니까?

22. 공부할 때 어떤 점이 힘들었고 어떻게 그 문제를 해결하였습니까?

23. 리더십, 협조성, 성실성 중에서 어떤 것에 자신이 있습니까?

24. 어떠한 동아리에 가입하여 어떠한 행동을 해 왔나요?

25. 왜 대기업이 아닌 공무원을 선택했습니까?

26. 공무원 사회에 대해 어떠한 것을 알고 있습니까?

27. 공직 수행에서, 특유의 성 역할이 구분되어야 한다고 생각하나요?

28. 정책 결정이나 행정 과정에 국민이 참여할 수 있는 방법에는 어떠한 것이 있습니까?

29. 공무원노동조합에 대해 본인의 생각을 말해 보세요.

30. 평소에 자신이 느꼈던 공무원에 대한 인상은 어떠했습니까?

31. 국민이 공무원에 대해 가장 많이 불만을 토로하는 것은 무엇이라고 생각합니까?

32. 업무 개시 시간과 출근 시간은 같다고 생각하나요?

33. 첫 월급은 어디에 쓸 예정인가요?

34. 기상 시간과 취침 시간은 정해져 있습니까?

35. 건강에는 자신이 있나요?

36. 정기구독하고 있는 주간지나 잡지가 있습니까?

37. 한 달 용돈은 얼마이며 주로 어디에 쓰나요?

38. 현대사회에서 인간성이 상실되고 있다는 지적이 있는데, 이 말에 동의합니까?

39. 공무원과 사기업 근무자의 차이는 무엇이라고 생각합니까?

40. 대한민국 하면 생각나는 것은 무엇입니까?

41. 공무원에게 가장 필요한 덕목(공직관)은 무엇입니까?

42. 공무원에게 봉사와 청렴 중 무엇이 더 중요한가요?

43. 국민의 5대 의무는 무엇입니까?

44. 공무원의 6대 의무는 무엇입니까?

45. 태극기 건곤감리의 의미는 무엇입니까?

46. 법치국가에 대해 설명해 보세요.

47. 자유민주주의에 대해 설명할 수 있습니까?

48. 규칙을 어겨서 가치관이 바뀐 경험이 있습니까?

49. 다른 사람보다 내가 꼭 뽑혀야 하는 이유가 있다면 무엇인가요?

50. 공직윤리법에 재산등록을 하게 되어 있는데, 이것에 대해 어떻게 생각하나요?

51. 청렴에 대한 본인의 생각은 어떤가요?

52. 면접 종료 시 마지막으로 하고 싶은 말은 무엇인가요?

53. 공무원들이 대우를 못 받는 것에 대해 어떻게 생각하나요?

54. 공무원이 철밥통이라는 소리를 듣는데, 어떻게 생각하나요?

55. 국민이 공무원에 대해 어떤 느낌을 갖고 있다고 생각하나요?

56. 융합농업에 대해 알고 있습니까?

57. 우리나라 공무원 청렴도에 대해서 점수를 준다면?

58. 우리나라가 글로벌화되고 있는데, 애국심과 충돌할 때 무엇을 선택할 것인가요?

59. 개인의 명예와 조직의 명예 중 무엇이 중요한가요?

60. 국민은 공무원에게 애국심과 헌신을 기대하고 강요합니다. 공무원에게도 자유의 권리가 있는데, 헌신과 자유 중 무엇이 중요한가요?

61. 공무원 비리에 대해 어떻게 생각합니까?

62. 공무원 공금횡령 사건에 대해서 알고 있나요? 그 사람을 퇴출해야 할까요?

63. 공무원이 갖추어야 할 것 세 가지, 그중에서 나에게 있는 것을 이야기해 보세요.

64. 법규를 어길 뻔한 상황에서 어떻게 대처했나요?

65. 현재 공무원들은 무능하고 생각하나요?

66. 공무원이 되고 10년 후에 어떤 모습을 보여 줄 것인가요?

67. 결혼하고도 야근할 수 있습니까?

68. 공무원이 된다면 어떤 자세로 일할지 이야기해 보세요.

69. 공무원은 전문성이 없다고 생각하는 의견이 있는데, 본인의 생각은 어떤가요?

70. 공무원의 의무 중 무엇이 가장 중요하다고 생각하나요?

71. 공무원 월급이 박봉인데, 이에 대해 어떻게 생각하나요?

72. 공무원의 무사안일주의에 대해 말해 보세요.

73. 공무원 구조조정에 대해 어떻게 생각하나요?

74. 공무원이 되면 굉장히 바쁜데 괜찮은가요?

75. 공무원의 사회적 가치는 무엇인가요?

76. 공무원이 세계화 시대에 발을 맞추려면 어떻게 해야 할까요?

77. 직업공무원제의 확립 방안은 무엇이라고 생각하나요?

78. 공직사회에서 내부/외부 고객은 누구인가요?

79. 공직자가 국민의 대표라고 생각하나요?

80. 자기계발을 위해 무엇을 하고 있습니까?

81. 언론에서 공무원 부패를 부각시키는 이유가 무엇이라고 생각하나요?

82. 공무원 부패의 원인과 대책에 대해 말해 보세요.

83. 공무원의 5대 신조는 무엇인가요?

84. 공무원 징계에는 어떤 것들이 있나요?

85. 공무원의 근무 체계에 대해서 알고 있나요?

86. 공무원 조직이 어떤 방향으로 가야 할 것 같습니까?

87. 최근 혹은 학창 시절에 부당한 지시를 받았을 때 본인이 어떻게 대처했는지 이야기해 보세요.

88. 본인의 적성에 맞지 않는 일이 주어졌을 경우, 어떻게 했는지를 이야기해 보세요.

89. 공무원의 행동강령은 무엇인가요?

90. 법규와 양심이 상충된다면 본인은 어떤 것을 선택할 것인가요?

91. 본인은 융통성이 있는 사람인가요, 아니면 원칙을 지키는 편인가요?

92. 잠자리의 눈을 가진 사람이란 무슨 의미인가요? 공무원의 생각으로 이야기해 보세요.

93. 평소에 주변의 공무원들을 보면서 '와, 공직에서 이건 진짜 아니다'라고 생각했던 부분이 있었나요?

94. 공무원으로서 이론적인 것 말고 현실적으로 가장 중요한 일은 무엇인가요?

95. 구르는 돌은 이끼가 끼지 않는다는 것은 무슨 의미인가요?

96. 고객과 민원인의 차이는 무엇인가요?

97. 헌법에 "공무원은 국민 전체에 대한 봉사자이며, 국민에 대하여 책임을 진다"라고 명시되어 있는데, 그 의미를 이야기해 보세요.

98. 공직자가 버려야 할 자세

99. 공무원이 신뢰를 회복하기 위해서는 어떻게 해야 하나요?

100. 공무원 사회에서 이것만은 꼭 바뀌었으면 하는 것은 무엇인가요?

4.
공무원 면접 후기 사례

2016년 일반 행정 직렬

1) 입실

면접 오후 조였기 때문에 12시 10분까지 입실해야 했다. 입실 전 편성 조를 보고 명찰을 작성하고, 지정된 좌석에 앉아 기다렸다. 휴대전화를 모두 걷은 후 자기기술서에 대한 간단한 설명을 들었다.

2) 자기기술서

총 20분 동안 3개의 문제에 대해서 A4용지 한 장에 글을 적는 것이었다. 1번 문제는 공무원에 지원한 동기와 내가 공무원이 되었을 때 사회에 도움이 될 수 있는 점이었다. 나는 지원 동기에 "어릴 적 부모님께서 '항상 타인을 도우며 살아가라'고 당부하셨기에 다른 사람들을 돕는 것에 익숙하고, 임용이 된다면 내가 먼저 타인을 도와 서로 돕는 문화를 만들기 위해 노력하겠다"고 적었다.

2번 문제는 불공정한 상황을 겪었던 경험이었는데, 그 문제 상황과 그것을 해결한 과정, 그 결과를 적는 것이었다. 이건 중학교 때부터 도서 동아리를 하면서 일부 도서부원들이 본인들은 이름으로 대출을 하면서 일반 학생들은 무조건 학생증으로 대출해 주는 것을 일례로 들었다. 부원들을 설득할 때 타 학교의 대출법을 설명하고, 우리도 일반 학생이라는 것을 강조하며 담당 선생님과 부원들을 설득했다고 썼다.

3번 문제는 상황에 대한 것으로, 내가 임용이 되었을 때 나를 동생이나 조카뻘로 여겨 은근히 무시하는 상황에서의 대처법을 적는 것이었다. 나는 "우선 내가 맡은 일에 성실하게 임하고 성과를 낼 수 있도록 최선을 다하겠다. 나는 그저 '나이 어린 사람'이 아니라 '친절하고 항상 노력하는 사람'으로 기억되고 싶다"고 썼고, "다른 분들의 업무를 도와 드리거나 커피를 타다 드리는 등의 노력도 하겠다"고 덧붙였다.

전부 쓰고 나니 시간이 3분 정도 남았다. 한창 자기기술서를 연습할 때에는 한 문제에 20분이 넘게 걸렸는데 시간이 남아서 의외이기도 하고 안심하기도 했던 것 같다.

3) 면접 교육과 평정표 작성

자기기술서를 걷은 후 면접 진행 순서와 유의 사항을 교육받았다. 친인척이 공무원이라는 것이나 가족 관계 등에 대해서는 언급하지 말라는 것이 주된 내용이었다. 이후 평가지인 평정표를 2매 작성했다. 나는 13시 30분부터 면접을 보는 첫 번째 순서였기 때문에 평정표를 작성한 후 화장실로 가서 청심환을 먹고 얼른 자리로 들어왔다. 솔직히 냄새가 너무 심해서 입을 헹구고 마우스 스프레이를 막 뿌려 댔다. 후배들 중에서 혹시 청심환을 먹을 생각이라면 달콤한 사탕 같은 것을

필히 챙겨 가기를 추천한다(같은 조원들한테 너무 미안하기도 하고 맛
도 정말 없다. 😄).

4) 개별 면접
노크를 한 뒤 들어가서 목례를 하고 평정표를 제출.

나 안녕하십니까. 일반 행정 직렬 지원자 김○○입니다. (인사)

면접관 자리에 앉아 주세요.

나 감사합니다. (꾸벅)

　(자리에 앉음)

면접관 자기기술서에 보니 봉사하는 것이 아주 익숙하다고 했는데,
　　　기억에 남는 봉사활동이 있습니까?

나 예전에 케냐에 가서 합창 공연을 했던 것이 가장 기억에 남습니
　　다. 케냐에서 경제적으로 어려운 아이들을 위해 합창 공연을 하
　　고, 그 아이들과 함께 시간을 보내며 놀아 주었습니다.

면접관 학교에서 활동하는 것이 아니라 봉사시간을 받지 않고 활동
　　　했던 적이 있습니까? 있다면 그 기간과 가장 기억에 남는 점을
　　　이야기해 주세요.

나 고등학교 1학년 때부터 2학년 때까지 단체를 통해 병원에 가서
　　할아버지, 할머니의 말벗이 되어 드리거나 자질구레한 것들을 도
　　와 드리는 봉사를 했었습니다. 그것이 가장 기억에 남습니다.

면접관 봉사 관련 기억이 또 있습니까?

나 학교에서 멘토-멘티 활동을 했던 것이 기억에 남습니다. 저는 회
　　계 멘토로서 회계 과목을 어려워하는 아이들에게 회계를 가르쳐

주었던 것이 기억에 남습니다. 이후에 그 친구도 회계 성적이 올랐었습니다.

면접관 도서 동아리활동을 하면서 대출 업무를 할 때 설득한 것에 대해 이야기해 주세요. 원칙이 학생증으로 대출하는 것입니까?

나 중학교 때부터 현재까지 도서 동아리활동을 해 오고 있습니다. 도서 대출의 원칙이 학생증을 가지고 왔을 때에만 해 주는 것이었는데, 일부 도서부원 아이들은 자신들의 이름만 가지고 대출을 했습니다. 저는 그것이 불공평하다고 생각하여 기술한 것과 같이 도서부원들과 담당 선생님을 설득한 것입니다.

면접관 도서부원들은 책을 정리하고 도서실의 일을 도우니 이름으로 빌리는 것 정도는 괜찮지 않습니까? 지원자께서는 원칙을 더 중요시하고 융통성은 부족한 것이 아닙니까?

나 물론 제가 융통성이 없어 보일 수 있다고 생각합니다. 하지만 도서부원들도 우선 일반 학생이므로 이 부분에서는 융통성을 발휘하기보다는 공평해야 한다고 생각합니다. 또한 다른 학교에서도 학생증으로 대출을 하고 있었기에 도서부원들과 선생님을 설득했습니다.

면접관 도서부원들의 반발은 없었습니까?

나 처음에는 일부 아이들이 싫어하는 기색을 내비치기도 했습니다. 하지만 시간이 지나면서 제가 내세운 이유에 대해서 이해를 해 주었고, 불만 없이 그것을 따르게 되었습니다.

면접관 조금 전에 이야기가 나와서 묻는데, 불공정과 불공평의 차이를 아십니까?

나 생각할 시간을 좀 주시겠습니까?

면접관 (끄덕)

나 제가 잘 알지는 못하지만 불공정은 기준을 두고 한쪽으로 치우치는 것 같습니다. 또한 불공평은 상대적인 것을 고려하지 않는 것 같습니다.

대답이 좀 달랐던 것인지 다음 질문을 할 때 그 차이를 말씀하시고 추가 질문을 하셨는데, 당시 너무 떨려서 문제와 답변 모두 기억이 나지 않는다. (😭)

면접관 자기기술서 상황에 대해서 어떻게 대처하겠습니까?

나 제가 맡은 일에 성실하게 임하고, 성과를 낼 수 있도록 노력할 것입니다. 또한 제가 할 수 있는 범위 내에서 다른 분들의 일을 돕거나, 커피를 타 드리는 등의 일을 해서 그저 '나이 어린 사람'이 아니라 '친절하고 열심히 일하는 사람'으로 인정받도록 노력할 것입니다.

면접관 커피를 계속 타다 보면 자연스레 지원자께서는 당연히 커피를 타는 사람이 되고, 그럼 수직적인 관계가 될 텐데 그것까진 생각해 보지 않았습니까?

나 (당황) 우선 저는 그렇게 생각하지는 않았습니다. 사람들이 말하길, 정을 주는 사람은 더 기억에 남는다고 합니다. 커피는 동료로서 타 드리는 것이고, 저에 대한 인식을 친절하고 잘 도와주는 사람으로 바꾸고 싶습니다.

면접관 똑같은 조건으로 ○○ 씨 후임이 들어왔어요. 똑같이 어린 사람인데 같은 상황이라면 조언을 해 주실 겁니까?

나 처음 일을 시작할 때는 모든 것이 혼란스럽고 어렵게 느껴질 것입니다. 그러니까 저도 같은 상황이 있었다고 공감을 해 주면서 저의 상황과 대처법을 말해 줄 것입니다. 또한 어렵다고 느끼는 부분들에 대해서 잘 들어 주고, 이야기를 전해 줄 것입니다.

면접관 만약 후임이 조언을 해 준 것과 다르게 행동하고, 노력하지도 않는다면 어떻게 할 것입니까?

나 제 방식을 이야기해 주고, 조언해 줄 것입니다. 또한 다른 분들도 곱지 않게 보신다면 그것에 관해 이야기해 줄 것입니다. 그래도 들으려 하지 않는다면, 그가 왜 그렇게 행동하는지 그 직원의 의견을 들어 보겠습니다.

면접관 (성실에 관한 법들 말씀해 주심) 성실에 대해서 어떻게 생각하십니까?

나 공무원은 업무 자체가 국민에게 영향을 미치는 것이므로 그 업무에 성실하게 임하여 성과를 낼 수 있도록 노력하겠습니다. 그리고 자기계발을 계속해서 조직 또한 발전할 수 있도록 하는 것이 국가에 이익이 될 것이므로, 저는 업무에 성실하게 임하고 발전을 위해 노력하는 것이 성실이라고 생각합니다.

면접관 근무하기를 희망하는 분야가 있습니까?

나 저는 어느 곳에 발령이 나더라도 열심히 하겠습니다. 그런데 제가 만약 정할 수 있다면 막 공무원이 된 이들을 가르치는 일을 하고 싶습니다. 그 사람들은 처음에 모든 것이 혼란스럽다고 느낄 것이므로 제가 교육을 통해 혼란을 줄여 줄 수 있다면 정말 기쁘고 보람을 느낄 것 같습니다.

면접관 현직 공무원들의 모습을 어떻게 생각하십니까?

나 (살짝 당황) 꿋꿋하고 의지 있는 모습이라고 생각합니다. 최근 언론의 조명을 받는 일부 부정 공무원들의 기사 내용만을 보고서 국민들이 비난을 했던 것을 기억하고 있습니다. 그럼에도 불구하고 공무원들이 자신들의 업무를 꿋꿋하게 처리하는 것을 보며 꿋꿋하고 의지가 있다고 생각했습니다.

면접관 그럼 지원자께서 공무원이 되었을 때 이런 것들을 없애기 위해 무엇을 할 수 있겠습니까?

나 제가 임용이 되면, 대민업무를 많이 하게 될 것이라 생각합니다. 저는 그 과정에서 민원인을 친절하게 대하고, 어려운 점이 있다면 도와 드릴 것입니다. 저뿐만이 아니라 모두가 그렇게 한다면 인식이 바뀔 수 있을 것이라 생각합니다.

면접관 세계화와 다양성에 대해 어떻게 생각하십니까? (질문이 잘 기억이 안 납니다. 😭)

나 현대사회가 지구촌이라고 불리는 만큼 서로가 틀린 것이 아니라 다름을 인정하고, 서로의 장점들을 취하면 더 좋은 사회로 나아갈 것 같습니다.

면접관 그렇다면 그런 인식을 어떻게 확산시킬 수 있을까요?

나 홍보 포스터나 홍보 영상을 제작하여 국민께 보여 드리고, 학생들은 직접적인 교육 시간을 가지면 좋을 것 같습니다.

면접관 구체적인 홍보 내용을 말씀해 주세요.

나 차별에 대한 인식을 바로잡고, 우리와 그들이 틀린 것이 아니라 다른 것이라는 걸 강조해야 할 것 같습니다.

면접관 현재 우리나라에 들어와 일하는 외국인 노동자들이 각종 사건 사고를 일으켜 인식이 좋지 않은데, 그것은 어찌해야 합니까?

나 그러한 사람들은 그들 중 극히 일부라고 생각합니다. 대부분의 사람들은 문제가 되지 않고, 또한 우리 중 일부가 행하는 차별 때문에 그러한 사건들이 발생하는 경우도 있기 때문에 앞으로 우리가 더 토의하고 개선해 나가야 하는 부분이라고 생각합니다.

면접관 마지막으로 할 말 있습니까?

나 제가 많이 긴장을 했는데도 편안한 분위기에서 면접을 진행해 주셔서 감사 인사를 드리고 싶습니다. 저는 공무원이 국가와 국민을 위해 존재한다고 생각합니다. 제가 공무원이 되면 국가와 국민의 중간에서 양측의 입장을 모두 이해하고 고려하여 행동하도록 노력하겠습니다. 감사합니다.

면접관 이제 나가셔도 좋습니다.

나 (일어나서 다시 한 번) 감사합니다. (꾸벅)

5) 면접을 끝마치고

면접 시간은 30분 내외인데, 나는 26분 정도를 하고 나왔다. 자기기술서를 가지고 질문을 정말 많이 하니까 사례를 모두 기억해야 하고, 거짓을 쓰지 않는 것이 좋겠다고 생각했다.

또한 너무 꼬리에 꼬리를 물고 질문을 해서 정신이 없기도 했고 힘들었다. 평소에도 말주변이 별로 없지만, 긴장해서 그런지 더 횡설수설했던 것 같다. 면접 연습을 할 때 하나의 질문을 던지고 그것에 대한 꼬리 질문을 계속해서 만들고 답하는 연습이 꼭 필요하고 중요하다는 걸 느꼈다.

면접 입실 가능 시간이 20~30분 전인데, 미리 와서 오전 조 친구들 말을 들어 보거나 다른 학교 아이들이 어느 정도 왔는지 알아보기 위해 정해진 시간보다 좀 일찍 오는 것이 좋겠다.

면접 복장은 교복인데, 나는 머리를 하나로 묶고 검정 구두를 신었다. 다른 학교 아이들을 보니 머리망을 하고 운동화를 신고 온 경우가 많았다. 솔직히 어떻게 해도 상관은 없지만, 개인적으로는 구두가 깔끔해 보였다.

2017년 세무직

1) 면접 전

사실 시험 때도, 면접 때도 전날 밤에 떨려서 잠이 잘 안 온다든가, 긴장하는 편은 아니다. 그런데 딱 시험이랑 면접 보기 전 한 시간 동안은 심장소리가 귀에 들릴 만큼 엄청나게 떨린다. 아무튼 면접 전날은 처음 느끼는 기분이었다. 긴장, 떨림 그런 것보다는 '이제 끝인가? 나 진짜 면접 보는 건가? 벌써? 면접? 까아아~' 이런 느낌? 😵 그래서 집에 오자마자 핸드폰 좀 하다가 10시도 안 돼서 그냥 잠들어 버렸다. 그리고 면접 날 11시에 정문에서 애들을 만나기로 해서 8시 반쯤 일어났다. 아주 잘 잤다. 일어나서 머리부터 발끝까지 준비하고 아빠 차 타고 갔다. 아, 그리고 점심을 못 먹을 것 같아서 엄마가 차려 준 아침밥을 먹고 출발했다. 일단 건물 1층에서 이름표를 작성했고, 큰 강당에 순서대로 앉아 있었다. 그때부터 엄청 긴장돼서, 옆에 있는 지원자와 말을 조금 한 뒤 오늘 뉴스를 읽고 있었다.

2) 면접 교육

12시가 되자마자 사전 교육을 실시했다. 열심히 들었다. 그러고 나서 핸드폰과 같은 전자기기를 다 수거했다.

3) 자기기술서

12시 21분. 자기기술서 쓰는 시간이 시작되었다.

작년에는 3문제였는데 이번에는 2문제였다. 나는 6~7줄 될 줄 알았는데, 12줄 😵, 그래도 1번은 꽉 채워서 썼고 2번은 2줄 남겼다.

① 사회적으로 형편이 어렵거나 어려운 상황에 처한 사람이 있을 때 도운 경험이 있으면 쓰시오. 또한 그 경험을 어떻게 해결하였는지도 구체적으로 쓰시오.

고등학교 2학년 때, 가정 형편이 어려운 또래 친구들을 도와주는 봉사활동을 자발적으로 찾아서 하게 되었습니다. 그 봉사활동을 원하는 사람들과 6개월 정도 만나서 친구들을 위해 짝수 주에는 쿠키를 만들어 주고, 홀수 주에는 인형을 만들어 주었습니다. 이뿐만 아니라 친구들이 좀 더 나은 삶을 살 수 있도록, 또 식비를 제공해 주기 위해서 한 사람당 5,000원씩 모아 한 달에 한 번 기부를 했습니다. 형편이 어려운 친구들 중에는 영양실조에 걸린 친구들도 있었는데, 6개월의 봉사활동을 통해 친구들의 건강 상태가 확연히 좋아졌습니다. 단지 6개월의 봉사활동으로 끝난 것이 아니라 지금까지도 그 친구들과 연락을 하면서 어려움이 있을 때나 고민이 있을 때 상담을 해 주며 좋은 관계를 유지하고 있습니다. 그로 인해 친구들과 행복을 나눌 수 있었고, 행복을 느끼는 친구들을 보며 뿌듯함을 느낄 수 있었습니다. 저는 공무원이 되어서도 어려운 형편에 처한 국민의 입장을 이해하고 고려하며, 행복한 삶을 영위할 수 있도록 돕는 봉사자의 자세로 임할 것입니다.

② (상황 제시) 만약 당신이 A부처의 주무관인데 인기리에 방송되고 있는 한 드라마에서 A부처를 우스꽝스러운 모습으로 표현하고 있습니다. 또한 당신의 주변 지인들과 친구들마저도 A부처를 부정적인 시선으로 보고 있다면 당신은 어떠한 행동을 취할 것인지 쓰시오.

우선 제가 근무하는 A부처가 안 좋은 이미지로 국민에게 보이고 있다는 점이 매우 안타까울 것 같습니다. 하지만 A부처가 국민에게 그런 모습을 보인다는 것은 그만큼 아쉬운 점이 있기 때문이라고 생각합니다. 먼저, A부처의 주무관으로서 조직원들과 다 함께 회의를 할 것입니다. 회의에서 조직의 문제점을 파악한 후, 그 문제점을 개선하기 위한 방안을 마련할 것입니다. 부정적인 이미지에서 벗어나려는 관점에서 방안을 마련하는 것이 아니라, 국민을 위한 정책을 만든다는 것에 초점을 맞추어 방안을 마련할 것입니다. 또한 부처의 긍정적인 정책을 SNS나 주변 공공시설에 홍보하여 국민들의 인식을 바꿀 수 있도록 노력할 것입니다. 이렇게 홍보를 하게 된다면 제 주변 지인들과 친구들도 A부처를 긍정적인 시선으로 바라보게 될 것이라고 생각합니다. 제가 공무원이 된다면, 맡은 바 임무에 성실하게 임해서 국민에게 도움이 되도록 할 것입니다.

4) 면접

1시 20분, 첫 번째 사람들은 면접장으로 이동했다. 이때는 소지품을 다 들고 이동했다. 1조부터 10조까지는 2층, 11조부터 23조까지는 3층으로 이동했다. 면접장 앞의 의자에 소지품을 모두 놓고 주민등록증을 낸 후에 11조라고 적힌 문 앞의 의자에 앉아서 대기했다. 23조가 다 함께 보기 때문에 면접 방이 엄청 많았다. (왼쪽 면접관: A, 오른쪽 면접관: B)

(똑, 똑, 똑, 솔직히 그 많은 조의 첫 번째 사람들이 문을 두드리는데 안에서 면접관이 들어오라고 하는 소리도 잘 안 들렸다. 그냥 들어갔다.)

(목례 후, 웃으면서 평정표를 왼쪽 면접관께 돌려서 드림)

A, B 안녕하세요.

(나는 인사를 해야 해서 웃으면서 의자 옆에 섰다.)

나 안녕하십니까? 수험번호 ○○○○○ 세무직 공무원 지원자 한○○ 입니다.

A 네.

B 앉으세요.

나 감사합니다.

B 긴장 많이 되시죠?

나 네, 조금 긴장됩니다.

B 긴장 많이 될 것 같은데 긴장 푸시고~

나 감사합니다.

B 점심은 먹었어요?

나 점심은 안 먹었지만, 아침에 어머니께서 차려 주신 밥 먹고 왔습니다.

B 1번 문제가 어려움에 처한 사람 돕는 문제네요? 다시 한 번 그 이야기를 해 보세요.

A 네. 한번 말해 주세요.

나 고등학교 2학년 때, 가정 형편이 어려운 친구들을 돕는 봉사활동을 자발적으로 찾아서 한 적이 있었습니다. 봉사를 하고 싶은 사람들과 다 함께 모여서 쿠키와 인형을 만들어 친구들에게 주었고, 매달 1인당 5,000원씩 모아 친구들의 식비가 될 수 있도록 하였습니다.

B 봉사활동을 찾아서 한 거예요?

나 네. 그때 봉사활동을 하고 싶어서 사이트에 들어가서 찾아보았습니다. 그러던 중에 이런 봉사활동을 하고 싶어 하는 분이 계셔서 연락을 드려 사람들을 더 모아서 봉사활동을 하게 되었습니다.

B 왜 이런 봉사활동을 하게 된 거예요?

나 제가 어려움을 겪을 때, 주변 사람들이 도와준 적이 많았습니다. 도움을 받았을 때 정말 감사했고 행복했기 때문에 이번에는 제가 다른 사람을 돕고 싶었습니다.

A 몇 명이서 봉사했어요?

나 10명의 봉사자들과 같이 했습니다.

A 그 도와준 친구는 한○○ 씨 또래?

나 저보다 한두 살 적은 또래입니다.

B 만약 그 친구들이 봉사를 받기 싫어하면 어떻게 하겠어요?

나 봉사를 하기에 앞서서 도움을 받고 싶어 하는 분들에게 먼저 다가가 도와 드릴 것 같습니다. 하지만 제가 그분을 엄청 도와주고 싶은데 거절하신다면, 저의 마음을 정중하게 잘 말씀드릴 것 같습니다.

B 봉사를 하다가 힘든 점은 없었습니까? 그래도 어려움이 있었을 텐데요.

나 물론 봉사를 하면서 어려움이 있었습니다. 한 달에 5,000원씩이 제 용돈에서 나가는 것이라서 약간의 부담이 있었습니다. 제 용돈의 절반 이상이 학교를 통학하는 데 쓰여서 부족할 때도 있었지만, 그럴 때는 제가 친구들과 만나서 노는 것을 줄이고 기부를 하였습니다.

B 돈을 굉장히 알뜰하게 썼네요?

나 그렇습니다.

B 조직 내에서 힘든 적은 없었나요? 뭐, 사람들끼리 의견이 충돌하거나 서로 방향이 다를 수도 있었을 것 같은데요.

나 우선 봉사하려는 마음은 같았기 때문에 서로 향하는 방향은 같았습니다. 하지만 돈을 기부하는 문제에 대해서는 아예 걷지 말자고 하는 분들도 있었고, 만 원씩 걷자고 하는 분들도 있었습니다. 그래서 서로 계속 연락을 해서 의견의 절충점을 찾았고, 마침내 5,000원씩 기부하기로 결정했습니다.

B 어려움에 처한 사람을 도와준 다른 경험은 없나요?

나 (2초 생각) 학교에서 멘토의 자격을 얻어 멘토-멘티 활동을 한 적이 있었습니다. 제가 평소 회계과목과 세무과목을 좋아했기 때문에 그 부분에서 성적이 좋았습니다. 선생님께서는 멘토로서 그 과목을 어려워하는 친구들에게 가르쳐 주는 것이 어떠냐고 물으셨고, 저는 흔쾌히 그렇게 하겠다고 했습니다. 이렇게 친구들에게 가르쳐 준 결과 친구들은 성적이 향상되었고, 같이 자격증 취득도 할 수 있었습니다.

A 세무과목에 대해서 배웠나 봐요?

나 깊이는 배우지 않았지만, 어느 정도는 배웠습니다.

B 친구들에게 가르쳐 주면서 갈등 상황이나 문제점이 있었나요?

나 사실 그 친구들이 공부하는 것을 별로 좋아하지 않았습니다. 그래서 남아서 멘토-멘티 활동을 하기로 한 날, 저에게 연락도 없이 집에 가는 상황이 종종 있었습니다.

B 어떻게 해결했나요?

나 저는 친구들에게 진심을 담아서 너희를 돕고 싶다고 말하고, 같이 공부를 해서 너희들 성적이 올라가면 정말 뿌듯할 것 같다고 연락했습니다. 그래서 친구들도 제 마음을 알아주고 그 후로 열심히 공부를 하게 되었습니다.

A 친구들 성적은 많이 올랐나요?

나 네. 전부 한 등급 이상은 올랐습니다. 그리고 친구들과 함께 전산회계 자격증을 취득할 수 있었습니다.

B 한○○ 씨가 얻을 수 있었던 것은 무엇인가요?

나 제가 자세하게 알지 못했던 부분을 친구들에게 알려 주기 위해서 깊이 공부를 했습니다. 그래서 저는 그 과목을 확실하게 공부할 수 있었고, 나중에는 같이 자격증 공부도 하면서 자격증을 취득할 수 있었습니다.

B 2번 문제 질문할게요. A부처가 왜 TV 프로그램에서 우스꽝스러운 모습을 보이는 것 같아요?

나 제 생각에는 국민들이 A부처에 아쉬운 점이 있다고 생각해서 그 점을 희화화한 것 같습니다.

A 여기 보니까 조직원들끼리 회의를 한다고 했는데, 그렇게 문제점만 파악하고 개선해서는 해결이 안 될 것 같은데요?

나 (완전 버벅버벅) 물론 회의를 한다고 해서 이미 드라마에 나온 내용이 개선되지는 않을 것입니다. 방송국에 찾아가서 담당 PD에게 A부처의 좋은 점을 알리고, 이 점에 대해서 아셨으면 좋겠다고 말씀드릴 것 같습니다.

A 담당 PD는 A부처에 그런 좋은 점이 있다는 것을 어떻게 알지요?

나 (여기서도 버벅버벅) 저의 부처에서 이러이러한 정책을 시행을 했는데 국민들이 이러이러한 점에 대해서 굉장히 좋아하고 있고, 다른 국민들을 위한 정책도 마련하고 있다고 설명할 것 같습니

다. ('이러이러한'이라는 말 반복의 반복)

A 여기에 SNS나 공공시설에 홍보를 한다고 했는데, 구체적으로 어떻게 홍보를 할 건가요?

(사실 이 질문 나오라고 내가 일부러 자기기술서에 홍보에 대한 구체적인 이야기 안 썼음. 그래서 나이스)

나 몇 년 전에 유행했던 아이스버킷챌린지를 이용해 홍보하겠습니다. 아이스버킷챌린지는 홍보 영상을 제작한 후 그 영상을 주변 지인 세 명에게 전파하여 홍보하는 것으로 알고 있습니다. A부처의 영상도 그렇게 전파하다 보면 국민에게 좋은 이미지로 남을 것 같습니다.

B 아예 처음부터 이런 문제가 안 생기도록 하는 것이 좋을 것 같은데, 그런 방법은 없을까요?

나 정책을 시행하기에 앞서 프로그램이나 캠페인 등을 만들어서 국민이 참여하도록 하는 것이 좋을 것 같습니다. 그 프로그램에서 국민이 의견을 내도록 하고, 그 의견들에 대해 투표를 하여 정책을 결정한다면 국민이 반대하는 일도 없을 것이라고 생각합니다.

A 만약 한○○ 씨의 친구가 A부처에 대해서 굉장히 부정적인 시선을 가지고 있다면 어떻게 할 것인가요?

나 친구라면 저와 굉장히 친한 지인인데, 그런 생각을 한다는 것이 매우 안타까울 것 같습니다. 제가 친구에게 A부처에 대해 무엇이 아쉬운지 묻는다면 친구도 솔직하게 말해 줄 것입니다. 친구의 의견을 토대로 조직원들과 회의를 해서 정책을 수정하고 보완한다면, 국민의 입장에서 친구도 긍정적인 시선으로 바뀔 것 같습니다.

A 세무공무원에는 어떤 계기로 지원하게 되었습니까?

나 중학교 때부터 뉴스를 보는 것에 관심이 많았습니다. 중학교 2학년 때, 탈세와 관련된 신문 기사를 본 적이 있었습니다. 그 당시에는 탈세의 의미를 몰랐기 때문에 그 뜻을 찾아보았습니다. 탈세는 조세부담을 회피하는 것이므로 국가의 재정을 악화시킨다는 것을 알게 되었습니다. 그러던 중에 탈세 외에 여러 가지 세금 업무를 하는 세무공무원에 대해서 알게 되었고, 저는 세무공무원이 되어서 국민이 탈세를 줄이고 성실 납세를 하도록 도와 국가의 재정이 원활하게 돌아가도록 이바지하고 싶었습니다.

A 중학교부터, 이르네요. 그럼 공무원이 되는 걸 알고 그 학교를 간 거예요?

나 네. 중학교 때부터 세무공무원이라는 꿈이 있었기 때문에 제가 재학하고 있는 고등학교에 가면 공무원이 될 수 있다는 것을 알게 되어서 진학했습니다.

A 대학교는 안 갈 건가요?

나 대학교에도 가고 싶은 마음이 있습니다. 하지만 대학교보다는 세무공무원에 더 큰 꿈을 가지고 있었기 때문에 공무원을 선택했습니다.

B 공무원을 준비하면서 많이 힘들었을 것 같아요. 무엇이 가장 힘들었어요?

나 우선 공무원 시험에 합격을 해야 하기 때문에 그 점이 힘들었습니다. 고등학교 3학년 때 경험할 수 있는 추억들을 못 쌓고, 친구들은 방과 후에 놀 때 저는 학교에 남아 공부해야 하는 점이 힘들었습니다.

B 그럼 1, 2학년 때는 공무원 준비 안 했어요?

나 1, 2학년 때에는 공무원을 준비하려면 어떤 공부를 해야 하는지 알아보고 학교 내신을 위해 매진했습니다. 그리고 선배 언니께서 영어 공부를 하는 것이 도움이 많이 된다고 해서 1, 2학년 때는 영어 단어를 외우며 공부했습니다.

A 선배? 학교에서 공무원을 많이 배출했나 봐요?

나 네. 학교에 공무원을 원하는 학생이 많아서 학교 자체에서 공무원을 준비하는 친구들도 많습니다.

B 면접 연습 많이 했겠네요.

나 네, 많이 했습니다. 😊

A 세무랑 관련된 고등학교인 거예요?

나 세무와도 관련이 있지만 정보고등학교입니다.

A 그럼 이번에 5명 다 합격한 거예요?

B 필기 합격을 해야지요.

A 필기를 합격해야지 면접을 보는 거 아닌가요?

나 네, 이번에 필기에 5명 다 합격했습니다.

A 5명이 다? 공무원 원하는 사람은 몇 명이었는데요?

나 저희 학년에서는 공무원을 15명 정도 원해서 학교 내에서 선발 시험을 치러 5명을 선발했습니다. 그래서 그 과정 동안 슬픔과 행복을 같이 느낄 수 있었습니다.

B 친구들이 공무원 시험을 보지 못해서 슬펐겠군요.

나 네. 저와 같은 목표를 가지고 같이 공부하던 친구였는데 함께 선발되지 못해서 안타까웠습니다.

B 공무원들이 요즘 비리같이 부당한 일을 저지르는 것에 대해서는

어떻게 생각하나요?

나 뉴스에서 공무원들이 부당한 행동을 저지르는 것을 본 적이 있습니다. 공무원은 법령과 규정을 바탕으로 행동해야 하는 본보기의 대상으로서 그런 점에 대해서는 엄격하게 처벌해야 한다고 생각합니다.

A 국민들이 공무원에게 요구하는 것이 있을 텐데, 무엇을 요구하는 것 같나요?

나 제가 세무직 공무원을 지원해서 그런데 혹시 예비 세무직 공무원으로서 말씀드려도 되나요?

A, B 우아~ 그럼요!

나 답변하겠습니다. 우선, 국민들은 세무직 공무원에게 자신이 세금을 너무 많이 내는 것 같으니 감면해 달라고 요구하는 것 같습니다. 그래서 세무직 공무원은 국민들이 신뢰하도록 법령과 규정에 따라 세금 업무에 대해서 친절하게 설명해야 한다고 생각합니다.

B 세무직 공무원은 무엇이 가장 중요하다고 생각하나요?

나 저는 청렴이 바탕이 되어야 한다고 생각합니다. 세무직 공무원은 국가의 재정을 관리하기 때문에 청렴을 바탕으로 맡은 일을 신뢰성 있게 처리해야 한다고 생각합니다.

A 공무원이 된다면 어디서 자부심을 많이 느낄 것 같나요?

나 어느 부서에서 근무하고 싶은지 말씀드리면 되는 것입니까?

A 네. 자유롭게 어느 부서든 업무든 말해 보세요.

나 저는 법인세과에서 일하고 싶습니다. 예전의 기업들은 이윤만 추구하는 경향이 있었지만, 현재의 기업들은 사회적 책임까지 짊어지고 있습니다. 하지만 세금을 탈루하는 기업들은 여전히 없어지지 않았습니다. 저는 법인세과에 근무하면서 기업들이 세금을 탈루하지 않도록 도와 국가에 이바지하고 싶습니다.

A 세무서에 간 적이 있나요?

나 네. 한 달 전에 방문한 적이 있었습니다.

A 누구와 같이 갔어요? 그 학교 친구랑?

나 네. 같이 세무직렬 필기에 합격한 친구와 함께 다녀왔습니다.

A 가서 어떤 걸 보고 느꼈나요?

(정말 말하고 싶은 거였음. 완전 열심히 대답함)

나 제가 전에는 세무서를 방문한 적이 없었기 때문에 딱딱하다고만 생각했습니다. 실제로 방문해 보니 조직의 분위기가 너무 편안하고 좋아서 저도 그 조직에 일조하고 싶단 생각이 들었습니다. 또한 계단을 올라갈 때마다 계단 사이사이에 적혀 있는 글귀가 너무 마음에 들었습니다. 그중에서 기억나는 글귀가 '준법하면 청렴하고 청렴하면 당당하다'였습니다. 저도 세무공무원이 되어서 법을 잘 지켜 청렴해지고 또 청렴해져서 자랑스러운 대한민국의 당당한 공무원이 되고 싶었습니다.

(B면접관이 뭘 적더니 동그라미를 엄청나게 함. 약간 뿌듯했음)

A 직원들도 만났어요?

나 네. 직원분이 세무서에 어떤 부서가 있는지 정말 친절하게 설명해 주셨습니다.

B 면접을 위해서 갔나 보네요.

나 네. 면접을 대비하고자 방문했습니다.

B 나중에 한○○ 씨는 어떠한 공무원이 되고 싶나요?

나 공무원은 국민을 섬기고 위하는 봉사자라고 생각합니다. 제가 친절하게 세법에 대해서 잘 설명을 하여 많은 분들이 저를 찾게 되고, 조직원들과 업무를 처리할 때도 신속하고 정확하게 해서 저를 믿고 일을 맡길 수 있어서 '역시 한○○'이라는 별명을 다는 공무원이 되고 싶습니다.

B 세무공무원이 되면 해야 할 공부도 많을 것 같은데요.

나 세무공무원이 되면 매년 바뀌는 세법 공부를 해야 합니다. 저는 제 일의 효율성을 높이고자 세무와 관련된 자격증을 취득하여 좀 더 수월하게 일을 처리하도록 할 것입니다.

B 세무 관련 자격증 아는 것 있나요?

나 전부터 취득하고자 한 세무회계자격증, 전산세무자격증을 취득하고 싶습니다.

A 자격증에 관심이 많은가 보네요. 현재 어떤 자격증을 가지고 있나요?

(이건 물어봐 주신 거 진짜 감사합니다. 😄 자격증 자부심이 있었음)

나 저는 열 개의 자격증이 있습니다. 다섯 개는 컴퓨터와 관련된 자격증이고, 네 개는 회계와 관련된 자격증입니다. 나머지 한 개는 한국사능력검정시험 1급 자격증입니다.

A 오, 다양하게 가지고 있네요.

B 한국사에 관심이 많은가 봐요?

나 네. 한국사에 관심이 많아서 자격증을 취득하게 되었습니다.

A 아까 법인세과에 가고 싶다고 했는데 법인세와 관련된 뉴스 본 적 있죠?

나 (알지도 못하면서 엄청 아는 척함) 네. 알고 있습니다.

A 현재 정부에서는 법인세를 높인다고 했는데 그것에 대해서 어떻

게 생각하나요?

나 (사실 친구한테 들은 거라서 안 나오겠지 했는데, 진짜 당황스럽고 어떻게 해야 할지 몰랐다. 어떻게든 대답은 하려고 했지만, 그냥 이 질문에 대한 답은 망함)

　　물론 법인세를 높이면 기업들은 부담이 크겠지만 세금을 올려야 한다고 생각합니다. 그래야 기업들도 세금을 제대로 잘 낼 것 같습니다.

A 세금이 올라가는데 기업이 세금을 잘 낸다고요?

(진짜 나 뭔 ○소리 하나 싶었고 짜증 났음. 😑 다행히 밖에서 똑똑 (5분 남았다) 소리 들려서 끝났나 싶었지만…)

A 계속 말해 보세요.

(하, 친절하심. 😵 근데 계속 말해 보라 하셔서 당황의 당황)

나 세금이 올라가야 기업들이 지는 책임과 부담이 크다고 생각을 합니다. 그렇게 책임이 커지면 기업들이 세금을 잘 낼 것 같습니다.

B 그럼 다른 질문할게요. 한○○ 씨가 일을 하다 보면 업무랑 집안일이 겹칠 때가 있을 겁니다. 그럼 어떻게 하실 건가요?

나 일을 하다 보면 업무와 집안일이 겹칠 수 있다고 생각합니다. 집안 행사가 계획되어 있으면 제가 맡은 업무를 최선을 다해 끝내도록 할 것입니다. 또한 그 전에 상관님과 동료에게 말씀드려 시간을 조율할 것 같습니다. 하지만 집안 행사가 있는 날에 급한 회의가 있게 된다면, 집안 어른께 조금 늦을 것 같다고 말씀드린 후 회의에 참석하여 업무를 마친 후에 늦게라도 집안 행사에 참여할 것 같습니다. (솔직히 너무 모범답안)

A 마지막으로 하고 싶은 말 있으면 해 보세요.

나 (최대한 외운 티 안 나게) 우선 소중한 면접의 기회를 주신 면접 관님들께 감사드립니다. 그동안 대한민국에 감사한 점이 많습니다. 대한민국에서 편하게 살 수 있다는 점과 교육의 기회를 누릴 수 있다는 것에도 감사드립니다. 또한 공공기관을 방문했을 때 따뜻한 미소로 반겨 주시던 공무원분들께도 감사드립니다. 제가 자랑스러운 대한민국의 공무원이 된다면 지금까지 받았던 것에 보답하여 국민의 편에 서서 국민들이 행복한 삶을 영위할 수 있도록 돕는 봉사자의 자세로 임하겠습니다.

5) 면접이 끝난 후

끝나고 일어서서 "감사합니다." 하고 목례 후 나왔다. 그런데 옆 사람이 '어때?' '좋아~' 이렇게 대답해 버려서 복도에 있는 직원이 주의를 주셨다. 😑 나 왜 그랬지. 😭 아무튼 생각했던 것보다 너무너무 너무, 너어무~ 좋았다. 다른 애들한테도 이렇게 대해 줬으면 😭 그럼 다 보통을 받게 될 거고 성적순으로 자르게 되겠지. 😑 면접에서 내가 하고 싶은 얘기가 지원 동기, 법인세과, 세무서 방문한 것, 마지막 할 말이었는데 다 하고 나와서 진짜 너무너무 뿌듯하다.

2018년 세무직

오전반이어서 8시 20분까지 입실이었습니다. 부모님 차로 7시 50분에 도착해서 들어갔습니다. 수련회 가면 레크리에이션 실시하는 장소 같은 곳에서 다 같이 조별로 모여서 교육 듣고, 핸드폰 반납하고 대기하다가 자기기술서 작성하고, 면접 순서가 되면 면접하는 장소로 가까이 이동해서 앉아 있다가 들어갔습니다.

1) 자기기술서

1. 새로운 도전을 한 경험을 쓰시오. (어려웠던 점 극복한 방법)
고등학교에 입학하여 교내 합주에서 오르간이라는 악기를 맡았습니다. 오르간은 손과 발 모두에 건반이 있어 동시에 연주해야 하는 악기입니다. 처음 보는 악기라서 많이 생소했고 어렵게 느껴졌습니다. 배울 수 있는 선생님도 계시지 않았고 대중적이지 않은 악기여서 정보도 많이 구할 수 없어 힘들었습니다. 하지만 저는 다 함께 연주하는 합주의 조화를 완성적으로 이루어 내고 싶었습니다. 그래서 저보다 앞서 연주하셨던 선배님께 도움을 청하기도 했고 저만의 방법으로 연습을 하기도 했습니다. 저만의 방법은 손과 발을 각각 따로 연습한 후 마지막에 다 함께 연주하는 방법이었습니다. 처음에는 이 방법이 더 오래 걸리지는 않을까 걱정했지만 오히려 악기에 대한 이해도도 높이고 성공적으로 마칠 수 있었습니다.

2. 귀하는 A기관의 주무관이고, 야간대학에 다니고 있다. 시급을

다투는 재허가 결재를 앞두고 있는데, 대학에 출석일수가 모자란 상황이다. 대학에 가지 않으면 그동안 기관으로부터 지원을 받은 대학 등록비를 돌려주어야 한다. 도와줄 동료는 없다.

저는 주무관으로서의 일이 본업이기 때문에 그 책임을 지키겠습니다. 대학은 업무에 도움이 되기 위해 다니는 것인데, 그 일로 본업에 피해를 끼친다면 목적과 맞지 않는 것이라고 생각합니다. 그래서 주무관으로서의 역할에 최선을 다하겠습니다. 만약 두 가지 모두 선택해야 한다면 우선 대학에 문의해 보겠습니다. 저의 상황을 이야기하고 다른 방법은 없는지 묻겠습니다, 혼자 조사해 본 후 방법을 파악할 수 없다면 저와 같은 경험이 있는 선배님께 조언을 구하겠습니다. 혹은 상관님께 양해를 구하겠습니다. 모든 방법이 곤란하다면 대학에 출석 체크를 하는 대신 과제물을 낼 수는 없는지 교수님께 여쭙겠습니다.

2) 면접

면접 장소인 기숙사 문에 도어록이 달려 있었는데, 문을 열 때 비상 경보가 울려서 많이 당황했습니다.

Q 손 편하게 하세요. 너무 긴장했네요. 일본에서는 오히려 손을 차렷하고 편하게 하는 게 예의 있는 것이거든요. 너무 긴장하지 말고 편하게 해요.

A 알겠습니다.

Q 어디서 왔어요?

A 수원에서 왔습니다.

Q 몇 시에 도착했어요?

A 8시. 아, 7시 50분쯤에 도착했습니다.

Q 어떻게 왔어요?

A 부모님께서 데려다주셔서 편히 올 수 있었습니다.

Q 아, 그럼 지금 앞에서 기다리시겠네요.

A 사실 여기 뒤에 산이 있다고 산에 가신다고 하셨습니다.

Q 음, 기도하러 가셨구나.

A 그냥 등산하러 가신다고 하셨습니다. 하하.

Q 여기 산이 굉장히 험하거든요. 힘드시겠네.

A 아~ 하하.

Q 자, 그럼 자기기술서 1번부터 볼게요. 오르간 연주를 할 때 뭐가 어려웠어요?

A 저는 피아노를 배운 적이 있어서 손으로 건반을 연주하는 법은 익숙했지만 발로 연주하는 것은 처음 해 보는 일이라 어렵게 느껴졌던 것 같습니다.

Q 발로 연주하는 게 별로 안 어려울 것 같은데, 왜 어려웠어요? 옛날에 우리는 풍금 같은 게 있었는데… 그렇게 안 어려웠을 것 같은데요.

A 아무래도 오르간은 대중적이지 않은 악기이다 보니 배울 곳이 없어서 그 점이 어려웠습니다. 또한 오르간은 한 번 누르고 있으면 계속 소리가 이어지는 악기입니다. 한 번 잘못 치면 소리가 엉키기 때문에 실수하지 않으려고 부담이 컸던 것 같습니다.

Q 그러면 극복하려는 노력은 안 해 봤어요?

A 선배님께도 여쭤어 보고 저는 기존의 동시에 연주하는 연습 방법 말고 손 따로 발 따로 연습하는 저만의 방법을 만들어 연습했

습니다. 처음에는 이 방법이 오래 걸릴 것이라고 생각했지만 오히려 악기에 대해 좀 더 잘 이해할 수 있었습니다.

Q 선배는 뭐 하는 분이에요?

A 저보다 먼저 연주를 맡았던 분입니다.

Q 그 선배를 어떻게 알게 되었어요?

A 제가 담당 선생님께 여쭈어 봐서 연락을 드려 도움을 청했습니다.

Q 다른 친구들도 선배한테 연락해서 조언을 구했어요?

A 제가 다른 악기는 맡아 본 적이 없어서 그 부분까지는 잘 모르겠습니다.

Q 합주에서 본인의 비중은 얼마나 돼요?

A 피아노랑 오르간, 키보드로 연주하기 때문에 3분의 1 정도로 생각하시면 될 것 같습니다.

Q 그러면 그 합주는 왜 한 거예요?

A (되게 망설임. 예배에서 한 거라서. 근데 미션스쿨이라는 정도는 말해도 된다고 선배가 말해 주신 기억이 났음) 사실 저희 학교가 미션스쿨이어서 찬송을 부를 때 반주로 연주를 하였습니다.

Q 연습 기간은 얼마나 되었어요?

A 6개월 정도 됐습니다.

Q 음~ 그동안 계획 같은 걸 세워서 연습했나요? 그렇게 하면 오래 걸릴 수도 있다면서요.

A 걱정은 했지만 선배님께서 "○○이는 잘하니까 시간 안에 충분히 해낼 수 있을 거야"라고 말씀해 주셔서, 그 말을 믿고 성실히 연습했습니다.

Q 그것 말고 다른 방법으로 노력한 것은 없나요?

A 워낙 대중적이지 않은 악기여서인지 인터넷 검색을 통해 얻을 수 있는 정보가 많지 않았습니다. 그래서 동영상 무료 공유 사이트를 통해 다른 사람들이 연주하는 방법을 보거나 속도를 파악하고 공부하였던 것 같습니다.

Q 동영상 무료 공유 사이트는 뭐를 말하는 거예요?

A 유튜브를 보고 연습했습니다.

Q 지금은 잘해요?

A 네. 이제는 제가 후배에게 알려 줄 수 있을 정도의 실력을 가지고 있습니다.

Q 지금도 연주하나요?

A 저는 3학년 1학기까지만 연주해서 지금은 다른 후배가 연주하고 있습니다.

Q 그러면 본인처럼 후배한테 선배로서 뭐를 알려 줬어요?

A 네. 오르간을 켜고 끄는 방법이 사실 쉽지 않아서 제가 그런 방법부터 연주까지 알려 주었습니다.

Q 그 선배보다 본인이 더 잘 알려 준 것 같아요?

A 어… 사실 그렇지 못한 것 같습니다. 선배님께서는 따로 과외를 받고 저에게 알려 주셨지만, 저는 그 선배님의 이야기를 전달하는 수준으로 알려 준 것 같아서 그렇습니다.

Q 그걸 하면서 느낀 게 뭐예요? 얻은 것?

A 사실 제가 그 전까지는 다른 사람 앞에서 무언가를 선보일 자신감 같은 것이 없었는데, 이 일을 하면서 자신감이나 대담함 같은 것을 얻을 수 있었습니다.

Q 또 뭔가 얻은 것은 없나요?

A 제가 중학교 때는 조금 어두운 성격이었는데, 합주를 하면서 많은 사람과 소통하면서 밝은 성격을 가질 수 있었습니다.

Q 이제 2번 상황 질문할게요. 대학에 출석일수가 부족한데 일이 너무 바쁘면 어떻게 할 것인지 이야기해 보세요.

A (2번은 자기기술서를 거의 안 읽으시고 면접을 진행하셨음) 저는 주무관으로서의 일에 더 최선을 다하겠습니다. 대학에 다니는 이유는 제가 하는 업무에 도움이 되기 위함이라고 생각합니다. 하지만 대학일로 직장에 피해가 간다면 주무관으로서 임무를 지키도록 노력할 것입니다.

Q 대학도 국민의 혈세로 지원을 받아서 다닌 건데 그걸 그만두면 너무 낭비가 아닐까요?

A 그렇습니다. 물론 앞서 말씀드린 행동을 시행하기 전에 대학에 문의하여 혹시 다른 방법은 없는지 여쭈어 볼 것입니다.

Q 대학에서 아무것도 해 줄 수 있는 것이 없다면요?

A 그렇다면 다른 곳도 많이 조사를 해서 방법을 찾겠습니다. 그래도 정보가 많이 없다면 저와 같은 경험이 있는 선배님께 이럴 땐 어떻게 하셨는지 조언을 구하겠습니다.

Q 직장에 그런 선배도 없다면 어떻게 할 건가요?

A 아, 그러면 제가 많이 곤란하겠지만 상관님께도 제가 대학에 출석일수를 채워야 하는 상황이라고 말씀드리고, 혹시 기간을 연장해 주실 수 있는지 양해를 구해도 될지 여쭈어 보겠습니다.

Q 그런데 상관이 직장인데 양해를 해 줄까요? 나라면 안 해 줄 것 같은데. 기관의 일이 너무 바빠서 도와줄 동료도 없는 상황인데 어떻게 할 거예요?

A 제가 대학교에 다녀 본 적은 없지만 출석일수를 과제로 대신하는 경우도 있다고 들었습니다. 그런 제도를 이용하여 교수님께 양해를 구하고 업무가 끝난 후 과제를 제출하여 출석일수를 채우겠습니다.

Q 그러면 상관님께, 선배님께만 이야기하고 일을 할 건가요?

A 아, 아닙니다. 물론 다른 조직원들에게도 죄송하다는 이야기와 함께 저의 상황을 잘 설명을 드리고 일을 할 것입니다.

Q 알겠어요. 그러면 ○○○ 씨는 지금 먼저 선배님께 물어보고 상관님께 여쭈어 보고 대학에 문의하고 과제로 출석을 대신한다는 말이죠?

A 네, 그렇습니다.

Q 네, 잘 들었습니다.

Q 그렇다면 혹시 2번과 같은 상황을 실제로 경험한 적이 있나요?

A 음. 잠시 생각할 시간을 주시겠습니까?

Q 네, 그러세요.

A 답변을 드리겠습니다. 저는 고등학교 때 동아리를 통해 학교 축제에서 연극을 한 경험이 있습니다. 연극 연습 기간과 학교 지필평가 1차 기간이 겹쳐서 많이 힘들었습니다. 두 가지 일이 함께 일어난 것이 2번 상황과 비슷한 것 같습니다. 저는 연극 연습은 단체로 해야 하는 일이라 방과 후 다 함께 연습했고, 개인적인 공부는 저녁에, 연습이 다 끝난 후 집으로 돌아가서 했습니다.

Q 네, 잘 들었습니다.

(그 후로는 전문지식에 대한 질문으로 일반과세자, 간이과세자, 수정신고, 경정청구에 대해 물어보셨는데 갑자기 너무 당황해서 정확히

기억이 나지 않아 제대로 답하지 못하고 그 당시 생각이 나는 대로 답변을 했습니다. 마지막에는 면접관께서 그것들이 무엇인지 설명해 주셨습니다.)

3) 느낀 점

생각한 것보다 편하게 볼 수 있었습니다. 입장할 때 도어록 경보가 울려서 많이 당황했지만, 긴장을 풀어 주셔서 잘 볼 수 있었습니다. 자기기술서가 아닌 다른 지원 동기, 장점, 단점 등을 물어보지 않으셔서 조금 아쉬웠습니다. 끝난 후 대기 시간에 다른 면접자들과 이야기를 나누었는데 지원 동기, 세무서가 하는 일 등을 물어보셨다고 했습니다. 저는 면접관님들께서 오르간 연주를 어렵게 느낀 저의 경험을 이해하지 못하셔서 다른 방향으로 설명해 드리기 위해 시간이 오래 걸려서 그랬던 것 같습니다. 나중에 알아보니 면접관님께서는 제가 풍금 같은 악기를 연주한 것으로 알고 계셨던 것 같습니다.

상황 2번 질문에서 계속 방법을 말씀드려도 안 된다고 하시니 자신감이 낮아졌습니다. 그래서 계속 '~같습니다'라는 말을 많이 하여 마음에 걸립니다.

2019년 일반 행정직

1) 면접 전

저는 오전반이어서 7시에 도착해서 7시 30분에 입실하였습니다. 입실하면 입구에 순서가 적힌 종이가 붙어 있습니다. 거기서 자기 수험번호를 찾아 명찰을 달고 면접 대기장에서 자기 자리에 앉아 대기합니다. 그 후에 교육받고 자기기술서 및 평정표를 작성합니다. 그리고 감독관 안내에 따라 면접실 앞까지 이동합니다. 저는 3조 1번이어서 9시 50분부터 10시 20분까지 면접을 진행했습니다.

2) 자기기술서

(1) 어려웠던 경험, 극복 과정, 결과

외부 동아리에서 글로벌 미래 포럼에 참가한 경험. 미래 환경을 위해 실천 방안을 마련하고 발표하는 프로그램. 나의 역할은 의견을 정리하고 발표하는 역할. 하지만 조원들이 의견을 내지 않아 진행되지 않음. 그래서 단계적으로 진행하자고 단계별로 진행 과정 제시. 그 과정에 따라 진행하면서 많은 의견이 나오고 최종 2가지 방안 도출. 진행 과정에서 칭찬을 받았고 발표도 성공적으로 끝남. 그리고 환경 전문가와 참가자들에게 칭찬을 받음.

(2) 당신은 A고용센터 주무관이다. 주민들이 지하철역에 취업상담소를 만들어 달라고 요청. 취업상담소를 만들어도 되고 안 만들어도 됨. 하지만 만들게 되면 취업률이 올라갈 수 있음. 그런데 동료들이 업

무 과중으로 이를 반대하고 있는 상황. 당신은 어떻게 대처할 것인가.

3) 면접

- 최대한 기억나는 대로 적은 것임. 순서가 조금 다를 수 있음 주의.
- 남자 면접관 2명(사실 조금 귀여우셔서 웃음이 나옴)

(호루라기 소리=들어가란 신호)

(똑똑똑)

면접관 들어오세요.

(들어가서 목례 후 평정표 나눠 드림)

면접관 앉으세요.

(갑자기 앉으라고 해서 당황했지만 그래도 인사는 해야 할 것 같아서 인사드림)

나 아, 인사부터 드리겠습니다. 😊 안녕하십니까. 일반 행정직에 지원한 이○○입니다.

(인사드리니까 면접관들이 함박웃음 지으셔서 좀 뿌듯했음)

면접관 1, 2분 드릴 테니까 자기소개 부탁해요

나 사소한 소리에도 귀를 기울이겠습니다. 안녕하십니까. 국민을 위해 신문고가 되어 드릴 예비 공무원 이○○입니다.

　저는 공무원이 되어 저보다는 상대방을 위해 베푸는 사회를 만들고 싶습니다. 고등학교 2년 동안 시험 기간마다 멘토-멘티 활동을 하며 친구들의 성적 향상에 도움을 준 적이 있습니다. 정해진 답을 알려 주기보다 친구들이 어려워하는 부분을 먼저 찾아 해결할 수 있도록 도와주었습니다. 그 결과, 도와주었던 친구가 50점 이상 성적이 오르기도 하였습니다. 그 과정에서 제 작은 도움이 큰 도움이 될 수 있다는 것을 느낄 수 있었습니다.

　이처럼 저는 신문고가 되어 도움을 청하는 사람들을 위해 적극적으로 봉사하는 공무원이 되겠습니다. 감사합니다.

면접관 오~ (이때 좀 뿌듯 😊)

면접관 자기기술서 보니까 글로벌 외부 포럼에 참가했다고 했는데 거기서 어떤 역할이었나요? 조장이나 팀장 같은 것.

나 저는 조장이었고 의견 정리와 발표를 담당했습니다.

면접관 총 몇 명이었어요?

나 6명이었습니다.

면접관 다른 조원들은 무슨 역할을 했나요?

나 (조금 당황해서 이상한 역할을 말했지만 별로 신경 안 쓰심. 지금 생각해도 이상함) 저는 의견 정리를 담당했고 다른 조원들은 2명씩 짝을 이뤄 재료로 물건을 만들고 방안에 대해 고민하는 역할을 담당했습니다.

면접관 여기에 최종 방안 2개라고 적혀 있는데 설명해 줄래요?

나 (자기기술서에 우리 조 주제 있음: 빨대 사용을 줄이는 방안) 저희는 정책적인 방법과 모양을 바꾸는 방안을 생각하였습니다. 먼저 정책적인 방법은 개인 텀블러를 이용하면 할인 폭을 크게 하는 것이었습니다. 그리고 저희가 생각하기에 빨대 사용의 문제점은 두 사람이 한 음료를 마실 때 두 개의 빨대를 사용한다는 점이었습니다. 그래서 하나의 빨대에 두 개의 입구를 만드는 방안을 생각했습니다. (이해가 안 가실까 봐 손동작으로 빨대 모형 Y자 모양 만들어 드림)

면접관 다른 방안은 없었나요?

나 정책적인 방안에 개인 텀블러를 이용하면 500원을 감액하자는 방안이 있었습니다. 하지만 할인 폭을 넓히는 것과 비슷하고 이 방안이 더 좋다고 판단해서 할인 폭을 넓히는 방안을 선택했습니다.

면접관 그런데 그 정책적인 방안은 별로 창의적이지 않은데요? (당황 +++)

나 맞는 말씀이십니다. (강사님께 배운 표현임 😊) 하지만 제가 생각하기에 모형을 바꾸는 방안은 창의적이라고 생각합니다.

면접관 맞아. 그건 좀 창의적이더라. (웃었다 😊)

면접관 보니까 환경에 관심이 좀 있는 것 같은데 현재 환경의 문제가 뭐라고 생각해요?

나 쓰레기가 많은 것이 문제라고 생각합니다.

면접관 쓰레기는 원래부터 많지 않았나요?

나 네. 맞습니다. 하지만 요즘 길거리에 분리 배출을 할 수 있도록 칸이 나뉜 쓰레기통이 설치되면서 이전보다는 쓰레기가 많이 줄었다고 생각합니다. (내가 담배 얘기도 했던 것 같은데 기억이 안 남. 왜 했는지 모르겠음)

면접관 (고개 조금 끄덕) 길거리에 많아지긴 했네.

면접관 어느 분야에서 일하고 싶어요?

나 지원하고 싶은 부처로 말씀드려도 됩니까?

면접관 아무거나 괜찮아요~ (천사다 천사)

나 모든 부서에 잘 적응하여 제 일을 성실히 수행할 수 있다고 생각합니다. 굳이 한 군데만 뽑자면 행정안전부에 지원하고 싶습니다.

저는 교내 행정실 봉사를 통해 행정업무를 경험해 보았습니다. 또한 반장으로 활동하면서 현장 체험을 갈 때 학급 친구들에게 미리 안전수칙과 주의 사항을 안내하곤 합니다. 이러한 경험을 토대로 저는 자연스럽게 행정과 안전에 관심을 두게 되었고, 이러한 일을 하는 행정안전부 정책에 함께하고자 지원하고 싶습니다.

면접관 음, 행안부….

면접관 (항상 두서가 길어서 무슨 말씀인지 이해 안 감. 그래도 끝까지 들음) 안전을 위해서 하고 있는 일?

나 정책적인 부분을 말씀하시는 겁니까?

면접관 아니요. 주민들이 안전을 위해 해야 하는 일.

나 (행정안전부 정책의 안전타운워칭 활동 내용을 말함) 주민들이 주변에 있는 위험 안전 요소를 점검하고 위험 요인이 발견되면 즉시 신고하여 안전한 환경을 만들어야 한다고 생각합니다.

면접관 오~ 많이 준비했네요. (진짜 너무 기분 좋았다. 😊)

면접관 자기기술서 2번으로 넘어갈게요. 지하철역에 취업상담소를 만든 이유가 뭐라고 생각해요?

나 사람이 많이 지나다니는 곳에 설치했다고 생각합니다.

면접관 그거 알면서 왜 취업상담소를 고용센터로 옮기려고 해요? (자기기술서에 취업상담소를 고용센터에 설치한다고 적음)

나 저는 공무원으로서 주어진 업무를 처리해야 할 의무도 있지만, 주민들의 의견을 수렴해야 할 의무도 있다고 생각합니다. 그리고 이 두 가지 의무의 합의점을 찾아서 고용센터 내부에 설치하자는 방안을 생각한 것입니다. 고용센터 안에 설치하면 주민들이 원하는 것을 수렴할 뿐만 아니라 동료들도 업무를 좀 더 편하게 할 수 있다고 생각합니다. 그래서 저는 고용센터 내부에 설치하자는 방안을 생각한 것입니다.

면접관 (끄덕끄덕, 이것에 대한 후속 질문 없었음)

면접관 (내가 쓴 방안 보시고) 되게 괜찮은 방안인데, 이거 안 되면 후속 조치를 해야 하지 않을까요?(라고 하시면서 자꾸 자기 생각을 이야기하시고 후속 조치까지 설명하심. 근데 이 내용이 내가 자기기술서에 적은 내용임)

나 (면접관님 말씀 끝나고) 네, 맞습니다. 그래서 제가 실제로, 자기기술서 보시면, 안 될 경우에 대비해서 프로그램이나 자료를 공유하자는 방안도 적었습니다.

면접관 그러니깐, 이거 되게 좋은 방안이야. (내적 오열 😭) 그런데 실제로 고용센터 방문해 본 적 있어요?

나 (학교에서 가라고 해서 갔었음 😭) 네, 저는 고용복지플러스센터에 방문한 적이 있습니다. 면접을 준비해야 하는데 막막해서 직접 방문하여 면접 연습을 했습니다.

면접관 오~ 실제로 가 본 적이 있구나.

면접관 맞아, 요즘에 그런 프로그램 많더라.

면접관 (질문도 생각 안 나는데 되게 어려운 전문지식이었음)

나 죄송합니다. 제가 그 부분에 대해서는 준비를 하지 못했습니다.

면접관 좋아요~ (여기서부터 계속 말끝마다 '좋아요~'라고 해 주심 😄)

면접관 그럼 행정법 개정 절차에 대해 알아요?

나 (모르지만 내 생각을 말함) 우선 국민의 의견을 수렴하고 공무원들의 의견을 더해 회의를 거친 후 개정된다고 알고 있습니다. (정답 아님. 내 생각)

면접관 좋아요~

면접관 공무원으로서 있어야 할 자세가 뭐라고 생각해요?

나 (덕목을 자세로 바꿔 말함) 저는 경청하는 자세라고 생각합니다. 공무원은 국민을 위해 공공 서비스를 제공하는 사람입니다. 그래서 민원을 상대하고 함께 고민을 해결해 나가는 것이 주요 업무라고 생각합니다. 한 책에서 국가권익위원회를 찾은 민원인들이 공무원에게 "내 이야기를 들어 줘서 고맙습니다"라고 했다는 구절을 보았습니다. 이 글을 보고 말을 들어 주는 것만으로도 문제의 해결에 다가갈 수 있다는 것을 알게 되었습니다. 그래서 공무원은 국민을 위해 진심으로 경청하는 자세가 필요하다고 생각합니다.

면접관 자신의 강점은?

나 저는 뛰어난 적응력을 가지고 있습니다. 다양한 봉사와 직무 경험을 바탕으로 공직에서 새로운 업무를 배울 때 어려움 없이 빠르게 흡수할 수 있다고 생각합니다. 또한 자격증 준비와 실습에서 배운 것을 토대로 실무에 바로 투입되어도 문제없이 업무를 능숙하게 처리할 수 있다고 생각합니다.

면접관 어떤 자격증을 가지고 있나요?

나 컴퓨터활용능력, 워드프로세서, 회계 관련 자격증 3개, 한국사, 한자 자격증을 가지고 있습니다.

면접관 다른 질문입니다. 국가의 예산이 부족한데 이럴 때 어떻게 대처할 것인지 말해 볼래요?

나 저는 먼저 불필요한 곳에 들어가는 예산을 막아야 한다고 생각합니다. 그래서 불필요한 곳을 먼저 찾아야 한다고 생각합니다.

또한 예산이 부족하다는 이유로 국민의 세금을 더 걷으면 국민의 부담이 증가할 수 있다고 생각합니다. 그래서 저는 세금은 똑같이 걷되, 불필요한 곳에 쓰이는 예산을 줄여야 한다고 생각합니다.

면접관 예산은 필요한 곳에 들어가는 건데, 불필요한 부분이 있을까요? 불필요한 부분에 대한 예시를 말해 줄래요?

면접관 (여기서 완전 버벅, 왜 공무원 비리밖에 생각이 안 날까. + 시간 다 되어 간다고 똑똑똑 소리가 남, 25분쯤?) 저는 공무원이 비리를 저질러서 생기는 예산… (이렇게 말함. 기억이 안 나요. 죄송합니다)

면접관 (끄덕끄덕) 마지막으로 할 말 있나요?

나 저에게 오늘 면접은 정말 소중한 시간이었습니다. 한 달 동안 면접을 준비하면서 저 스스로가 대견하다고 생각했습니다. 이 자리에 오기까지의 간절함을 생각하면서 앞으로 사명감을 가지고 더욱 성실하게 임하는 공무원이 되겠습니다. 오늘 진심으로 감사드리고 몇 달 뒤에 공무원증과 함께 공직에서 찾아뵙겠습니다. 감사합니다.

면접관 수고하셨어요.

나 (일어나서) 감사합니다.

4) 느낀 점

면접 때 많이 떨리는 친구들은 모의 면접을 많이 해 볼 것을 추천합니다. 사실 저도 면접 때 떨려서 목소리가 달달거리는 스타일인데 모의 면접을 하면 할수록 긴장감이 덜합니다. 그래서 면접장 들어가서는 하나도 안 떨고 할 말 다 하고 나왔습니다.

저는 꼬리 질문이 별로 없는 편이라고 생각하는데, 그래도 경험형 질문에서는 꼬리 질문이 많이 나오니까 꼭 자기 경험을 쓰는 게 좋습니다. 또한 상황형 같은 질문은 면접관님의 말씀에 동의하면서 자신의 주관을 밀고 나가야 압박이 좀 덜하다는 생각이 들었습니다.

자기기술서를 작성하고 면접장에 가기 전까지 꼭 머릿속으로 되새기길 바랍니다.

모두 공무원 꿈 이루시길 바라면서 도움이 되었으면 좋겠습니다. 감사합니다.

2019년 일반 행정직

1) 자기기술서

1. 본인이 가장 힘들었던 일과 그것을 극복한 경험 또는 실패한 경험과 어떻게 극복했는지 과정, 결과를 쓰시오.

2. 본인은 고용센터의 주무관이다. 주민들 다수가 지역 내의 지하철역에 취업상담소를 설치해 달라고 요청하였고 취업상담소를 설치할 시 지역사회의 취업률이 증가될 것으로 예상된다. 하지만 취업상담소를 설치할 경우 상담을 해 주는 사람이 필요하므로 고용센터의 인력이 부족하게 된다. 이 때문에 고용센터의 업무량 증가, 동료들의 반발이 예상된다. 이에 어떻게 대응할 것인가?

2) 면접

나는 오전 조라서 7시 30분부터 입장, 8시 20분까지 입실이었음. 집에서 7시 10분 정도 출발해 7시 40분에 도착함. 도착하면 먼저 자기 명찰표를 작성하고 왼쪽 가슴에 달았다. 명찰표 작성 시 본인의 순서 확인 가능함. 나는 30조 중에서 2조였고 한 조당 4명 배정인데 난 첫 번째였음. 처음에는 첫 번째라 망했다고 생각했지만, 나중에 가니까 첫 번째가 제일 좋음. 대기 시간이 길어질수록 지루하고 긴장만 오래되기 때문. 처음에 면접 대기장에 가서 자기기술서를 면접 지원자가 동시에 20분 동안 작성함. 이후 20분 정도 대기 후 각 조의 1번은 복도에 줄을 서서 각자 면접 방으로 이동함. 똑똑똑 하고 노크 후 오른쪽 면접관님께 자기기술서를 제출함. 인사를 하려고 했지만 바로 앉으라고 해서 "감사합니다." 하고 앉음.

면접관 앉으세요.

나 감사합니다.

면접관 자기기술서에 작성된 내용에 대해 1분 정도 요약해서 말씀해
주시겠어요?

나 (자기기술서를 읽어 보지 않고 나보고 직접 다 말해 보라고 함) 네.
저는 작년 상업경진대회에 '비즈니스 영어' 부문에 학교 대표로
출전한 경험이 있습니다. 비즈니스 영어라는 과목을 한 번도 배
워 본 적이 없었고, 전공 교과서도 난생 처음 보는 두께의 책이라
서 막상 처음 볼 때는 걱정이 되었습니다. 또한 대회에 외국인과
함께 영어 면접을 하는 단계가 있었는데, 제가 원어민처럼 유창
한 영어 실력이 없어서 두려웠고 교과목 공부와 병행해야 한다는
점과 학교 대표라는 부담감으로 어려움이 컸습니다. 하지만 저는
모르는 부분은 선생님께 여쭤 보고, 아침 7시에 등교해 아침 자
습을 하고 밤 10시에 하교하며 야간자율학습에 참여했습니다. 이
처럼 주어진 시간을 효율적으로 활용하고 열심히 공부해 나갔습
니다. 처음 모의고사를 풀 때, 노력만큼 나오지 않는 점수로 실망
을 하기도 했지만 꾸준히 성실하게 공부하다 보니 대회에서 '은
상'이라는 값진 상을 수상할 수 있었습니다. 이와 같은 성실함으
로 공직사회에서도 열심히 일하는 공무원이 되고 싶습니다.

면접관 왜 상업경진대회의 대표로 출전하게 되었나요? 본인이 자신
도 없었던 과목인 것 같은데 굳이 나간 이유가 있었나요?

나 제가 고등학교 2학년 때는 모두가 '비즈니스 영어'라는 과목을
배워 본 경험이 없었기 때문에 학생 개개인의 실력을 판가름하
기에는 어려움이 있었습니다. 따라서 다른 2학년 교과목을 가르

치시는 선생님들께서 평소 모습을 보고 판단하여 일부 아이들을 추천해 주셨고, 그 친구들을 모아서 담당 선생님께서 지원 포부를 듣고 저를 뽑아 주신 것 같습니다.

면접관 꼭 참가하지 않아도 됐는데 나간 이유가 뭐죠? 추천받았을 때 기분이 어땠어요?

나 우선 저를 학교 대표로 대회에 참가할 수 있게 추천해 주신 선생님들께 감사한 마음이 가장 컸습니다. 또한 저는 평소 새로운 도전을 좋아합니다. 물론 저도 이 대회에 학교 대표로 출전하게 되면 9개월 정도를 학교 교과목과 함께 공부해야 하기 때문에, 성적이 다소 떨어질 수도 있다는 사실을 알고 있어 처음에는 망설였습니다. 그러나 오히려 아직 다양한 경험이 없어서 새로운 것에 도전하는 모든 것이 제게 주어진 좋은 기회라는 생각이 들었습니다. 따라서 선생님께서 저에게 제안하셨을 때 나에게 주어진 좋은 기회이니 놓치지 말자는 생각으로 흔쾌히 도전하게 되었습니다.

면접관 새로운 도전을 좋아하게 된 경위에 대해 말씀해 주세요.

나 저는 평소 여행을 좋아합니다. 가족들과 처음 해외여행을 갔을 때, 처음 보는 곳에서 생활하고 경험하다 보니 여행을 갔다 온 후에 세상은 넓고 저는 그저 넓은 세상 속의 한 사람이구나 하는 것을 느꼈습니다. 이처럼 새로운 도전과 모험을 하면 제가 몰랐던 넓은 세상을 보고 시야를 넓힐 수 있다는 것을 느꼈기 때문입니다. 그래서 저는 학교의 축제나 대회 등 꼭 저의 분야가 아니더라도 열심히 참여해 지금까지 다양한 좋은 결과를 가져올 수 있었습니다.

면접관 공무원에 도전하는 방법은 지역인재 9급 말고도 다양한 지방 직, 국가직과 같은 공채들이 있는데, 그것은 생각 안 해 봤나요?

나 네, 해 보았습니다. 만약 이 시험에서 떨어지더라도 다시 공무원에 도전하려고 합니다. 제가 떨어진 이유를 찾고 개선하여 내년에 공채로 다시 공무원이 되기 위해 시험에 응시하려는 계획을 세우고 있었습니다.

면접관 여기에 쓴 내용이 정말 힘든 경험이었나요? (언짢은 표정) 이건 본인을 어필하기 위해 쓰신 것 같은데, 이거 말고 또 다른 정말 힘든 일을 말해 주세요.

나 (나는 정말 힘들었는데, ㅜㅜ 면접관님이 이건 힘든 일이 아니다, 다른 것을 말해 보라고 하셔서 약간 속상하고 당황했음. ㅜㅜ 나랑 같은 조였던 다른 친구한테는 자기들은 힘든 일이 많은데 요즘 애들은 그런 게 없나, 이랬다고 함) (생각ing) 네, 저는 아직 학생 신분이라 직업을 구하는 일이 처음입니다. 그래서 공무원이라는 꿈을 갖기 시작하고 나서 공부를 할 때 이 시험에 떨어졌을 때에 대한, 미래에 대한 불안감과 저를 위해 노력해 주신 부모님께 안겨 드릴 죄송함…. (말하면서 입은 웃는데 눈물이 그렁그렁해지고 목소리가 우는 사람처럼 떨림. 사실 긴장한 상태에서 생각지도 못하게 정말 힘들었던 과거에 대해 직접 말하려니 너무 서러웠고, 긴장이 되어 눈물이 떨어지기 일보 직전이었음. 그걸 보고 면접관님이 '아아, 그만하셔도 좋습니다.' 이렇게 함)

면접관 그럼 상업경진대회 이후 '무역영어'는 그만두었나요? 아니면 따로 지속적으로 공부해 온 것이 있나요?

나 네, 있습니다. 저는 대회 이후 무역영어라는 과목에 큰 흥미를 갖게 되었습니다. 그래서 무역영어 자격증을 따로 취득하였고, 현재 3학년 교과목에서는 무역영어 교과를 배웁니다. 반 친구들이 무역영어 공부를 하다 어려운 점이 있거나 저의 도움을 청하면 친절히 알려 주며 공부하기 위해 노력하고 있습니다.

면접관 본인은 상담소를 설치한다고 쓰셨는데, 이 내용에 대해 간략히 설명해 주시겠어요?

나 (이번에도 역시 읽지 않으심. 나는 있는 줄을 꽉꽉 채우며 열심히 썼는데 막상 하나도 읽어 봐 주시지 않았다. 😭) 저는 공무원은 국민의 봉사자라는 것을 알고 있습니다. 또한 현재 사회 전체적으로 취업률이 낮고 극심한 취업난으로 국민들이 많은 어려움을 겪고 있습니다. 따라서 제가 고용센터의 주무관으로서 조금이나마 취업난을 해소하고 도움을 드릴 수 있다면 취업상담센터를 설치하는 것이 좋다고 생각합니다. (사실 여기에 학교에서 교내 학생부장으로서 분리수거를 자진해서 했고, 모두 분리수거가 냄새나고 쓰레기를 직접 만지는 것이 어려워 기피했지만 내가 학생복지부장으로서 팀원들을 설득해 다행히 따라 주었다. 나도 처음 경험해 보며 추울 때 춥고 더울 때 더워 힘들었지만, 산책을 할 수 있는 기회가 있어서 좋았다, 바람을 쐴 수 있어서 좋았다는 긍정적인 마인드로 이겨 나갈 수 있었다. 이처럼 공직사회에서도 항상 긍정적인 마인드로 공무를 수행하겠다고 썼다. 하지만 요약해서 이야기하라는 순간, 이 내용을 skip함)

면접관 고용센터 설치 시 동료들의 반발은 어떻게 해결하실 건가요?

나 제가 먼저 자진하여 파견근무를 나가 공무를 수행하겠습니다. 제가 솔선수범하여 먼저 모범을 보인 후 동료들에게 공무원은 국민의 봉사자라는 점을 말씀드리고, 시민들께 도움이 된다면 파견 근무를 같이 하자고 설득하겠습니다.

면접관 그렇다고 따라 주지 않을 텐데, 그래도 싫어하면 어떻게 할 건가요?

나 (생각할 시간을 달라고 하고, 짧게 생각함) 네, 답변하겠습니다. 우선, 그 상담센터는 아직 만들어지지 않았기 때문에 근무가 어려운지 아닌지에 대해서는 모두가 경험해 보지 못했을 것입니다. 따라서 제가 먼저 가서 근무해 본 뒤, 생각보다 어렵지 않다는 점을 말씀드리며 차근차근 동료분들을 설득해 보도록 노력하겠습니다. (사실, 이 답변 아까랑 똑같이 했다. 😭 속상)

면접관 업무의 난이도는 크게 차이 나는 게 아니에요. 근무지의 변경으로 출퇴근이 힘들어진다는 점이 있겠죠. ('네!' 하고 대답) 그럼 고용센터가 아직 만들어진 지 얼마 안 돼서 많은 사람들이 모를 텐데, 어떻게 홍보하면 좋을까요?

나 현재는 정보화 시대로 SNS로 홍보하면 더욱더 효율적으로 취업 상담센터에 대한 정보를 알릴 수 있다고 생각합니다. 따라서 SNS에 광고나 공익광고 등을 통해 홍보하면 좋다고 생각합니다.

면접관 그러면 상담센터 설치 시에는 무엇이 필요합니까?

나 우선 상담센터를 설치할 수 있는 장소와 그곳에서 근무할 동료들이 필요하다고 생각합니다. 그리고 상담센터임을 홍보할 수 있는 팸플릿도 있으면 좋겠습니다.

면접관 고용센터 설치 시 취업률이 오르는 것이 기대되는데, 혹시 그렇게 되지 않는다면 어떻게 하실 건가요?

나 네, 우선 취업률을 올리고자 야심차게 실시한 정책이지만, 이 의

도와 다르게 아쉽게도 취업률이 오르지 않더라도 국민의 취업에 대한 고민을 듣고 그에 조금이나마 도움을 드릴 수 있었다면 그 것만으로도 충분히 의미가 있는 일이라고 생각합니다.

면접관 질문이 조금 어렵죠? (이러면서 앞에 있는 질문 예시 프린트 같은 것을 보심) 혹시 본인의 장점을 공직에 어떻게 활용할 수 있을까요?

나 저는 주변 사람들에게 넉살이 좋다는 이야기를 들어 왔습니다. 부모님이 맞벌이 부부였기 때문에 유년 시절 4년 동안 조부모님 손에서 자랐습니다. 그래서 어릴 적부터 어른들과 함께 있는 시간이 익숙하였고 노인정을 어린이집처럼 자주 갔습니다. 살가운 성격 덕에 나이를 불문하고 처음 보는 사람에게도 낯을 가리지 않고 먼저 다가가 금방 친해질 수 있었습니다. 이러한 저의 사교성을 바탕으로 공직생활 중 마주할 다양한 민원인들을 상대할 때마다 한 분 한 분께 먼저 다가가는 친절한 공무원이 되도록 하겠습니다.

면접관 가고 싶은 부처가 있나요?

나 아까 말씀드렸다시피 저는 상업경진대회에 '무역영어' 부문 학교 대표로 출전한 경험이 있습니다. 대회를 준비하며 무역과 관세, 수출과 수입에 대해 흥미를 느끼게 되었고, 저는 공무원을 준비하며 일반 행정 직렬의 '산업통상자원부'에 들어가 직무를 수행하고 싶다는 다짐을 하였습니다. 따라서 저는 '산업통상자원부'에 들어가 제가 현재까지 배운 지식과 무엇이든지 배우려는 자세로 국가의 수출 증대와 협력 증가를 위해 힘쓰는 공무원이 되고 싶습니다.

면접관 본인이 의견을 냈어요. 본인 하급자들은 모두 그 의견에 대해 찬성하는데, 상급자가 반대합니다. 어떻게 하실 건가요?

나 우선 면접관님은 저보다 경험과 연륜이 훨씬 많고 공직생활에서 많은 정책을 실현해 오신 분이라고 생각합니다. 따라서 제가 생각하기에 아무리 맞는 의견이고 옳다는 생각이 들어도 상관님께 먼저 자문을 구해 보도록 하겠습니다. 이후 고민해 보신 다음에 저의 의견이 아니라고 말씀해 주실 경우, 저도 그 의견을 충분히 수렴하고 따르겠습니다.

면접관 상관이 하지 말라고 했다고 바로 따르지 않겠다고 할 거예요?

나 아, 아닙니다. 상관님께 자문을 구할 시 제가 왜 이러한 의견을 냈는지에 대해 자세히 말씀드린 후, 저의 견해대로 정책을 실현했을 시 이후의 효과에 대해 상관님께 상세히 설명을 드리며, 설득해 볼 것입니다. 하지만 이후에도 상관님께서 제 의견이 옳지 않다고 말씀해 주실 경우 겸허히 받아들이겠습니다.

면접관 요즘 다들, 젊은이들은 모든 공무원들이 6시 땡 하면 바로 집에 가는 줄 알아요. 하지만 실상은 그렇지 않아요. 현실에서는 12시까지 근무하고 오랜 시간 야근을 할 경우도 많은데 어떻게 생각해요?

나 먼저 조직원들이 초과근무를 해야 할 때에는 조직 전체가 긴급하고 바쁜 상황인 것처럼 필연적인 이유가 있다고 생각합니다. 저 또한 그 부서의 한 명의 조직원으로서 공동체 의식을 갖고 끝까지 조직의 업무를 수행해야 하는 의무가 있습니다. 따라서 12시가 아니라 그 이상이 되더라도 제 개인적인 시간을 할애하여 충분히 초과근무를 하며 맡은 공무를 성실히 수행하겠습니다.

면접관 법적으로 근로시간이 6시로 딱 정해져 있는데, 굳이 남아서 더 근무해야 합니까?

나 물론입니다. 근무시간이 6시로 정해져 있지만, 그에 맞춰 업무의 양을 줄일 수는 없다고 생각합니다. 따라서 제게 추가로 주어진 업무가 있다면 근무시간에 초점을 맞추기보다는 업무 수행의 완성도에 더 집중하여 초과근무를 마다하지 않고 열심히 수행하겠습니다.

(똑똑똑 하고 밖에서 슬슬 정리하라는 신호가 들림)

면접관 본인이 알고 있는 공직 가치에 대해 아는 만큼 설명해 보세요. 그리고 그 공직 가치가 잘 실현된 현재의 국가 정책에 대해 이야기해 보세요.

나 공직 가치에는 애국심, 민주성, 다양성, 책임성, 투명성, 공정성, 공익성, 청렴성 등이 있습니다. (한 템포 쉼) 제가 생각하기에는 '적극행정 면책제도'가 가장 먼저 떠오릅니다. 가령 주민센터에 등본을 받으러 간다든가 주민등록증 발급 등 행정 서비스를 받을 때, 보편적으로 시민의 입장에서는 상황 처리 단계의 복잡성으로 민원처리에 대한 만족도가 떨어지거나 개개인의 상황에 맞는 맞춤형 문제해결에 종종 어려움이 있었다고 알고 있습니다. 그렇기에 시민의 행정 서비스적 만족도를 높이기 위해서 최근 제정된 '적극행정 면책제도'와 같이 현재 공무원 사회는 어쩔 수 없이 업무의 규정상 주어진 권한 안에서 일 처리를 해야 하는 범위에서, 조금의 여유를 두어 시민들께 더 신속한 행정 서비스를 제공함으로써 만족도를 제고시킬 수 있다는 점이 좋다고 생각했습니다.

면접관 네, 좋습니다. 일어나셔도 됩니다.

나 (일어나서 옆으로 가서) 감사합니다!

3) 전체적 후기

평소보다 긴장도 했고 말을 더듬기도 했지만, 목소리는 주눅이 들지 않고 당차게 말했다. 또한 나는 원래 낯선 상황에서 오히려 미소가 많아지는 편이다. 그래서 답변을 할 때 내 표정이 어떠했는지는 잘 모르겠지만 크게 인상을 쓴 적은 없었던 것 같다. 면접관님이 말씀하실 때 항상 미소를 짓고 고개를 끄덕이며 대답하려고 했었다. 2조에서 본 친구들이 다른 조의 면접관보다 모두 힘들어했다. 내 답변에서 꼬리를 물고 나아가는 질문보다는 계속해서 '아니면 어떻게 할 건데요?'라는 식의 꼬리 질문이 유독 많았다. 생각보다 잘하지 못해 지금 이 글을 쓰는 순간에도 조금 후회는 되지만, 면접을 보는 그 순간에는 최선을 다했다고 생각한다. 그리고 내가 기록한 것보다 실제 면접에서는 더 길게 말했던 것 같은데, 기억이 잘 나지 않아 생각이 나는 구절만 열심히 적어 보았다.

이것만은 꼭!

공무원의 부푼 꿈을 안고 쉼 없이 달려온 학생이 넘어서야 하는 마지막 관문인 면접.

그런데 너무 떨리는 순간이 아닌가?

학생들과 같이 준비를 해 오면서, 합격의 기쁨을 나누기도 했지만 때론 마지막 문턱을 넘지 못한 아쉬움도 함께했다.

그들이 느끼는 힘듦을 알기에 조금이나마 도움을 주고자 면접 과정과 그 내용을 몇 년째 모아 왔고 또 준비하는 학생들과 공유해 왔다. 선배들이 간 길을 보면서 어떤 것을 준비해야 하며, 나라면 어떤 태도로 임할까 생각하는 시간을 갖게 한 것이다.

올해는 또 어떤 문제가 나올지 알 수 없지만, 두려워할 필요는 없다. 면접장에 들어가는 그 순간까지 애써 온 자신을 믿고 당당히 임하길 바란다. 괜찮아, 넌 할 수 있어.

5.
저는 이렇게 부사관 준비했어요

필기 준비

저는 직업으로서 부사관 진로를 늦게 결정한 경우입니다. 그래서 2학년 겨울방학 때부터 본격적으로 준비를 시작했습니다. 다행히 우리 학교에 부사관 준비를 도와주시는 선생님들과 같은 목적을 가진 동아리 친구들이 있어서 가능한 일이었습니다. 오전에 체력을 준비하였고 오후에는 선생님과 필기시험 준비를 했습니다.

개학 후에도 꾸준히 필기시험 공부를 하였는데, 육군 필기시험이 어떻게 구성되었는지, 문제가 어떻게 나오는지 하나씩 풀어 가면서 감을 잡으려고 했습니다. 출발이 늦었기에 학교에서 10시까지 필기 공부를 했고, 자습하는 습관을 지니려고 노력했습니다. 저는 공부를 잘하는 편이 아니었습니다. 그렇지만 못해도 꾸준히 하려고 노력했습니다. 모든 선생님이 필기가 제일 불안하다며 걱정하실 정도였습니다. 선생님께서 필기 공부를 할 때 점수를 매일 작성하여 어떤 부분이 가장 부족한지를 기록하면서 점검하라고 충고해 주셔서, 기록하면서 공부했습니다. 그 결과 어느 부분이 상승세인지 부족한 것은 무엇인지 확인하고 보완할 수 있었습니다.

이름	왕○○				
과목	공간	지각	언어	자료	국사
만점	18	30	25	20	20
2월 21일	11	21	6	9	4

위에 보는 바와 같이 저는 점수가 생각보다 아주 낮았고 한동안 점수가 오르지 않았습니다. 그래도 두 달 정도 쉬지 않고 부족한 과목보다 잘할 수 있는 과목에 더 집중하고 이후에 못하는 과목도 조금이나마 점수를 올릴 수 있도록 계속해서 문제를 풀었습니다.

필기시험 준비를 하면서 힘들었던 점은 지금까지 공부를 안 해 왔기 때문에 제가 응시해야 하는 영역 하나하나를 배워 나가는 일이었습니다. 그리고 문제를 풀고 점수 확인을 하는 과정에 점수가 낮게 나와 불안하고 조급했습니다. 하지만 포기하지 않고 어떻게든지 버텨 보려고 노력했습니다. 그 결과 필기시험이 끝나고 나서 느낀 것이 있습니다. 아무리 못하고 기본 점수 12점을 못 넘어서 우울할지라도 끝까지 문제를 풀면서 하나라도 더 정답을 찾고자 계속 노력했기에 결과가 잘 나왔다는 확신이 생긴 것입니다.

제가 후배들에게 해 주고 싶은 말은 끝까지 붙잡고 있는 사람만이 성공을 붙잡을 수 있다는 것입니다. 포기하지 않고 열심히!

각 영역 공부법을 설명해 보려고 합니다. 이 방법이 가장 좋은 것이 아닐 수도 있지만 저의 경험이 후배들에게 도움이 될까 싶어 적어 봅니다.

공간능력

공간능력은 과목 중 가장 쉽기에 저는 무조건 18문제 다 맞을 생각으로 풀었습니다. 처음에는 도형이나 블록이 어떻게 이어지는지 모습을 상상하면서 문제에 적응했습니다. 그리고 주어진 블록이 몇 개인지 빠짐없이 세는 연습을 하며 다양한 도형과 블록 모양에 적응했습니다. 부사관 시험이 얼마 안 남았을 때, 타이머로 측정해 가며 18문제를 빠르게 푸는 연습을 했습니다.

지각속도

지각속도는 말 그대로 빠르고 정확하게 풀어야 합니다. 틀리면 오히려 깎일 수가 있기 때문에 많이 못 풀어도 절대 찍지 않았습니다. 저는 지각속도는 초반이나 후반에도 매일 적어도 한 번은 꼭 타이머로 시간을 맞추고 문제를 풀었습니다. 지각속도는 시간을 맞추고 계속해서 문제를 풀어 속도를 내는 방법밖에 해결책이 없었습니다. 그러다 보면 어느 순간 스스로 실력이 늘어나는 게 보입니다. 저는 대략 18~20개 정도 풀었습니다.

언어능력

저는 언어능력이 두 번째로 힘들었습니다. 문장에 대해 해석하고 이해하는 시간이 오래 걸려 항상 시간 안에 25문제를 다 못 풀었습니다.

또한 저는 문장 해석, 중심 내용 파악, 문장 잇기뿐만 아니라 읽기 속도도 느린 편이었습니다. 이를 극복하고자 초반에 지문 독해 실력을 키워 줄 비문학 독서 책을 샀습니다. 이 책은 1일 차, 2일 차 이렇게 나뉘어 있어서 하루에 정해진 양을 매일 풀었습니다. 난도가 조금 있는 책이라, 이에 투자한 노력이 후에 부사관 문제 풀 때 도움이 많이 되었습니다. 시험 한 달여를 남겨둔 시점에는 시간 타이머 측정을 하며, 25문제 풀이 연습을 계속했습니다. 이 과정에서 틀린 문제가 발견되었을 때는 꼼꼼히 확인해 보고 이해하고 나서 다음 문제로 넘어갔습니다. 언어능력은 생각보다 쉽게 안 늘지만, 문제를 읽고 중심이 되는 핵심을 잘 집어내는 연습을 반복하는 것과 긴 지문을 빨리 읽는 연습을 하는 것이 좋다고 생각합니다. 모두가 알고 있는 이야기일 수 있지만, 접속어의 역할과 기능을 이해하고 문장을 읽어 가면 문장을 빨리 해석할 수 있습니다.

자료 해석

제게 1순위로 힘들었던 것이 바로 자료 해석이었습니다. 자료 해석은 수학이다 보니 어렸을 때부터 기초가 잘 잡혀 있지 않았던 저의 경우는 문제 풀기가 힘들었습니다. 하지만 문제를 계산하여 푸는 것보다 그래프를 해석하고 객관식에 답을 체크하는 것이 많아, 저는 문제 푸는 것을 포기하고 조금이라도 주기적으로 풀면 금방 늘 수 있는 그래프 문제를 더 중심으로 풀었습니다. 그리고 계산하는 문제 중 아는 문제는 풀었지만 모르는 문제는 찍었습니다. 선생님과 수업을 했을 때 문제를 찍는 것 또한 실력이라며 찍는 연습도 했었습니다. 부사관 문제는 사지선다였기 때문에 확실히 찍기 수월했고, 공부하다 보면 찍는 것도 실력임을 알 수 있었습니다. 부사관 문제를 풀다 보면 답이 살짝 규칙적인 부분이 있더라고요. (😊)

한국사

저는 한국사를 틈날 때마다 공부하는 것을 추천합니다. 기본 12점을 채울 때 한국사가 가장 도움이 많이 되었기 때문입니다. 한국사는 꾸준히 외우면 문제를 충분히 잘 풀 수 있습니다. 학생들이 쉽게 생각하곤 하지만, 한국사는 필기시험의 경우 출제 내용이 세세한 부분에서 나오기 때문에 공부할 때 꼼꼼하게 봐야 합니다. 구체적으로 알려주자면, 우리나라가 일본의 통제를 받던 시기, 박정희의 경제개발 5년 계획, 토지, 농지개혁, 북한체제, 대남도발, 동북공정 이런 부분을 중심으로 세세하게 나왔습니다.

후배들! 틈날 때마다 보고, 꾸준히 외우기도 하세요. 아자!

상황 판단

상황 판단도 점수에 해당하기 때문에 매일 한 번씩 푸는 것을 추천합니다. 저는 상황 판단 공부를 안 했었는데 장기 복무 부사관 시험을 보고 난 후에는 풀어야겠다는 생각이 들었습니다. 장기 시험 때는 당황해서 시간 안에 다 못 풀었기 때문입니다. 공부하며 느낀 사실이지만 부사관 기출문제 책에 나오는 문제가 실제로 필기시험에 거의 비슷하게 나오고 있다는 것도 잊지 말기를 바랍니다.

실기 준비

체력

체력은 윗몸일으키기, 팔굽혀펴기, 1.5km 달리기로 구성되어 있습니다. 저는 2학년 6월경에 부사관 동아리에 들어가 약 1년 정도 동아리에 참가하며 정해진 종목에 맞춰 체력 준비를 하였습니다. 운동은 월요일부터 금요일까지 아침과 방과 후로 나누어 진행했습니다.

실기 날짜가 가까워졌을 때는 4교시 담당 수업 선생님께 말씀드려 4교시에도 체력 준비를 했습니다.

윗몸일으키기, 팔굽혀펴기는 근성이 필요합니다. 한 개라도 더 하려고 하는 마음을 가지고 학교 내에서 꾸준히 준비한다면, 어느 순간부터 하는 횟수도 늘고 원하는 등급에 도달할 수 있습니다. 제가 원래 운동신경이 조금 있는 편이기는 하지만, 선생님이 가르쳐 주신 대로 열심히 했기 때문에 이번 체력 평가에서 실력을 발휘할 수 있었다고 생각합니다.

윗몸일으키기는 팔이 어깨에서 떨어지지 않도록, 등과 어깨, 머리가 온전히 땅에 닿도록 연습했고 팔굽혀펴기는 상대방이 주먹을 쥐어 봉에 올리면, 엉덩이가 허리와 일자가 되게 하여 가슴이 주먹에 닿도록 운동을 했습니다.

1.5km달리기는 아침과 방과 후에 동아리 친구들과 2줄로 서서 10~12바퀴 뛰었습니다.

3학년 초반까지는 체력을 늘리기 위해 정해진 횟수에 맞춰 채우려 했었고, 후반에는 등급에 도달할 수 있도록 시간을 측정하면서 선생님과 스파르타식으로 열심히 하였습니다. (참고로 방학 때도 똑같이 매일 월~금까지 선생님과 체력 준비를 했습니다. 동행해 주신 선생님께 감사드립니다.)

이번 실기평가를 경험하고, 부사관 동아리에서 운동할 때 참고로 했으면 하는 점은 윗몸일으키기에서는 팔이 어깨에서 떨어지지 않도록, 등과 어깨가 땅에 닿도록, 팔꿈치가 무릎에 닿게 하여 노카운트가 되지 않도록 합니다.

팔굽혀펴기는 엉덩이가 너무 올라오거나, 발을 앞으로 당기거나, 중간에 중도 포기를 하거나, 중간에 팔을 빼거나 하면 노카운트 또는 체력 평가가 중단되기 때문에 웬만하면 안 하도록 합니다.

2차 평가

면접 준비는 합격한 언니들의 면접 후기와 기출문제집 질문 또는 부사관 책에 붙어 있던 질문 위주로 준비했습니다. 질문에 대해, 내가 면접장에 있다면 어떻게 답할 수 있을까 생각해 보고 말하는 연습을 계속했습니다.

처음에는 자기소개서에 나온 내용 위주로 했고, 기출문제집에 있는 질문 중 나올 법한 질문들을 뽑아 그에 대한 답변을 외우면서 준비를 했습니다.

그리고 현재 주목받고 있는 사회 문제들이나 토론 주제를 20개 뽑아 선생님과 친구들과 같이 면접 준비를 했습니다.

지원 분야   육군 부사관 보병

면접 일시   2019년 9월 24일(화) 오전 8시~

면접 장소   충남 계룡시 인재선발센터

소요 시간   약 2시간

면접관   각 면접장마다 2명

2차 평가 진행 순서

A조 오전 면접 후 오후 체력 평가

B조 오전 체력 평가 후 오후 면접

저는 A조였고 A조에서 7명씩 총 4조로 나뉘었습니다.

면접 대기실에서 30분가량 면접에 대한 주의 사항을 듣고 바로 면접을 진행했습니다.

제1면접장   기본자세(태도), 품성 평가

제2면접장   국가관, 안보관, 리더십, 상황 판단

제3면접장   인성검사(심층)

2조 면접 순서는 2면접, 3면접, 1면접으로 진행되었습니다.

제1면접장

- 자기소개
- 지원 동기
- 해당 병과 지원 동기
- 병과의 역할을 잘 견딜 수 있는가?
- 중요하다고 생각하는 가치
- 살면서 가장 힘들었던 경험
- 부사관 지원할 때 가족들의 반응
- 친구들과 협력해서 이룬 일

- 어떤 동아리인가?
- 갈등을 겪었던 일이 있나?
- 어떤 부사관이 되고 싶은가?
- 마지막으로 하고 싶은 말

제1면접장은 주로 꼬리 질문이 많았습니다. 자기소개서 내용을 잘 숙지해야 하고, 사람들 앞에서 말하는 연습을 많이 해 봐야 할 것 같습니다.

제2면접장

개인 발표 주제

- 다이너마이트를 발명한 노벨은 사람들에게 죽음의 상인이라고 불린다. 이 사실을 알게 된 노벨은 충격을 받고 자신이 죽을 시 전 재산을 기부한다는 유언을 남긴다. 이를 읽고 군인으로서 가치 있는 삶이란 무엇인가에 대해 말하라.
- (대한민국의 위상을 높이는 예시를 들어 설명하는 글이 제시됨) 예시를 제외하고 대한민국의 위상을 높일 수 있는 것들과 그것의 파급력에 대해 말하라.
- (미국 케네디 대통령이 한 말이 제시됨) 군 생활이 끼친 긍정적인 영향에 대해 말하라.

토론 면접 주제

- 노인 복지 담당 부서가 A아파트에 거주하는 노인 중 한 명에게만

지원금을 줄 수 있다. B할머니는 왼쪽 다리가 불편하여 거동이 힘들지만 결혼한 딸이 1주에 2~3번씩 온다. C할아버지는 6·25전쟁으로 가족과 흩어져 혼자 산다. 그리고 폐지 줍는 일로 월 20만 원의 소득이 있지만, 이 중 5만 원은 아파트 유지비로 낸다. 누구를 지원할 것인가.

- 당신은 ○○ 부대 AA 소장이다. 폐허에서 민간인 차림의 모습을 한 소년 두 명을 발견하여 전투식량을 주고 돌려보냈다. 2시간 뒤 적의 침입으로 우리 부대는 피해를 보았다. 다음 날 적군과 어제 본 소년 두 명이 같이 있는 모습을 보았다. 언제 응급 상황이 터질지 모르는 상황에서 당신은 소년 두 명을 민간인으로 판단할 것인가, 적군으로 판단할 것인가.

- 한 택시 기사가 주행 중 사고가 났다. 뒷좌석에는 승객 두 명이 앉아 있었다. 사고가 난 후 두 승객은 택시 기사가 의식이 없는 걸 알았지만, 곧바로 다른 택시를 탔다. 두 승객은 비행기를 타야 했기 때문에 어쩔 수 없었다고 주장했다. 이 사건에 대해서 "나쁜 사마리아인 처벌법" 개정에 관한 많은 이야기가 나왔다. 승객의 잘못이라 하기에는 두 승객 개인의 자유가 침해받을 수 있다. "나쁜 사마리아인 처벌법" 개정에 대해 자신의 견해를 말하라.

개별 주제를 보고 준비할 때 글의 요점을 파악하는 시간이 늦어져서 생각보다 어려웠습니다. 토론 또한 처음부터 모두의 의견이 같았기에 당황해서 말을 제대로 하지 못했습니다. 그때 이렇게 말을 했으면 됐는데, 하는 후회가 큽니다. 그러니 여러분은 한 달 전부터 그룹을 만들어 연습할 것을 추천합니다. 저는 준비한 기간이 짧아서 하고 싶었던 말을 제대로 표현하지 못했습니다. 이 글을 읽는 학생들은 자기 생각을 논리적으로 말하는 연습, 진행자 연습을 했으면 좋겠습니다. 토론 진행자를 뽑을 때는 꼭 지원을 하길 바랍니다.

제3면접장

면접장 안에서 종을 치면 번호순대로 한 명씩 들어갑니다. 면접관은 남자 두 분이 계셨습니다.

- 자기소개
- 친구들과는 잘 지내는가?
- 성격은 밝은 편인가?
- 언제부터 부사관이 되고 싶었는가?
- 부사관이 되기 위해 어떠한 노력을 했는가?
- 평소에 긴장을 많이 하는가?
- (상황 예시) 상사가 활동적인 부분에서 도가 지나칠 때의 대처 방안
- 가정사 질문

제3면접장은 필기 평가 때 봤던 인성검사 표를 가지고 있습니다. 그래서 진실대로 말하는지와 상황 대처 능력을 보는 것 같습니다. 또한 제1면접장처럼 자기소개서 내용을 잘 알고 있어야 그에 맞는 대답을 할 수 있습니다.

시간은 한 명당 약 5분씩 주어졌습니다. 면접관님들이 분위기를 풀

어 주려고 하셨기에 편안한 분위기에서 진행되었습니다.

처음 자기소개를 할 때 생각보다 많이 떨어서 말을 제대로 하지 못했습니다. 그런데도 면접관님들이 긴장을 풀어 주시니 점점 더 잘할 수 있었습니다. 1, 3면접장에서는 무엇보다 자기소개서 내용 숙지가 중요한 것 같습니다. 본인의 얘기를 진솔하면서도 자신 있게 얘기한다면 면접관님들도 좋게 보실 겁니다. 모든 질문에는 답이 없습니다. 오직 자기 생각을 얼마나 논리적으로 이야기하느냐가 중요합니다. 면접 준비를 할 때 사람들 앞에서 말하는 연습을 많이 하시길 바랍니다.

체력 평가 진행 순서

윗몸일으키기, 팔굽혀펴기, 1.5km 달리기 순으로 진행되었습니다. 1.5km는 400m 트랙에서 실시했고 나머지는 실내에서 했습니다.

저는 윗몸일으키기-75개, 팔굽혀펴기-40개, 1.5km 달리기-7분 49초로 1급, 1급, 2급을 받았습니다.

학교에서 꾸준히 해 온 것만으로도 충분히 할 수 있을 것입니다.

비록 당장 준비가 안 되어 있다고 하더라도 지금부터 시작하면 충분히 할 수 있습니다. 자책하지 말고 앞으로 나아가길 바랍니다.

이것만은 꼭!

부사관 체력 평가 변경

변경 전: 팔굽혀펴기, 윗몸일으키기, 1.5km 달리기 이상 3종목을
실시함.

변경 후: 국민체력인증센터의 체력인증서 취득(1~3등급)으로 대체

구분	건강체력 항목		운동체력 항목(택1)
청소년 (18세 이하)	•근력(악력) •유연성(윗몸 앞으로 굽히기) •근지구력(택1: 윗몸 말아올리기, 반복 점프) •심폐지구력(택1: 왕복오래달리기, 트레드밀 검사, 스텝 검사)		•민첩성(일리노이 검사) •순발력(제공 시간) •협응력(눈-손 협응력)

*개선된 체력 평가 적용 시 점수(10점 만점 기준, 20점 만점 시×2,
30점 만점 시×3)

구분	만점	1종목 불합격	2종목 불합격	3종목 불합격	4종목 불합격
점수	10	9	8	7	불합격

변경 후에는 평가 항목이 다양해짐에 따라 각 평가 항목의 특성
에 맞추어 준비해야 높은 점수를 취득할 수 있으리라 판단됨.

삶의 행복을 꿈꾸는 교육은 어디에서 오는가?

● **교육혁명을 앞당기는 배움책 이야기** 혁신교육의 철학과 잉걸진 미래를 만나다!

한국교육연구네트워크 총서

 01 핀란드 교육혁명
한국교육연구네트워크 엮음 | 320쪽 | 값 15,000원

 02 일제고사를 넘어서
한국교육연구네트워크 엮음 | 284쪽 | 값 13,000원

 03 새로운 사회를 여는 교육혁명
한국교육연구네트워크 엮음 | 380쪽 | 값 17,000원

 04 교장제도 혁명
한국교육연구네트워크 엮음 | 268쪽 | 값 14,000원

 05 새로운 사회를 여는 교육자치 혁명
한국교육연구네트워크 엮음 | 312쪽 | 값 15,000원

 06 혁신학교에 대한 교육학적 성찰
한국교육연구네트워크 엮음 | 308쪽 | 값 15,000원

 07 진보주의 교육의 세계적 동향
한국교육연구네트워크 엮음 | 324쪽 | 값 17,000원
2018 세종도서 학술부문

 08 더 나은 세상을 위한 학교혁명
한국교육연구네트워크 엮음 | 404쪽 | 값 21,000원
2018 세종도서 교양부문

 09 비판적 실천을 위한 교육학
이윤미 외 지음 | 448쪽 | 값 23,000원
2019 세종도서 학술부문

 10 마을교육공동체운동:
세계적 동향과 전망
심성보 외 지음 | 376쪽 | 값 18,000원

 11 학교 민주시민교육의
세계적 동향과 과제
심성보 외 지음 | 308쪽 | 값 16,000원

 12 학교를 민주주의의 정원으로
가꿀 수 있을까?
성열관 외 지음 | 272쪽 | 값 16,000원

한국교육연구네트워크 번역 총서

 01 프레이리와 교육
존 엘리아스 지음 | 한국교육연구네트워크 옮김
276쪽 | 값 14,000원

 02 교육은 사회를 바꿀 수 있을까?
마이클 애플 지음 | 강희룡·김선우·박원순·이형빈 옮김
356쪽 | 값 16,000원

 03 비판적 페다고지는
세상을 변화시킬 수 있는가?
Seewha Cho 지음 | 심성보 외 옮김 | 280쪽 | 값 14,000원

 04 마이클 애플의 민주학교
마이클 애플·제임스 빈 엮음 | 강희룡 옮김
276쪽 | 값 14,000원

 05 21세기 교육과 민주주의
넬 나딩스 지음 | 심성보 옮김 | 392쪽 | 값 18,000원

 06 세계교육개혁:
민영화 우선인가 공적 투자 강화인가?
린다 달링-해먼드 외 지음 | 심성보 외 옮김 | 408쪽 | 값 21,000원

 07 콩도르세, 공교육에 관한 다섯 논문
니콜라 드 콩도르세 지음 | 이주환 옮김
300쪽 | 값 16,000원

 08 학교를 변론하다
얀 마스켈라인·마틴 시몬스 지음 | 윤선인 옮김
252쪽 | 값 15,000원

 09 존 듀이와 교육
짐 개리슨 외 지음 | 김세희 외 옮김
372쪽 | 값 19,000원

 10 진보주의 교육운동사
윌리엄 헤이스 지음 | 심성보 외 옮김
324쪽 | 값 18,000원

 11 사랑의 교육학
안토니아 다더 지음 | 유성상 외 옮김
412쪽 | 값 22,000원

● **비고츠키 선집** 발달과 협력의 교육학 어떻게 읽을 것인가?

 생각과 말
레프 세묘노비치 비고츠키 지음
배희철·김용호·D. 켈로그 옮김 | 690쪽 | 값 33,000원

 성장과 분화
L.S. 비고츠키 지음 | 비고츠키 연구회 옮김
308쪽 | 값 15,000원

 도구와 기호
비고츠키·루리야 지음 | 비고츠키 연구회 옮김
336쪽 | 값 16,000원

 연령과 위기
L.S. 비고츠키 지음 | 비고츠키 연구회 옮김
336쪽 | 값 17,000원

 어린이 자기행동숙달의 역사와 발달 I
L.S. 비고츠키 지음 | 비고츠키 연구회 옮김
564쪽 | 값 28,000원

 의식과 숙달
L.S 비고츠키 | 비고츠키 연구회 옮김
348쪽 | 값 17,000원

 어린이 자기행동숙달의 역사와 발달 II
L.S. 비고츠키 지음 | 비고츠키 연구회 옮김
552쪽 | 값 28,000원

 분열과 사랑
L.S. 비고츠키 지음 | 비고츠키 연구회 옮김
260쪽 | 값 16,000원

 어린이의 상상과 창조
L.S. 비고츠키 지음 | 비고츠키 연구회 옮김
280쪽 | 값 15,000원

 성애와 갈등
L.S. 비고츠키 지음 | 비고츠키 연구회 옮김
268쪽 | 값 17,000원

 비고츠키와 인지 발달의 비밀
A.R. 루리야 지음 | 배희철 옮김 | 280쪽 | 값 15,000원

 흥미와 개념
L.S. 비고츠키 지음 | 비고츠키 연구회 옮김
408쪽 | 값 21,000원

 정서학설 I
L.S. 비고츠키 지음 | 비고츠키 연구회 옮김
584쪽 | 값 35,000원

 정서학설 II
L.S. 비고츠키 지음 | 비고츠키 연구회 옮김
480쪽 | 값 35,000원

 수업과 수업 사이
비고츠키 연구회 지음 | 196쪽 | 값 12,000원

 관계의 교육학, 비고츠키
진보교육연구소 비고츠키교육학실천연구모임 지음
300쪽 | 값 15,000원

 비고츠키의 발달교육이란 무엇인가?
비고츠키교육학실천연구모임 지음 | 412쪽 | 값 21,000원

 비고츠키 생각과 말 쉽게 읽기
진보교육연구소 비고츠키교육학실천연구모임 지음
316쪽 | 값 15,000원

 비고츠키 철학으로 본 핀란드 교육과정
배희철 지음 | 456쪽 | 값 23,000원

 교사와 부모를 위한 비고츠키 교육학
카르포프 지음 | 실천교사번역팀 옮김
308쪽 | 값 15,000원

 비고츠키와 마르크스
앤디 블런던 외 지음 | 이성우 옮김 | 388쪽 | 값 19,000원

 혁신학교
성열관·이순철 지음 | 224쪽 | 값 12,000원

 대한민국 교사, 어떻게 가르칠 것인가?
윤성관 지음 | 320쪽 | 값 15,000원

 행복한 혁신학교 만들기
초등교육과정연구모임 지음 | 264쪽 | 값 13,000원

 아이들을 어떻게 가르칠 것인가
사토 마나부 지음 | 박찬영 옮김 | 232쪽 | 값 13,000원

 서울형 혁신학교 이야기
이부영 지음 | 320쪽 | 값 15,000원

 모두를 위한 국제이해교육
한국국제이해교육학회 지음 | 364쪽 | 값 16,000원

혁신교육, 철학을 만나다
브렌트 데이비스·데니스 수마라 지음
현인철·서용선 옮김 | 304쪽 | 값 15,000원

 혁신교육 존 듀이에게 묻다
서용선 지음 | 292쪽 | 값 16,000원

 다시 읽는 조선 교육사
이만규 지음 | 750쪽 | 값 33,000원

 대한민국 교육혁명
교육혁명공동행동 연구위원회 지음
224쪽 | 값 12,000원

 경쟁을 넘어 발달 교육으로
현광일 지음 | 288쪽 | 값 14,000원

 핀란드 교육의 기적
한넬레 니에미 외 엮음 | 장수명 외 옮김
456쪽 | 값 23,000원

 한국 교육의 현실과 전망
심성보 지음 | 724쪽 | 값 35,000원

 독일의 학교교육
정기섭 지음 | 536쪽 | 값 29,000원

● **경쟁과 차별을 넘어 평등과 협력으로 미래를 열어가는 교육 대전환!** 혁신교육 현장 필독서

 교실 속으로 간 이해중심 교육과정
온정덕 외 지음 | 224쪽 | 값 13,000원

 포스트 코로나 시대의 교육
성열관 외 지음 | 224쪽 | 값 15,000원

 내일 수업 어떻게 하지?
아이함께 지음 | 300쪽 | 값 15,000원

 **학교의 미래,
전문적 학습공동체로 열다**
새로운학교네트워크·오윤주 외 지음 | 276쪽 | 값 16,000원

 **마을교육공동체
생태적 의미와 실천**
김용련 지음 | 256쪽 | 값 15,000원

 학교폭력, 멈춰!
문재현 외 지음 | 348쪽 | 값 15,000원

 학교를 살리는 회복적 생활교육
김민자·이순영·정선영 지음 | 256쪽 | 값 15,000원

 삶의 시간을 잇는 문화예술교육
고영직 지음 | 292쪽 | 값 16,000원

 **미래교육을 디자인하는
학교교육과정**
박승열 외 지음 | 348쪽 | 값 18,000원

 교실 속으로 간 이해중심 통합교육과정
온정덕 외 지음 | 224쪽 | 값 15,000원

 **초등 백워드 교육과정
설계와 실천 이야기**
김병일 외 지음 | 352쪽 | 값 19,000원

 **학습격차 해소를 위한 새로운 도전
보편적 학습설계 수업**
조윤정 외 지음 | 240쪽 | 값 15,000원

 마을교육공동체란 무엇인가?
서용선 외 지음 | 360쪽 | 값 17,000원

 강화도의 기억을 걷다
최보길 지음 | 276쪽 | 값 14,000원

 체육 교사, 수업을 말하다
전용진 지음 | 304쪽 | 값 15,000원

 평화의 교육과정 섬김의 리더십
이준원·이형빈 지음 | 292쪽 | 값 16,000원

 마을교육과정을 그리다
백윤애 외 지음 | 336쪽 | 값 16,000원

 **혁신교육지구와 마을교육공동체는
어떻게 만들어지는가?**
김태정 지음 | 376쪽 | 값 18,000원

아이들을 어떻게 가르칠 것인가
사토 마나부 지음 | 박찬영 옮김 | 232쪽 | 값 13,000원

코로나 시대,
마을교육공동체운동과 생태적 교육학
심성보 지음 | 280쪽 | 값 17,000원

혐오, 교실에 들어오다
이혜정 외 지음 | 232쪽 | 값 15,000원

수업, 슬로리딩과 함께
박경숙 외 지음 | 268쪽 | 값 15,000원

물질과의 새로운 만남
베로니카 파치니-케처바우 외 지음 | 240쪽 | 값 15,000원

그림책으로 만나는 인권교육
강진미 외 지음 | 272쪽 | 값 18,000원

수업 고수들
수업·교육과정·평가를 말하다
박현숙 외 지음 | 368쪽 | 값 17,000원

아이들의 배움은 어떻게 깊어지는가
이시이 준지 지음 | 방지현·이창희 옮김
200쪽 | 값 11,000원

미래, 공생교육
김환희 지음 | 244쪽 | 값 15,000원

들뢰즈와 가타리를 통해 유아교육 읽기
리세롯 마리엣 올슨 지음 | 이연선 외 옮김
328쪽 | 값 17,000원

혁신고등학교, 무엇이 다른가?
김현자 외 지음 | 344쪽 | 값 18,000원

시민이 만드는 교육 대전환
심성보·김태정 지음 | 248쪽 | 값 15,000원

평화교육
과거, 현재 그리고 미래를 그리다
모니샤 바자즈 외 지음 | 권순정 외 옮김
268쪽 | 값 18,000원

대전환 시대 변혁의 교육학
진보교육연구소 교육과정연구모임 지음
400쪽 | 값 23,000원

서울대 10개 만들기
김종영 지음 | 348쪽 | 값 18,000원

선생님, 통일이 뭐예요?
정경호 지음 | 252쪽 | 값 13,000원

함께 배움
학생 주도 배움 중심 수업 이렇게 한다
니시카와 준 지음 | 백경석 옮김 | 280쪽 | 값 15,000원

다정한 교실에서 20,000시간
강정희 지음 | 296쪽 | 값 16,000원

즐거운 세계사 수업
김은석 지음 | 328쪽 | 값 13,000원

밥상혁명
강양구·강이현 지음 | 298쪽 | 값 13,800원

학교를 개선하는 교장
지속가능한 학교 혁신을 위한 실천 전략
마이클 풀란 지음 | 서동연·정효준 옮김 | 216쪽 | 값 13,000원

선생님, 민주시민교육이 뭐예요?
염경미 지음 | 244쪽 | 값 15,000원

교육혁신의 시대
배움의 공간을 상상하다
함영기 외 지음 | 264쪽 | 값 17,000원

도덕 수업, 책으로 묻고 윤리로 답하다
울산도덕교사모임 지음 | 320쪽 | 값 15,000원

교육과 민주주의
필라르 오카디즈 외 지음 | 유성상 옮김
420쪽 | 값 25,000원

교육회복과 적극적 시민교육
강순원 지음 | 228쪽 | 값 15,000원

비판적 미디어 리터러시 가이드
더글러스 켈너·제프 셰어 지음 | 여은호·원숙경 옮김
252쪽 | 값 18,000원

지속가능한
마을, 교육, 공동체를 위하여
강영택 지음 | 328쪽 | 값 18,000원

참된 삶과 교육에 관한
생각 줍기